미국은
동아시아를
어떻게
지배했나

일본의 사례, 1945-2012년

SENGOSHI NO SHOUTAI 1945-2012 by Ukeru Magosaki
Copyright ⓒ Ukeru Magosaki 2012

All rights reserved.
Original Japanese edition published by Sogensha, Inc.
This Korean language edition is published by arrangement with Sogensha, Inc.,
Osaka in care of Tuttle-Mori Agency, Inc., Tokyo through EntersKorea Co., Ltd., Seoul.

이 책의 한국어판 저작권은 (주)엔터스코리아를 통해 저작권자와 독점 계약한 메디치미디어에 있습니다. 신 저작권법에 의하여 한국 내에서 보호를 받는 저작물이므로 무단전재와 무단복제를 금합니다.

미국은 동아시아를 어떻게 지배했나

일본의 사례, 1945-2012년

마고사키 우케루 지음·양기호 옮김·문정인 해제

일러두기

1. 일본 고유명사는 우리말로만 표기하고 일본어를 병기하지 않았다.
2. 수상과 외상 등 주요 인물에 한하여 처음 언급될 때, 그리고 각주에서 일본어 표기를 병기했다.
3. 인용된 단행본에 한해서 일본 원제를 병기했다.
4. "전전"은 제2차 세계대전 이전을, "전후"는 제2차 세계대전 이후를 의미한다.
5. 모든 각주는 번역자가 추가 보완했다.

★ 2025년 개정증보판에 붙이는 옮긴이의 말

　이 책이 국내에서 번역, 출간된 지 벌써 12년이 지났지만, 국내에서 꾸준히 관심을 받아 스테디셀러가 된 것은 역자로서 무척이나 기쁘고 감사한 일이다. 저자 마고사키 우케루(孫崎享)의 저서들은 일본에서 20만 부 이상 판매되었으며, 한국에서도 상당한 주목을 받았다. 그는 일본 외무성 국제정보국장을 지냈으며, 외무성 출신 중 유일한 전략가로 평가받는다. 국내 주요 언론이 그를 초청해 여러 차례 인터뷰하기도 했다.

　오래전 그를 처음 만났을 때의 기억이 난다. 그는 작은 체구의 평범한 노인이었는데 해맑고 밝은 표정이 무척 인상 깊었다. 사실 일본의 조직문화를 감안할 때 자신의 친정인 외무성을 분석하고 비판한다는 것은 분명 힘들고 고통스러운 작업이었을 것이다. 수많은 동료와 후배들이 그에게 등을 돌리고 적대하기 쉬웠을 테니 말이다.

　그만큼 마고사키 우케루는 일본에서 보기 드문, 매우 자유로운 영혼의 소유자다. 1943년 당시 만주국 봉천에서 태어나 2차 세계대전(및 중일전쟁) 종전 후 아버지의 고향인 일본 이시카와현으로 귀향했다. 이후 1965년 도쿄대 법학부 재학 중 외교관 시험에 합격했다. 1966년 외무성에 들어가 영국육군학교와 모스크바대학 연수를 마치고, 모스크바 주재 러시아대사관 근무와 주 이란대사를 역임했다. 이처럼 다채롭고 국제적인 그의 독특한 경력이 세상의 편견에 매이지 않고 거침없이 도전적인 말과 글을 엮어내며 사유를 펼칠 수 있는 정신적 토대가 되었는지도 모른다.

그에 대해 일본 내 일부 식자들이나 인터넷에서는 지나치게 음모론에 집착한다는 비판의 목소리도 있지만, 마고사키 우케루는 여전히 날카로운 시선과 정확한 자료를 토대로 왕성하게 활동하고 있다. 82세의 고령에도 불구하고 그는 꾸준히 집필을 계속하고 있으며, 자신이 직접 운영하는 '마고사키 우케루 채널'(https://ch.nicovideo.jp/magosaki)을 통해 정치에 대한 통찰을 발신하고 있다. 그의 저서를 읽다 보면 놀라운 혜안에 감탄할 때가 많다. 일본 정치와 미일 관계는 물론, 한미 및 한일, 또 한미일 관계를 새로운 시각으로 바라보고 이해할 수 있는 대목이 적지 않기 때문이다. 세월이 바뀌어도 본질은 변하지 않는다는 사실을 새삼 실감하게 된다.

미국의 설계와 자주파의 운명: 전후 일본 정치의 그림자

그의 주장의 핵심은 이 한 문장으로 축약된다. "일본 전후사는 미국의 압박과 압력을 전제로 살펴보지 않으면 그 본질이 보이지 않는다." 즉, 일본 외교의 갈등과 변화를 이해하려면 대미 자주노선인가, 추종노선인가의 관점에서 바라봐야 한다는 것이다. 그가 제시한 판단 기준은 두 가지다. 첫째, 일본은 언제나 미국과의 관계를 우호적으로 유지해야만 하는가, 둘째, 만일 일본의 국익이 미국의 이익과 충돌한다면, 일본은 자국의 입장을 단호하게 주장할 수 있는가.

마고사키는 전후 일본을 설계한 요시다 시게루(吉田茂) 총리를 그리 높이 평가하지 않는다. 아베 신조(安倍晋三) 총리보다 앞서 전후 첫 국장(國葬)이 치러질 만큼 '위대한' 지도자로 추앙받았지만, 그는 요시다의 보수 본류 영미주의 통상국가론이 지난 80여 년간 일본 정치와 외교를 좌우한 것을 두고 '일본의 최대 비극'이라고까지 이야기한다.

그는 전후 미군의 대일 점령 기간 동안, 일본 사회에 대미 자주파 총리를 끌어내리고 대미 추종파로 교체하는 시스템이 정착되었다고 본다. 그 중심에는 검찰이 있었으며, 정치인을 기소하는 특별수사부의 전신은 연합군 총사령부(GHQ)가 지휘하던 '은닉장물 사건수사부'였다. 패전 직후 이 조직의 임무는 일본인이 숨긴 귀중품을 찾아내 GHQ에 바치는 것이었으며, 창설 초기부터 미국과 긴밀한 관계를 유지했다는 것이 마고사키의 주장이다.

또한 마고사키는 미국이 주요 언론은 물론, 외무성, 방위성, 재무성, 대학 기관에 이르기까지 인재를 길러내며 일본 사회 전반의 엘리트 네트워크를 장악했다고 분석한다. 그 결과, 대미 자주파 정치가들은 구조적으로 불리한 위치에 놓이기 쉬웠고, 종종 정치 무대에서 밀려나곤 했다. 미국은 자주파 총리와 의도적으로 분란을 일으키거나, 친미 관료가 자주파 총리에게 불리한 정보를 언론에 흘리게 하거나, 당내 반대 세력을 선동하여 축출하는 등 다양한 방식으로 영향력을 행사했다. 더욱이 일본 내 주요 세력들 역시 이러한 움직임에 자발적으로 동조했다.

패전 후 일본은 심각한 경제난에 빠졌지만, 미군의 강압으로 약 5천억 엔, 당시 국가예산의 20~30%를 미군 경비로 충당해야 했다. 이는 지금

시세로 환산하면, 일본 2025년 예산 115조 5천억 엔 가운데 30%인 34조 5천억 엔에 해당하는 막대한 금액이다(2025년 11월 기준, 한국 돈으로 약 322조 원에 해당한다). 당시 이시바시 단잔(石橋湛山) 대장대신은 이에 강하게 반대했으나, 연합군 총사령부의 미움을 사 공직에서 추방되었다.

마고사키 우케루는 2021년 5월 개정 출간한 『미국에 당한 일본 정치가들(アメリカに潰された政治家たち)』(河出文庫, 2021)에서 기시 노부스케(岸信介), 다나카 가쿠에이(田中角英), 오자와 이치로(小澤一郎) 등의 사례를 분석하며, 미국의 영향력이 일본 정치에 어떻게 작동했는지를 구체적으로 보여준다. 그에 따르면, 기시는 A급 전범이었지만 미국 중앙정보국(CIA) 요원으로 활동한다는 조건으로 석방되었고, 결국 총리대신 자리에까지 올랐다. 기시 노부스케는 1960년 미일 안보조약이 지나치게 일방적이고 일본에 불리한 점이 많아 보다 평등한 관계로 개정하려 했지만, 미국의 저지로 실패했고 결국 물러나게 되었다.

일본 외교, 자주와 동맹 사이의 격랑:
80년대 이후 일본 외교의 갈림길

지금은 상상하기 어렵지만, 1980년대까지만 해도 일본은 훨씬 더 자주적인 대미 외교를 펼쳤다. 1980년부터 82년까지 총리를 맡았던 스즈키 젠코(鈴木善幸)는 외무성의 친미 성향을 우려하여 외부에 독자적인 연구회를 조직했다. 1981년 제5차 시모다회의(下田会議)[1]에서 스즈키 총

---

1) 정식 명칭은 일미관계민간회의(日米関係民間会議). 시모다는 1854년 미일 화친 조약이 조인된 곳으로 하코다테와 함께 일본에서 최초로 개항했다. 일본과 미국의 외교 정책

리는 '아시아의 도전'이라는 주제로 강연하며 아시아에서 일본의 역할에 대해 다음과 같이 말했다. "일본의 노력은 외국과의 군사 협력을 제외한 평화적 수단에 한정된다. 일본의 최대 공헌은 경제와 사회개발, 민생안정을 통해 아시아 각국의 성장에 기여하는 것이며 동아시아의 평화와 안정을 위한 정치적인 역할을 맡는 것이다." 확실히 지금과는 사뭇 다른 시대였다.

이후 30여 년간 일본 외교는 자주파와 동맹파의 갈등 속에서 요동쳤다. 그 진폭을 좀더 살펴보자. 1982년 11월 취임한 나카소네 야스히로(中曽根康弘) 총리는 로널드 레이건 대통령과 만난 정상회담에서 당시 미국의 최대 적국이었던 소련을 겨냥한 일본 '불침항모론'을 제시하며, 헌법 개정과 방위력 증강을 내세워 미일 동맹 일체화를 추진했다. 친미 국가로서의 위상을 강조한 나카소네 총리는 레이건 대통령과 '론-야스(Ron–Yasu)'로 불릴 만큼 긴밀한 개인적 우호 관계를 구축했다. 스즈키 내각에서 나카소네 내각으로 교체되면서 일본은 아시아 중심의 평화 중시 노선에서 벗어나 철저한 대미 추종노선으로 180도 바뀌었다.

1993년 4월, 미야자와 기이치(宮澤喜一) 총리는 미국에서 빌 클린턴 대통령과 협상을 벌였다. 미국은 대일 무역적자가 크게 늘자 일본의 대일 수출 자율 규제와 무역흑자 상한선을 아예 수치로 명시할 것을 요구했다. 일본은 자유무역이 아닌 관리무역 체제에 단호히 반대했지만, 이후

관계자들에 의한 비공식 회의로 1967년부터 1994년까지 총 9회에 걸쳐 개최되었다. 이후 2011년에 '신 시모다 회의'가 개최되었다. 제1차 시모다회의는 일본과 미국의 외교 정책 관계자들이 대등한 입장에서 논의한 제2차 세계대전 이후 최초의 회의였다.

미야자와 내각은 불신임안 가결로 해산되었고, 총사직에 이르게 된다. 협상 말미에 미국은 일본으로부터 '경상수지 흑자폭을 국내총생산 대비 일정 비율 이하로 제한한다.'는 서약까지 받아냈다. 미국은 국제적 합의보다 자국의 결정을 우선시한다. 국제적 약속이 자국에 유리할 때는 지키고 다른 나라에도 압박을 가하지만, 불리해지면 서슴없이 약속을 파기하고 제멋대로 행동한다.

미국에게 일본은 장기판의 한 줄(卒)에 불과했다. 빌 클린턴 대통령은 일본에 거의 관심을 기울이지 않았다. 냉전이 종식되면서 안보 위협도 사라졌고, 플라자 합의 이후 미국의 대일 무역적자도 크게 줄어들었다. 클린턴 전 대통령은 퇴임 후 자서전 『빌 클린턴의 마이 라이프(My Life)』를 펴냈다. 일본판 상·하권을 합치면 무려 1,600쪽에 달하는 방대한 분량이었지만, 그 책 어디에도 당시 일본 총리의 이름은 단 한 번도 언급되지 않았다.

2009년 9월 총리로 취임한 하토야마 유키오(鳩山由紀夫)가 내세운 오키나와 미군기지 이전과 '동아시아공동체' 구상은 대미 자주파 외교의 상징이었다. 그는 2009년 여름 중의원 선거에서 민주당 대표로서 후텐마 미군기지를 오키나와현 외부로 이전시키겠다고 약속했고, 아시아 각국과 우애외교, 동아시아공동체론을 내세웠다. 그러나 미국은 격노했고 2009년 10월 도쿄를 방문한 게이츠 국방장관은 발언을 철회하도록 압박했다. 당시 루스 주일 미국대사도 일본 외상과 방위상을 불러 화를 냈고, 격한 언쟁까지 벌였다. 결국 2010년 6월 하토야마 총리는 미일 동맹의 '억제력'이 필요하다고 언급하면서 불과 9개월 만에 총리직을 사임했다.

퇴임 후 직접 만난 하토야마는 온화하면서도 신념이 뚜렷해 많은 매력을 느끼게 하는 인물이었다. 그는 일본 우익의 거센 반대를 무릅쓰고 2025년 9월 중국 전승절 80주년 행사에 참석했다. 2015년 8월에는 일본 정치인으로는 유일하게 서울 서대문형무소를 찾아 무릎 꿇고 사죄하기도 했다. 일본은 여러 차례 과거사 반성을 표명했지만, 한국인은 그 진정성을 좀처럼 느끼지 못한다. 1970년 12월, 빌리 브란트 당시 서독 총리가 폴란드 바르샤바를 방문하여 유대인 추모탑 앞에 무릎을 꿇고 눈물까지 흘린 인상적인 모습은 독일의 사죄와 반성을 가장 잘 표현한 상징적인 이미지로 꼽히고 있다. 이 장면이 '진정한 사죄의 상징'으로 남은 것과 대조적으로, 자민당과 외무성은 하토야마 총리가 무릎 꿇은 사진을 백안시했고, 일본 우익은 오히려 소셜미디어에서 하토야마 총리를 연거푸 '매국노'라 비난했다.

'추종'에서 '실용'으로: 2025년 한일 외교의 명암

도널드 트럼프 대통령은 2025년 미일 관세 협상 과정에서 일본 측을 공개적으로 비난하며 "일본이 잘못 길들여졌다."는 외교적 결례성 발언도 서슴치 않았다. 이에 자민당 내에서 줄곧 반(反) 아베 노선을 걸어온 이시바 시게루(石破茂) 총리는 2025년 7월 참의원 선거를 앞둔 유세 현장에서 침묵하지 않았다. 이시바 총리는 미국이 자동차 관세를 일방적으로 25%로 인상한 것에 강력히 항의하며, "국익을 건 싸움이다. 바보 취급하지 말라. 미국이 아무리 동맹국이라도 할 말은 당당히 한다."라고 외쳤다. 미일 동맹이 일본 외교안보의 핵심축이라는 점을 감안할 때, 현직 총리가 미국을 정면으로 비판하는 일은 사실상 금기시되어 왔던 만큼 매우 이례적인 사태였다. 그러나 미일 관세 협상이 부진했던 데다 지지율이 계속 떨어지면서, 결국 그는 친미파인 다카이치 사나에(高市早苗) 총리에게 정권을 넘겨주며 물러나야 했다.

같은 해 10월, 도쿄에서 열린 다카이치 총리와 트럼프 대통령의 미일 정상회담은 일본 외교가 다시금 대미 자주파에서 대미 종속파로 완전히 돌아섰음을 보여주었다. 트럼프 대통령은 다카이치 총리에게 일본의 방위력 강화 노력을 높이 평가하며, 일본이 미국의 최신 군사장비를 대규모로 주문한 사실을 확인했다. 일본은 미국으로부터 F-35 전투기와 토마호크 미사일 등을 대량으로 도입했고, 다카이치 총리는 방위비 증액 속도를 한층 더 높이겠다는 방침을 트럼프 대통령에게 직접 설명했다.

다카이치 총리는 아베 신조 전 총리의 정치적 유산을 최대한 계승하고자 했으며, 자신이야말로 아베의 정통한 후계자라는 점을 강조했다. 그는 10월 28일 취임 직후 곧바로 미일 정상회담을 열었고, 아베 전 총리가 즐겨 사용하던 친미의 상징적 구호 'Japan is Back'이 선명하게 새겨진 로고 모자를 트럼프 대통령에게 선물했다. 이후 다카이치 총리가 먼저 나서서 5,500억 달러 규모의 미일 협상 결과를 전면 수용하며, 대중(對中) 견제를 위한 희토류 개발 협정에도 서명했다. '미일 동맹의 황금시대를 열자.'고 제안하며, 미중 갈등 국면 속에서 다카이치 총리는 주저 없이 미국의 편에 섰다.

이 회담 과정에서 트럼프 대통령에게 먼저 다가가 팔짱을 끼거나, 칭찬 한마디에 과도하게 반응하며 친근함을 연출하려는 다카이치 총리의 애절한 노력은 너무 지나친 나머지 일본 내에서까지 논란을 낳았다. 이러한 행보가 한미 관계를 의식한 (일본의) 과도한 친미 제스처로 보이면서, 일본 내에서도 "총리로서 충분한 품위를 지켜야 한다."는 비판이 일어났다.

반면, 10월 31일 경주에서 열린 시진핑-다카이치 중일 정상회담은 상호 간의 불신과 긴장을 여실히 드러냈다. 첫 대면임에도 분위기는 냉랭했고, 회담은 불과 30분 만에 종료되었다. 시진핑 주석은 역사 인식 문제를 환기하며, 대만은 중국의 내정 사안이라는 기존의 합의를 상기시켰다. 이에 맞서 다카이치 총리는 야스쿠니 신사를 참배하고, 대만과의 파트너십 강화라는 자신의 노선을 유지한 채, 동중국해 분쟁, 중국의 희토류 수출 규제, 중국 내 일본인 안전보호, 신장위구르 인권 문제까지 거론하며, 향후 중일 관계의 갈등을 예고했다. 이후 다카이치 총리는 11월 7일 일본 국회에서 "대만 유사시는 일본의 존립 위기 사태가 될 수 있다."고 발언하며 본격적인 중일 갈등에 불을 붙였다.

한국에 대한 우호적 외교 제스처에도 불구하고, 다카이치 총리의 한국과 중국을 둘러싼 정치적 행보는 야스쿠니 신사 참배, '위안부' 강제 동원 부정, '독도의 날' 행사에 장관급 인사 파견 등으로 국내외에 우려를 낳고 있다. 그는 일본 우파의 오랜 숙원이었던 헌법 개정을 추진하고, '안보 3문서' 개정을 통한 방위력 증강과 북중러 연대에 대응한 한미일 안보협력 강화를 내세웠다. 미국의 CIA나 영국의 MI6에 해당하는 국가정보국의 창설을 추진하고, 경제안보를 명분으로 스파이방지법 제정, 외국인 규제와 단속 강화에도 나섰다.

지난 26년간 자민당과 연립정권을 유지해온 공명당은 평화정당으로서 아베 정권의 우경화에 대한 방파제 역할을 해왔지만, 강경 우파 성향의 다카이치 총리는 새로운 연정 파트너로 보수 성향의 일본유신회를 선택했다. 이에 따라 일본 정치의 외교 노선은 이시바 총리 시절의 '자민당+공명당+친중파' 대미 자주노선에서 다카이치 총리의 '자민당 우파+일본유신회+반중 친대만'의 대미 추종노선으로 다시금 전환되었다.

한미 정상회담과 미일 정상회담은 어떤 면에서 한국의 자주외교와 일본의 종속외교를 대비시키는 인상을 주었다. 미국에 공개적으로 맞섰던 이시바 총리는 결국 물러났고, 일본은 대미 투자 계획을 확정했다. 트럼프-다카이치 미일 정상은 AI와 반도체, 전력 인프라 구축은 물론, 조선업과 희토류 개발 분야까지 투자하기로 합의했다.

반면 한국은 10월 29일 한미 정상회담에서 극적인 15% 관세 협상 타결을 이루며 상대적으로 유리한 조건을 얻어냈다. 3,500억 달러 규모의 투자에는 연간 200억 달러 상한이 설정되었고, 국내 외환 사정에 따라 재조정이 가능하도록 조율되었다. 일본 계약서에는 포함되지 않은 '상업적 합리성' 문구를 추가하고, 핵추진 잠수함 건조 승인까지 얻어낸 것은 매우 놀라운 성과로 평가된다.

주권국가로서의 행보: 외교정책의 기본이 무엇인가?

한국이나 일본이 미국의 무리한 요구에 절차상으로 부심하는 모습은 시대가 바뀌어도 변하지 않는다. 미국은 일본의 정치·경제를 좌우하고 있으며, 한국도 여기에서 크게 벗어나지 않는다. 미국의 정치학자이자 카터 대통령 시절 국가안보보좌관을 맡기도 했던 즈비그뉴 브레진스키는 미국의 세계전략을 풀이한 『거대한 체스판(The Grand Chessboard)』이라는 책에서 일본을 미국의 '안보 보호국'으로 표현하고 있다. 일본이 미국의 보호국이라는 인식과 현실은 점령시대에 만들어져 현재까지 이어지고 있다. 일본이 대미 자주노선을 걸을 것인가, 아니면 추종할 것인가에 대한 선택지는 지금까지 수많은 일본 총리와 정치인, 외무성에게 큰 고민거리로 작용해왔다. 이러한 상황은 단지 일본에만 국한되지 않으며, 한국의 경우에도 그대로 적용된다. 윤석열 정부의 국익도 목표도 결여된 무조건적인 대미·대일 추종이 바로 그것이다.

2024년 12월, 내란을 일으켜 탄핵당한 윤석열 정부는 '자유, 평화, 번영의 글로벌 중추국가'를 외교 기조로 삼아 '가치외교'를 지향했다. 냉전기의 이념적·체제적 진영화와 달리, 가치외교가 표방하는 자유주의 대 반자유주의 진영화의 기저에는 배타적 정체성의 정치가 자리하고 있었다. 여기에는 친미와 친일을 바탕으로, 북한, 중국, 러시아에 대한 적대적 감정이 기본 전제였다.

윤석열 정부의 가치외교를 추진했던 '가치 동맹파' 그룹은 미중 갈등이 일시적이거나 잠정적인 것이 아니고, 미국의 압박에 중국이 굴복할 때까지 지속될 것이라고 주장했다. 미중 갈등이 화해하거나 타협할 수 없는 선과 악의 대결이며, 한국 외교는 망설임 없이 미국 주도의 국제질서의 대열에서 한 발자국도 이탈해서는 안 된다는 것이다. 이에 따라 남북 대화와 협력을 완전히 배제하더라도 한미 동맹 강화가 더 필요하다고 인식하거나 이에 매달리게 된다. 이들은 한국이 한미 동맹보다 남북 협력을 더 중시하는 태도를 조금이라도 보이면, 미국이 한국과 이익을 공유한다고 인식하기 힘들 거라고 앞장서 생각한다. 미국의 입장에서 이는 '확장 억제'에 부정적 영향을 미칠 수 있기 때문이다. 이들에게 가장 중요한 것은, 미국이 중국과의 전략 경쟁 속에서 한국과 전략적 이익을 공유하고 있다는 확신을 갖도록 만드는 것이다. 그 결과, 한미 간 전략적 이익 공유가 절대적 우위에 서게 된다.

윤석열 정부의 지나친 친미·친일 노선은 한국 외교에 심각한 후유증을 남겼다. 남북 대화의 완전한 단절과 지속적 대결 상태, 북한의 핵무기 증산과 미사일 고도화, 북러 간 동맹 조약 체결과 북한군의 우크라이나 파병, 한국의 대중·대러 관계 악화와 북방외교 실종 등은 한국 외교의 심각한 위기를 초래했다.

이재명 정부의 국익 중심 외교와 실용외교는 윤석열 정부의 이념 과잉 '가치외교'에 대한 반성과 교훈에서 비롯된 것이다. 국익 중심 실용외교는 "가치와 실리의 균형을 맞추고, 전략적 자율성을 충분히 확보하며, 위협을 관리하고, 기회를 포착하는 정교한 외교 전략"으로 정의할 수 있다. 글로벌 책임강국으로서 한국 외교의 위상 제고와 주변국과의 안정적인 관계를 중시하는 동북아 평화협력은 중요한 키워드다.

이재명 대통령의 실용 중시와 중도 노선은 이미 상당한 성과를 내고 있다. 2025년 10월 APEC 정상회담과 연이어 열린 정상회담들의 '외교 슈퍼 위크'는 한국의 자주적이고 실용적인 외교 성과를 보여주었다. 한국은 미국과의 통상 협상에서 잘 버티며, 15% 관세 인하 협상과 핵추진 잠수함 승인까지 이끌어냈다. 한중 정상회담에서는 양국 관계가 전면 회복되었다고 선언할 정도였다. 한중 양국은 고위급 소통 채널 정례화, 인적·지역 교류 확대, 한중 70조 원 통화스와프협정을 포함한 7건의 양해각서 체결 등 큰 성과를 거두었다. 이재명 정부 실용외교의 성과는, 친미·반중 성향의 다카이치 총리 등장 이후 중일 정상회담 및 대만 관련 발언 등으로 심각한 갈등을 겪고 있는 중일 관계와 비교하면 더욱 빛난다.

미국의 외압에도 굴하지 않고 자주외교를 추구해온 일본의 수많은 총리와 정치가들은 미국과 일본 양측에서 비난받거나 배제되었지만, 주권국가로서의 외교적 행보를 포기하지 않았다. 이러한 점은 한국 외교가 거울삼아 배우고 실천해야 할 부분이다.

부디 이 책이 21세기에도 반복되는 일본의 대미 자주외교와 종속외교의 변주를 이해하고, 한국 외교에 던지는 시사점을 찾아내는 데 조금이나마 도움이 되기를 바란다. 바쁜 일정에도 귀중한 해제를 써주시고, 언제나 제게 학문적 귀감이 되어주시는 문정인 연세대학교 특임교수님, 어려운 출판 여건에도 불구하고 재출간을 흔쾌히 허락해주신 메디치미디어의 김현종 사장님, 오랜 시간 역자 후기를 기다려주신 진용주 팀장님, 그리고 언제나 묵묵히 곁에서 뒷바라지해주는 아내 이은숙에게 감사드린다.

2025년 12월
양기호

★ 2013년 옮긴이의 말

 2012년 일본에 있는 대학에서 연구년을 보내면서 흥미롭게 읽은 마고사키 우케루孫崎享의 책을 2권째 번역하게 되었다. 첫 번째는 한일 간 영토분쟁이 불거질 때, 마침 지인이 추천하여 번역한 『일본의 영토분쟁日本の国境問題-尖閣·竹島·北方領土』(메디치미디어, 2012년)이다. 이 책은 국내 주요 언론에서 대부분 소개되었을 정도로 큰 호평을 받았다. 이에 힘입어 두 번째로 『미국은 동아시아를 어떻게 지배했나(戦後史の正体, 1945~2012)』라는 같은 저자의 대표작을 추가로 번역하게 되었다. 원저는 무려 20만 권 이상이나 팔려 일본 언론에서 큰 주목을 받았다. 이 책은 고교생도 읽을 수 있을 정도로 비교적 쉽게 서술되어 있어서 미국의 동아시아전략과 일본 외교의 현장을 실감하는 데 큰 도움을 준다.
 저자는 이 책에서 미일 동맹에 매달리는 일본 외교의 적나라한 현실을 소개하면서, 좀 더 주체성 있는 일본 외교를 촉구하고 있다. 나는 이 책을 읽으면서 일본 외무성 국제정보국장 출신인 저자가 구체적인 자료와 데이터를 제시하고, 해박한 지식으로 설명해내는 탁월한 능력에 몇 번이나 감탄하였다. 이 책은 전후 일본 외교를 미국 추종과 미국 종속으로 나누어, 각각의 사례들을 각 수상과 정권별로 나누어 정리하고 있다. 이 책을 읽노라면, 비슷한 고민을 안고 있는 한미 관계에도 적잖은 도움이 될 것이라고 생각한다.

마고사키 우케루는 일본 외무성 국제정보국장과 주 이란대사, 그리고 주 우즈베키스탄 대사 등 오로지 일본 외무성에서 36년을 근무한 외교관리였다. 관료생활을 마친 뒤에는 다시 학자로, 방위대학교 교수로, 쓰쿠바대학 강사 등으로 국제문제에 관련된 매스컴 해설자로 텔레비전이나 라디오에 빈번히 출연하고 있다. 특히 2009년 하토야마 일본 수상의 외교브레인으로서, 오키나와 후텐마 미군 기지를 둘러싼 생방송 토론회에 자주 얼굴을 내밀었다. 그는 지역주민에게 지나치게 부담이 큰 미군 기지를 오키나와 현 외부로 이전할 것을 강조하여, 미일 동맹에도 불구하고 일본의 국익을 관철할 것을 주장하였다.

미일 동맹을 근간으로 하는 일본이나 한국에게 미국은 가장 중요한 존재이자, 어려운 동맹국임에 틀림없다. 저자는 미일 동맹을 가장 중시하는 일본 외무성에서 보기 드물게, 미국과 갈등을 빚더라도 일본의 국익을 강조할 뿐 아니라, 영토문제에서 한국과 중국을 배려하는 '특별한 존재'라고 볼 수 있다. 수많은 일본 정치가들이 분명한 논리나 비전을 결여한 채, 감정적이고 수사학적인 국가전략이나 외교정책을 외치고 있는데 비하여, 그는 정확한 자료와 통계를 가지고 잘못된 일본인의 인식을 꼬집는 뛰어난 선각자 역할을 해내고 있다. 딱딱한 외교 문제를 다룬 이 책이 무려 20만 권 이상이나 팔린 것은 그 점을 입증하는 것이라 해도 과언이 아니다.

일본 외교에서 미일 동맹이 차지하고 있는 비중은 얼마나 대단한 것인지 짐작조차 하기 어려울 정도이다. 1945년 9월 미국은 일본을 항복시키고 단독 점령으로 전후 개혁을 추진하였다. 미국의 대일 점령정책이던 '비군사화'와 '민주화'는 시장경제와 민주주의 국가로서 일본을 재탄생시킨 데 공헌하였지만, 냉전이 시작되면서 미국의 동아시아전략이 바뀌었고, 점령정책 또한 바뀌었다. 미국은 일본인들에 대한 정신적인 지배를 관철시키고자 천황제를 유지시키고, 일본을 반공의 보루로 만들고자 우익이나 전범들과 손을 잡았다. 패전국 독일처럼 패전 일본의 철저한 아시아화와 전후 반성을 통하여 일본을 진정한 아시아 국가의 일원으로 복귀시키지 못한 것은 유감스러운 일이었다.

책에 나온 몇 가지 사례를 소개하기로 한다. 미국에 점령된 전후 일본은 메이지유신 이래 익숙한 아시아를 벗어나 유럽과 손잡는다는 '탈아입구脫亞入歐' 노선에 따라 요시다吉田 수상의 적극적인 반공노선과 미국 추종으로 미국의 요구를 충실히 따랐다. 당시 미군총사령부GHQ 윌로비 장군은 일본의 내각 구성이나 차기 수상 인선에까지 개입하였다. 그는 헤밍웨이의 소설 『누구를 위하여 종은 울리나』가 인민전선을 미화했다고 해서 싫어할 정도로 반공주의자였고 나중에 스페인 독재자 프랑코 총통의 고문을 지내기도 했다.

1951년 일본은 샌프란시스코 강화조약으로 독립하면서 동시에 미일 동맹을 체결하였다. 냉전기 주일미군은 소련의 침공으로부터 일본을 방어하는 대신, 일본 내 군사기지를 사실상 무제한 사용할 수 있는 권한을 손에 넣었다. 자민당 정권은 미일 동맹을 기반으로 경제 대국으로 성장하면서 이른바 보수본류를 형성해 왔다. 여기에는 친미 성향의 보수정치가와 관료 및 재계, 그리고 보수언론과 일본 외무성 등이 네트워크를 구축하고 있다.

일본의 보수 세력이 신줏단지처럼 받들고 있는 미일 동맹은 언제나 그렇듯 위기 때마다 항상 회귀본능을 자극하는 안식처이자 방파제가 되고 있다. 이런 현상은 특히 자민당 장기 집권기에 자주 나타났다. 1981년 5월, 당시 스즈키 수상이 레이건 대통령과 정상회담 후에 미일 동맹이 반드시 군사적 의미를 띠는 것은 아니라는 발언을 하자, 놀란 일본 외무성과 보수언론은 스즈키 수상이 양국 관계를 손상시켰다고 비난하였다.

　미일 동맹의 장래를 둘러싸고 위기감이 고조되자, 1982년 11월 새로 취임한 나카소네 수상은 미국 정계의 두터운 신임을 얻고자 하였다. 아예 군사적 의미에서 소련에 강력히 대항할 수 있도록 일본 열도를 '불침항모不沈航母'로 만들겠다고 선언한 것이다. 소련의 반발은 두말할 나위도 없고 그 대가는 상당히 컸다. 극동지역인 블라디보스토크에서 태평양으로 진출하는 소련 잠수함을 감시하고자 미국제 대잠정찰기 P3C를 100대 이상 구입해야 했기 때문이다.

　미일 동맹에 매달리는 일본 외교의 현실은 최근에도 별로 바뀌지 않고 있다. 2006년, 당시 아베 수상과 아소 외상은 일본, 인도, 호주, 뉴질랜드를 잇는 '자유와 번영의 호the arc of freedom and prosperity'를 제창하여 대중국 방어망을 시사한 적이 있다. 최근 들어 센카쿠 열도(중국명 댜오위다오)를 둘러싼 영토분쟁이 격화되자, 아베 정권은 다시 중국과 북한을 견제하면서 미일 동맹에 의존하려들고 있다. 이들은 미국이 주도하는 환태평양 경제동반자 협정TPP: Trans Pacific Partnership에 일본을 참가시켜, 정치, 경제, 군사 면에서 양국 관계를 강화시키고자 노력하고 있다.

2013년 2월 22일 미국 워싱턴, 미일정상회담을 마친 아베 수상이 특별강연회에서 "일본이 돌아왔다Japan is Back"고 선언한 것은 매우 인상적이었다. 일본민주당 정권하에서 오키나와 미군기지 이전으로 인한 미일 양국 간 갈등, 또한 아시아를 중시한 동아시아공동체 주장으로 흔들렸던 미일 관계를 완전히 복원시킨 점을 새삼 강조한 것이었다. 그는 작년 12월 총선거에서 미일 동맹 균열과 센카쿠 열도 등 영토 분쟁을 들면서 민주당의 '외교 패배'를 수차례 비난한 바 있었다.

그러나 지금은 과거 상황과 너무나 다르다. 냉전기도 아닐뿐더러, 중국과 한국의 국력 또한 엄청나게 커졌다. 중일 간 무역량은 2011년 약 3,450억 달러로 미일 간 무역량의 약 1.7배에 달한다. 동북아 구도는 미일 동맹이 아닌 미중 간 G2체제가 주요 국제질서로 자리 잡고 있다. '위안부' 문제와 역사인식에서 미국 민주당은 오히려 일본 정부에 비판적이다. '일본이 돌아와도Japan is Back', 미국이 양팔 벌려서 반겨 줄 상황은 더 이상 아니다. 21세기 새로운 동아시아 국제질서에 접맥된 미일 동맹의 진화가 요구되고 있는 것이다.

이 책을 번역하면서 과연 이것이 일본만의 문제인가 하는 생각이 들었다. 저자가 서문에서 소개하였듯이, 박정희 정권기 한국 외교의 가장 큰 부담은 사실상 미국이었다. 주한미군, 주일미군을 통하여 동아시아 군사전략에 개입해 온 미국의 압력과 한국의 국익을 조화시키는 것은 고민과 갈등의 연속이었다. 앞으로도 21세기 한국을 둘러싼 국제정세는 노련하고 세련된 외교 전략을 요구하고 있다. 동아시아로의 복귀와 적극적인 군사 개입을 시도하는 미국, 아베 정권의 우경화와 헌법 개정의 추진, 날로 심해지는 동북아지역의 영토분쟁, 동아시아 강대국으로 떠오른 중국과 핵실험을 불사하는 북한 등 험난한 국제 정세가 상존하고 있는 현실이다.

부디 이 책이 미일 동맹과 일본의 외교정책을 이해하고, 한미 동맹을 활용하면서 한국의 독자적인 외교 전략을 모색하는 데 조그만 참고서가 되기를 빌어마지 않는다. 바쁘신 일정에도 짬을 내어 귀한 해제를 써주신 연세대 문정인 교수님, 어려운 출판사정에도 불구하고 흔쾌히 도와주신 메디치미디어의 김현종 사장님, 책을 내는 데 조언과 안내로 좋은 가이드가 되어준 오경희 차장님, 겨울 내내 번역에 매달린 역자를 위하여 기꺼이 뒷바라지해 준 아내에게 감사드린다.

2013년 3월
양기호

★ 해제

작년 한·중·일 삼국 간 영토분쟁이 고조될 때 일본의 전직 외교관인 마고사키 우케루孫崎享가 쓴『일본의 영토분쟁: 독도 센카쿠 북방영토』라는 책이 나의 관심을 끌었다. 자신의 풍부한 외교적 경험과 세세한 사료 분석을 바탕으로 일본이 당면한 영토분쟁과 주변국과의 갈등을 해부하면서 동아시아 차원에서 평화적 해결의 방향을 제시한 책이기 때문이다. 물론 일본 중심적 사고에서 아주 벗어난 것은 아니었지만 최근 일본의 분위기空氣로 보아 그 정도의 논지를 전개한다는 것이 쉬운 일은 아니다.

성공회대학교의 양기호 교수가 이번에 번역 출판한, 역시 마고사키 우케루의 최신작『미국은 동아시아를 어떻게 지배했나: 일본의 사례, 1945-2012년(戦後史の正体 1945-2012)』는『일본의 영토분쟁』보다 한층 더 논쟁적이라 할 수 있다. 이 책은 제2차 세계대전 후 일미 관계사를 역대 수상 별로 일목요연하게 쉽게 정리해 놓았다는 특징이 있다. 특히 왜 일본 외교는 미국 추종노선에서 쉽게 벗어나지 못하고 있는가를 심층적으로 규명하고 있다.

저자는 그 연원을 전후 미군 점령기에서 찾고 있다. 패전 후 미군이 일본을 실질적으로 점령하였고 일본이 미국의 간접 통치 가운데 놓이게 되면서 일본의 대미 예속 외교의 경로가 이미 결정되었다는 것이다.

미국을 추종하느냐, 아니면 자주의 길을 걷느냐, 이에 대한 선택이 일본의 운명을 결정해 왔는데 불행히도 일본 외교사는 미국 추종 일변도였던 부끄러운 자화상을 보여 왔다고 저자는 진단한다. 일부 수상들이 자주노선을 표방하기도 했고, 또 일부는 미국에 대해 선별적으로 저항 정책을 썼지만 기본적으로 한계가 있었다는 것이다. 요시다 독트린이 불변의 외교 정책 기조로 자리 잡아왔을 뿐 아니라, 일미 동맹 관계에서 미국은 영원한 갑甲, 일본은 영원한 을乙로 자리 매김 되어 왔다는 사실 또한 이를 반증한다.

여기서 저자는 미국의 대일정책은 어디까지나 미국의 이익을 위한 것으로 일본의 이익과 항상 일치하는 것은 아니며, 미국의 대일정책은 환경 변화에 따라 크게 바뀐다는 점을 밝히고 있다. 그리고 이러한 미국의 대일정책을 일본이 수동적으로 수용해왔다는 점도 강조하고 있다.

이 책에서도 마고사키는 동북아 영토 분쟁에 대해 다시 한 번 언급한다. 동북아 영토 분쟁의 근저에는 미국이라는 강대국의 '분할과 통치divide and rule'라는 전략적 계산이 깔려 있다는 것이 저자의 핵심적인 주장이다. 과거 역사를 복기해 보면 점령국이 식민지에서 철수할 때 그들이 단결하는 것을 방지하기 위해 분쟁의 여지를 남겨두고 물러나는 관행이 있는데, 미국 또한 일본에게 그와 같은 일을 했다는 것이다.

현재 일본이 북쪽으로는 러시아, 남쪽으로는 중국, 그리고 이웃의 한국과 분쟁하게 된 원인에도 미국의 의도적 조작이 큰 몫을 차지하고 있다는 가설을 제시하고 있다. 사실 동북아 영토 분쟁의 '미국 책임론'

에 대한 면밀한 재조명이 필요하다는 점을 감안할 때 이는 매우 의미 있는 시사점이라 하겠다.

나의 관심을 끄는 이 책의 또 다른 논거는 미국과 일본 국내정치의 역동성 간의 상관관계이다. 그의 주장에 따르면 일본 사회에 자주노선을 걸으려는 정치가들이 등장할 때마다 그들을 끌어내리고 다시 미국 추종노선이 권력을 잡게 하는 시스템이 정착되어 있다는 것이다.

이와 관련, 저자는 책 말미에서 대미 자주파 정치가들의 외교정책이 어떤 식으로 방해받고, 그들이 어떻게 권력의 중심부에서 밀려나는지 여섯 가지 패턴으로 나누어 분석해 놓고 있다. 특히 검찰과 주요 언론들이 이러한 시스템의 형성과 유지에 기여해온 방식에 대한 기술은 정말 눈여겨 볼만하다. 역사적 기술도 훌륭하지만 미국을 둘러싼 일본 정치 지형의 심층 분석은 이 책의 백미라 할 수 있다.

그 밖에도 이 책 도처에 독자들의 눈을 번쩍 뜨이게 하는 대목들이 있다. 일반적으로 정치로부터 초월한 존재로 인식되는 쇼와 천황이 실은 미국 추종노선적 미일 관계의 가장 강력한 지지자가 될 수밖에 없는 이유라든지, 세간에서 알려진 이미지와 다른 정치가들의 모습을 재조명해 놓은 것들이 그것이다.

가령 요시다 독트린을 세운 요시다 시게루 수상의 극단적 미국 종속 성향이나, 미국이 어떻게 다나카 가쿠에이 수상을 낙마시켰는가 하는 대목, 그리고 '외교 바보'라는 이미지가 있는 스즈키 젠코 수상의 진면목에 대한 기술 등은 독자의 흥미를 자극하기에 충분해 보인다.

주변국들과 불편한 관계에 놓이게 된 영토 분쟁과 원자력발전소 등 일본이 국내적 그리고 국제적으로 당면하고 있는 다양한 이슈들은 미국의 대일 압력과 그에 따른 대미 추종과 대미 자주노선 간 갈등과 대립의 '부산물'로서 파생되었다는 분석 또한 새롭게 보인다.

또한 한국전쟁의 발발이 일본에 어떤 영향을 주었는지, 그리고 박정희 대통령의 대미 자주노선 득세를 막기 위해 미국 중앙정보부가 어떤 역할을 했는지에 대한 기술도 관심을 가져 볼만한 대목이다.

아마 이 책을 외무성의 전직 고위관료가 아닌 일반 전문가가 집필했다면 다분히 일본 출판계에 널리 퍼져 있는 음모론의 전형으로 치부될 수도 있었을 것이다. 실제로 출간 이후 〈아사히신문〉이 '전형적인 음모사관'이라는 서평을 실었다가 독자들의 항의를 받고 정정 기사를 내기까지도 했으니 그도 그럴 법하다.[1]

그러나 저자는 정부의 공식문서를 포함하여 자서전, 증언, 비화, 언론보도 등 풍부한 사료들을 근거로 일본 외교사의 씨줄 날줄을 엮어나갔다. 표면에 드러난 내용뿐 아니라 '묻어두었던' 사료들의 발굴을 통해 그 뒤에 감추어진 내용까지 세세하게 파헤치며 미일 관계의 전체 그림을 제시하고 있는 것이다. '음모사관'이라는 비판이 먹히지 않았던 이유도 여기에 있지 아니한가 생각한다.

그렇다고 이 책이 꼭 객관적인 것만은 아니다. 저자는 이 책에서 일본의 자주를 위한 대미정책의 변화를 촉구하고 있지만 일본의 국익 우선주의를 넘어서지는 못하고 있다. 미국에 대해 '양보할 수 없는 일본

---

[1] 〈아사히신문〉은 이 책에 대해 '전형적인 음모사관'이라는 서평을 내보냈다가 독자들의 거센 항의를 받고 "서평의 일부 내용을 삭제한다."는 정정 기사를 내보낸 바 있다. -〈경향신문〉(2012. 10. 25) "일본, 반미 서적 이례적 돌풍" 기사 참고.

의 국익'을 주장하면서도 영토나 역사 문제에 관련된 주변국들에 대해 '양보할 수 있는 일본의 국익'에 대한 언급은 없다. 미국이 만들어 놓은 영토 문제의 해결을 위해 일본이 어떤 입장을 취해야 하는지에 대해서도 명백한 입장을 취하고 있지 않다.

이런 한계에도 불구하고 이 책은 우리에게 신선한 충격을 준다. 일본 내 만연한 미국 절대주의 풍조에 문제를 제기하면서 새로운 인식의 지평을 열어준다는 점은 눈부시게 독창적이다. 이 책을 통해 미국을 보는 일본 사회의 다원적 시각을 재조명할 수 있다.

이 책이 주는 가장 큰 시사점은 아마도 한미 관계에 대한 것이라 하겠다. 2013년 한미 동맹 60주년을 맞아 우리도 한미 관계의 과거와 현재, 그리고 미래를 마고사키의 시각에서 다시 볼 수 있어야 하지 않을까 한다.

미일 관계, 한일 관계, 일본의 외교정책, 그리고 동북아 국제관계에 관심을 가지는 모든 이에게 이 책을 강력히 권하고 싶다. 파격적이고 독창적일 뿐 아니라, 저자의 역사적 경험의 깊이가 책 전체에 잘 녹아 있다. 전후 일본의 재발견에 관심 있는 자들에게는 필독서라 할 만하다.

이 책을 번역한 양기호 교수는 일본 게이오대학에서 정치학 박사를 받은, 일본 국내 정치와 대외정책에 대해 높은 식견을 가진 한국 최고의 일본 전문가 중 한 사람이다. 이 책을 쉽게 풀어 우리말로 엮어 낸 양 교수의 탁월함에도 찬사를 보내는 바이다.

2013년 3월
문정인

★ 한국 독자를 위한 저자 서문

나는 36년간 일본 외무성에서 근무했다. 영국, (구)소련, 이라크, 캐나다, 우즈베키스탄, 이란 등의 일본대사관에서도 일한 바 있고, 그때마다 항상 한국 외교관을 만났다. 대부분 처음에는 서먹서먹한 경우가 많았지만, 머지않아 가장 친한 사이가 되곤 했다. 아마도 이런 현상은 세계 어디서나 마찬가지일 것이다.

나는 한국 외교관들과 만나면서 여러 가지 이야기를 들었는데 그중 박정희 대통령에 얽힌 일화를 소개하고자 한다.

"지미 카터Jimmy Carter 미국 대통령이 청와대를 방문한 적이 있다. 회담 자리에서 박정희 정권의 인권 탄압을 비판했다. 박정희 대통령도 지지 않고, 미국에는 흑인들 인권문제가 있다고 반박했다. 그러자 카터 대통령은 화가 나서 자리를 떠버렸다. 회담은 10분도 채 안 되어 끝이 났다.[2] 바로 직전에 도청사건이 있었다. 미국이 청와대에 도청기

---

[2] 사실 이날 회담은 2시간 가까이 진행되었다. 박 대통령이 먼저 카터에게 일방적인 안보 강의를 늘어놓으며 두 정상의 위험한 공방전이 이어졌던 것. 카터의 인권 정책과 주한

를 설치한 것이다. 이를 알게 된 박정희 대통령은 보복 차 미국대사관저에 도청기를 숨겨 놓았다. 대사관저에서 분노를 터뜨리지 못한 카터 대통령은 대사관용 차 안에서 시내를 빙빙 돌며 마음속에 담긴 말을 쏟아냈다."

나는 위의 에피소드가 진짜인지 여부를 판단할 수 없다. 그러나 분명한 것은 한미 관계는 미일 관계보다 훨씬 더 긴박한 순간이 많았다는 점이다. 한국전쟁에서 수많은 젊은 미군들이 피를 흘렸다. 미군이 참가하지 않았다면 오늘날 한국은 존재하지 않을지도 모른다. 그만큼 미국으로서는 한국 문제에 일정한 지분을 가지고 있고, 미국이 한국 내정에 개입한 사례는 일본보다 훨씬 더 많을 것이다.

이 책, 『미국은 동아시아를 어떻게 지배했나: 일본의 사례, 1945-2012년』가 한국의 독자 여러분이 자국의 역사를 돌아보는 데 조그만 참고서가 되었으면 한다.

일본이 자주외교를 시도할 때, 미국은 두 가지 사안에서 반대한다. 하나는 일본이 주일미군 기지를 축소하고자 할 때이고, 다른 하나는 일본이 미국보다 먼저 중국과 관계를 강화하고자 할 때이다. 미군 기지를 축소하려거나 중일 관계를 개선하려는 일본 정치가는 반드시 미국보다 먼저, 같은 일본인으로부터 배척을 받았다. 일본 정치가, 관료,

---

미군 철수 계획으로 속이 상했던 박 대통령이 45분간 안보에 대한 견해를 늘어놓자, 화가 난 카터가 반격으로 방위비 증액과 함께 긴급조치 9호의 해제를 요구하며 회담이 길어졌다.

재계, 언론 등 미국을 추종하는 그룹들로부터 조직적으로 배척을 받는 것이다.

나는 역사학자가 아니다. 그럼에도 왜 이런 책을 쓰게 되었는지 묻는다면, 나는 현재를 알기 위함이라고 답한다. 2009년 총선에서 일본 민주당은 대승을 거두었다. 하토야마 수상과 오자와 간사장 체제는 좀 더 자주적인 대미 외교를 지향하고 있었다.

하토야마 수상은 오키나와 주민의 부담을 덜고자 후텐마 주일미군 기지를 오키나와 현 외부로라도 옮기고자 하였고, 아시아 국가와 공존하는 동아시아공동체를 모색하기도 했다. 오자와 간사장도 주일미군 축소와 중일 관계 개선을 주장하였다. 그러나 두 사람은 여기저기서 배척을 받은 끝에 결국 정계 무대에서 사라졌다.

이 사건은 하토야마와 오자와의 개인적인 문제이다. 그러나 전후 미일 관계사를 되돌아보면 어디선가 이런 사건들이 자주 있었음을 알 수 있다. 주일미군 기지 문제를 살펴보아도 그렇다. 1951년 9월 8일, 일본은 샌프란시스코에서 강화조약을 맺고 나서 미일 안보조약에 서명했다. 중요한 것은 미일 안보조약의 내용이다.

안보조약의 핵심은 미군의 일본 내 주둔을 전제로 일본이 점령상태에서 벗어나 독립한 것이었다. 미일 양국이 상호 동의한 뒤, 1951년 1월 25일 미국국무성 덜레스 정책고문은 일본을 방문하여 양국 간 교섭을 시작하였다. 여기서 덜레스의 언행은 매우 흥미롭다.

1951년 1월 26일, 덜레스는 일본과 교섭을 앞두고 첫 준비 모임에서 부하들에게 강조하였다. "미국이 일본에 원하는 만큼의 군대를, 원하는 장소에, 원하는 만큼 주둔시킬 권리를 확보하는 것이 가장 중요하다."

　덜레스의 주장은 미일 안보조약, 그리고 주일미군 지위를 결정한 미일지위협정에 그대로 반영되었다. 최근 일본에서 미군의 대형수송기 오스프레이Osprey 배치를 두고 논란이 일고 있다. 당시 민주당 정권의 노다 수상은 "오스프레이 배치는 미국 정부의 방침으로, 일본이 개입할 문제가 아니다."고 언급하였다. 2012년 7월말, 노다 내각은 인근 지역 주민의 안전을 포기하고 미군기 오스프레이의 저공비행을 허가한다는 정부답변서를 각의, 결정하였다. 덜레스의 주장은 오늘날 미일 관계에 그대로 살아 숨 쉬고 있다.
　나는 현재 미일 관계에 대한 이해를 돕고자 이 책을 썼다. 일본 외교를 이해하고자 하는 한국의 독자에게 조금이라도 보탬이 되었으면 한다. 이 책을 읽는 과정에서 어쩌면 "한국도 마찬가지가 아닌가"라는 목소리가 나올지도 모른다.

2013년 3월
마고사키 우케루

★ 들어가는 말

패전 일본을 움직인 미국의 압력

많은 책 가운데 이 책을 골라주신 독자 여러분께 감사드린다. 이 책이 특별한 까닭은 지금까지 전혀 언급되지 않았던 '미국의 대일 압력'을 중심으로 전후 일본 외교를 해석했기 때문이다. 이런 관점에서 쓴 책은 지금까지 없었고 아마 앞으로도 없을 것이라 생각한다. 일본 언론에서 미일 관계의 진실을 해부하는 것은 금기시되고 있기 때문이다.

나는 1966년 일본 외무성에 들어갔다. 영국육군학교에 파견되어 러시아어를 배운 것이 계기가 되어, 서구에서 '악의 제국'으로 부르던 소련에 5년, '악의 축'[3]이라 부르던 이라크와 이란에 각각 3년씩 근무하였다. 다른 나라 외교관을 보아도 거의 사례를 찾아보기 힘든 귀중한

---

3) 악의 축(Axis of evil): 미국의, 아들 부시 대통령이 2002년 1월 29일 대량 파괴 무기 보유국, 또는 테러지원국으로 이라크와 이란, 그리고 북한을 지명하면서 사용한 단어. 2003년 3월 미국이 이라크에 선제 공격을 가하면서 이라크전쟁이 시작되었다.

경험을 했다. 또한 도쿄에서 주로 정보통으로 일하면서, 그 분야 고위직인 국제정보국장도 지낸 바 있다.

"악의 제국인 소련이나 악의 축인 이라크와 이란이 각각 어떻게 움직이는가?" "왜 지금까지 적대적인 행동을 취하고 있는가?" 등에 관해 각국 정보기관과 연계해서 정보를 수집·분석하고 대책을 강구하는 것이 나의 업무였다.

2002년 나는 방위대학교 교수가 되었다. 그리고 7년 동안, 나 자신이 체험한 것을 되돌아보며 전후 일본 외교사를 연구할 기회가 있었다. 이 과정에서 확실히 알게 된 것은 전후 일본 외교를 움직인 최대의 원동력은 미국의 대일 압력과 이에 대한 자주노선 vs 미국 추종 간 갈등이라는 사실이다. 예를 들면 오키나와 후텐마(普天間)기지[4] 문제를 사례로 들어보자.

"후텐마기지는 주택 밀집지에 위치하여 매우 위험하다. 따라서 후텐마기지를 오키나와 외부로 옮기도록 미국의 이해를 얻자."는 것이 자주노선이다. 한편, "미국은 후텐마기지를 같은 오키나와 현 내 헤노코에 이전하는 것이 바람직하다고 생각한다. 미국의 의향을 거스르면 미일 관계 전체에 부정적인 영향을 미치므로 가능하면 미국이 하자는 대로 하자."는 것이 추종노선이다. 이 두 가지 외교노선의 대립이 제2차 세계대전 후 일본 외교의 기본 골격이 되어 왔다.

---

4) 후텐마(普天間)기지: 오키나와 내 미군 해병대 기지. 가데나 공군 기지와 함께 미군의 주요 군사시설이다. 오키나와에는 주일미군 기지의 무려 75%가 집중 배치되어 있어서 지역주민들에게 큰 부담이 되고 있다.

일본뿐만이 아니다. 세계 모든 나라의 역사는 강대국과의 관계에 따라 결정되는 것이 현실이다. 그것을 파악하면, 자국의 역사나 국제정세는 마치 안개가 걷히듯 확실하게 보일 것이다. 그래서 나는 이 책에서 일본의 전후사를 두 개 노선 간 대결로 서술하고자 한다. 자주노선과 미국 추종, 이 두 가지 가운데 최적의 지점을 도출하는 것은 장차 일본에게 요구되는 과제이기도 하다.

미국의 패권주의에 일본이 이용당하다

제2차 세계대전을 거치면서 미국은 세계 최강이 되었다. 미국은 세계를 어떻게 움직이고 경영할 것인가에 대한 분명한 전략을 가지고 있다. 세계전략 속에서 다른 나라를 어떻게 활용할 것인지 미국은 항상 생각하고 고민한다. 당연히 일본도 그 안에 들어가 있다.

"미국은 일본을 동맹국으로서 중시하고 있다."
"아니다. 그렇지 않다. 미국은 일본을 용도폐기하려고 한다."

일본에서는 이런 논쟁이 자주 일어난다. 그러나 양쪽 모두 사실이 아니다. 정답은 "미국과의 관계는 그때그때 상황에 따라 바뀐다."는 것이다.

장기판을 생각해보면 쉽게 알 수 있다. 미국은 왕王으로 왕의 자리를 지키고 상대방 왕을 이기기 위하여 모든 전략을 세운다. 미국에게 일본은 졸卒에 지나지 않는다. 어쩌면 말馬일지도 모른다. 혹은 상象일 수도 있고 차車로 대접해 줄 수도 있다. 그것은 상황에 따라 다르다.

그러나 어떤 역할이라 해도 국제정치라는 게임에서 미국이라는 왕을 지키고 상대방 왕을 이기기 위한 전략에 이용되는 것은 마찬가지다. 상황에 따라 버림받을 수도 있다. 왕이 위험에 처해도 차車를 지키려는 장기꾼은 없는 법이다. 전혀 망설임 없이 차를 포기한다. 이는 당연한 이야기다.

상대방 왕도 가끔씩 바뀐다. 때로는 소련이, 때로는 알 카에다가 왕이 되며 혹은 중국이나 이란이 왕이 될 때도 있다. 일본은 졸, 말, 상 등 때에 따라 역할이 바뀐다.

전후 미국과 일본은 항상 강고한 동맹 관계를 유지했을까? 일본은 미국으로부터 이익만을 얻었을까? 전혀 그렇지 않다. 미국이 세계전략을 바꿀 때마다 미일 관계는 항상 흔들렸다. 부디 이 책이 미일 관계의 진정한 모습을 발견하는 데 도움이 되기를 바란다.

미국이 일본을 이용하려고 할 때 일본은 어떻게 대응해야 할까? 미국은 군사나 경제면에서 일본보다 압도적으로 강한 나라다. 이런 현실 속에서 어떻게 살아갈 수 있을까? 몇 가지 방법을 생각해 볼 수 있다.

"미국은 우리보다 엄청나게 강하다. 저항해도 어쩔 수 없다. 가능한 한 미국이 하자는 대로 하자. 그리고 우리도 이익을 챙기면 된다."라는 방법이 있다. 다른 하나의 방법은 "일본에는 독자적인 가치가 있다. 그것은 반드시 미국과 공유할 필요는 없다. 힘센 미국에 대하여 어디까지 우리의 가치를 관철시킬 것인가. 그것이 바로 진정한 외교가 아닌가."라는 것이다.

나는 후자의 입장을 지지한다. "힘센 미국에 맞서 어떻게 일본 고유의 가치를 지켜갈 것인가." 이는 앞으로 일본인에게 가장 중요한 테마라고 확신하기 때문이다. 지금은 완전히 사라졌지만, 이는 또한 과거 일본 외무성의 핵심적인 사상이기도 했다. 나 역시 그런 외무성의 사상을 잇는 사람이라고 생각한다.

차 례

2025년 개정증보판에 붙이는 옮긴이의 말 05
2013년 옮긴이의 말 18
해제 24
한국 독자를 위한 저자 서문 29
들어가는 말 33
 패전 일본을 움직인 미국의 압력 | 미국의 패권주의에 일본이 이용당하다

제1부
제2차 세계대전과 미국의 일본 점령

| 제1장 |
왜 읽기 쉬운 일본 전후사인가?

이라크전쟁에 자위대를 파견하다 46 | 아자데간 유전 개발권이 중국에 넘어간 이유 50 | 일본의 말단공무원 인선까지 조종한 CIA 53 | 쇼와 천황, 미국의 오키나와 군사점령을 무기한 허용하다 58

| 제2장 |
패전과 함께 미국의 군사점령이 시작되다

일본의 항복, 그것은 단순한 패전이 아니었다 61 | 1945년 9월 2일 대체 일본엔 무슨 일이… 67 | 패전 후 일본은 미국의 군사식민지나 다름없었다 69 | 요시다 내각 이후 미국의 꼭두각시로 전락하다 77 | 점령군 병사를 위한 매춘, '위안부' 81 | 전쟁범죄자 체포 명령과 미국 추종 83 | 시게미쓰를 내쫓고 요시다를 앉히다 85

| 제3장 |
점령기 미국은 어떻게 일본을 통치했나?

일본은 미국의 보호국인가 93 | 일본 군부의 노예에서 GHQ의 노예로 바뀌었을 뿐 95 | 요시다에서 시작된 보수본류의 계보 97 | 쇼와 천황, 가장 강력한 미일 동맹의 지지자가 되다 98 | 일본 경제를 짓누른 미군 주둔경비 101

| 제4장 |
일본의 신헌법체제가 미국의 손에서 열리다

맥아더 장군의 손에서 시작된 일본국헌법 110 | 헌법 제정 후 왜 하필 사회당 정권인가? 113 | 아시다 내각을 무너뜨린 쇼와전공 사건 116 | GHQ 내부 갈등으로 일본의 민주화 흐름이 끊기다 119 | '은닉물자 수사본부'가 도쿄지검 특수부의 전신 121 | 쇼와 천황은 미일 관계에 어떻게 관여했나? 127

제2부
냉전冷戰시대의 서막과 일본의 경제성장

| 제5장 |
공산당의 전쟁 방파제로 일본을 이용하다

미국의 대 일본 점령정책이 바뀌다 132 | 미국-소련 관계 악화는 일본의 희망? 134 | 공산주의에 대항하는 이데올로기 방파제 138 | 한국전쟁 발발로 일본 군사력이 부활하다 140 | 맥아더 해임과 점령정책의 전환 148

| 제6장 |
불평등한 강화조약과 미일 안보조약

의혹 속에 성급히 마무리된 미일 안보조약 153 | 비교적 너그러웠던 샌프란시스코 강화조약 158 | 점령기 언론 통제와 감시 163 | 재벌 해체와 함께 재계에 불어 닥친 친미파 164 | 원조액을 능가했던 경제 착취 167 | 친미親美 학자들은 어떻게 양성되었나 170

| 제7장 |
독립과 함께 밀려온 미국 종속의 파도

7년간 계속된 미군 점령기 174 | 독립은 했지만 미군 주둔은 여전히… 178 | 주일미군에게 일본 방위의 의무는 없었다 180 | 미일행정협정과 미국 종속노선의 강화 182 | 미군 유사시 주둔 안을 주장한 수상들의 잇단 실각 187 | 미국의 미움을 산 지도자들이 미스터리한 죽음으로 190

| 제8장 |
자주노선의 기치를 내건 정권들

미군의 완전 철수를 요구하다 193 | 방위비 감액과 안보조약 개정을 둘러싼 자주의 움직임 196 | 하토야마 이치로 내각과 북방영토 문제 201 | 제5 후쿠류마루 호 사건과 원자력 개발 206 | 원자력발전소의 기초를 닦은 사람들 211

제3부
일본의 정권 교체와 미국의 음모

| 제9장 |
보수 합동과 안보조약 개정

자주노선의 이시바시 내각, 안타까운 조기 사퇴 214 | 기시 내각, 또 다시 좌절된 자주노선의 길 219 | CIA 자금으로 미국을 교묘히 역이용한 기시 노부스케 223 | 실패로 돌아간 주일미군 감축안 227 | 행정협정 개정에 난항을 겪다가 무너진 기시 내각 229

| 제10장 |
진보 세력을 이용했던 미국의 과감한 획책

역사상 전례 없이 뜨거웠던 안보투쟁 232 | 미국이 전학련을 통해 안보투쟁을 지원한 까닭 235 | 진보적인 언론과 지식인층이 우경화된 사건 240 | 1960년 안보투쟁과 신 안보조약에 대한 단상 245 | 나가사키 국기 사건과 중국과의 경제 교류 247 | CIA 지지를 업고 탄생한 이케다 정권 250

| 제11장 |
자민당과 경제성장의 시대

이케다 수상과 함께 시작된 일본의 황금기 253 | 일본의 황금기를 지탱해준 라이샤워 대사 256 | 오키나와 반환의 실마리가 풀리다 259 | 라이샤워, 좌파 세력을 미국의 협력자로 만들다 262 | 중국 무역을 둘러싼 미일 외교 갈등 263 | 베트남전쟁 지원 요청에 단호히 대처한 사토 수상 266 | 핵무기 비 보유국 안전보장을 주도하던 시절 267 | 오키나와 반환을 강력히 주장하다 269

| 제12장 |
오키나와 반환에서 중일 국교 회복까지

미국의 섬유산업에 발목 잡힌 사토 수상 274 | 사토 수상과 닉슨 대통령이 맺은 두 가지 밀약 276 | 닉슨의 보복 제1탄: 중국 전격 방문 280 | 닉슨의 보복 제2탄: 달러와 금의 교환 정지 281 | 외무성 내 미군 기지 축소의 움직임 284 | 키신저, 일본-베트남 교섭을 협박하다 286 | 록히드 사건과 다나카 수상에 관한 음모 288 | 한 정치 평론으로부터 시작된 다나카의 사임 290 | 약소 파벌의 미키 다케오가 수상이 되다 293 | 중일中日 국교 정상화와 키신저의 분노 298 | 다나카의 축출과 원유 개발 문제 300

| 제13장 |
미국을 향한 자주와 종속의 치열한 싸움

자주외교와 '후쿠다 독트린' 302 | 오히라 수상의 노골적인 미국 추종노선 307 | 자주노선을 표방한 스즈키 수상 308 | 아시아에 뿌리를 내리고자 하다 311 | 소련 원자력 잠수함 정찰을 위한 P3C 314 | 나카소네 수상의 불침항모 발언 317 | 레이건 대통령의 군비 경쟁과 미일 반도체협정 320 | 플라자합의와 엔고 현상으로 초토화된 일본 경제 323 | 은행 자기자본 비율BIS 자율 규제 327 | 미일 관계에 무관심한 다케시타 내각 329

제4부
냉전이 종결되고 미국에게 일본이 최대 위협으로 떠오르다

| 제14장 |
냉전 종결과 미국의 변용

소련이라는 적국이 사라지다 334 | 냉전 후, 일본이 미국에 최대 위협이 되다 335 | 걸프전쟁과 일본의 물적·인적 공헌 338 | 미일 동맹을 축소시킨 호소카와 정권의 몰락 342 | CIA의 대 일본 공작이 시작되다 344 | 미야자와 내각의 몰락과 미국의 관료 때리기 346 | 일본을 글로벌 파트너로 삼기 위한 미국의 음모 349 | 클린턴의 섹스 스캔들과 하시모토의 퇴진 352 | 클린턴의 관심에서 멀어져만 간 일본 354

| 제15장 |
9·11테러와 이라크전쟁 후 세계

9·11테러와 영문 모를 두 개의 전쟁 357 | 일본이 이라크전쟁에 참가한 이유 359 | 대북한對北韓 정책을 둘러싼 미일 갈등 361 | 전 세계를 무대로 미일 군사 협력이 체결되다 364 | 자주 경제의 향수:〈올웨이즈 – 3번가의 석양〉367 | 후쿠다 수상, 정권까지 내려놓고 미국에 저항하다 370 | 미일지위협정 개정과 동아시아공동체 구축 373 | 하토야마 수상은 누가 몰아내었나? 376 | 일본 경제를 잠식하는 TPP의 위험성 378

나오는 말 384
전후사 연표 392
찾아보기 396

제1부

제2차 세계대전과 미국의 일본 점령

1945년 9월 2일, 도쿄만에 떠 있는 미주리 호 선상에서 이루어진 항복문서 조인식. 의자에 앉아 문서에 서명하는 일본 정부 전권대표인 시게미쓰 마모루 외무대신과 이를 바라보는 맥아더 연합국총사령관(우측 뒷모습).
ⓒ교도통신

1
왜 읽기 쉬운
일본 전후사인가?

미일 외교에서 가장 중요한 과제는 미국의 압력이며 이는 상상 이상으로 강력하다. 이에 대해 일본의 선택이 '자주노선인가, 추종노선인가'가 문제의 본질이다.

이라크전쟁에 자위대를 파견하다

이 책은 원래 미일 관계를 고등학생도 읽을 수 있도록 써보라는 출판사 청탁에 의해 시작되었다. 냉전 후 미일 관계를 쉽게 설명해보라는 것이다.

'고등학생도 읽을 수 있는 역사책'이라…. 고등학생 시절, 많은 사람들이 세계의 고전을 펼친다. 인생에서 가장 감동적인 책을 읽는 시기가 바로 그때다. 나는 나쓰메 소세키의 『도련님』이라는 소설을 매우 좋아했다. 막힌 속을 후련하게 뚫어주는 통쾌함 이면에 고도의 문명 비판의 칼날이 숨겨져 있는 소설이다. 소세키가 마흔 살에 쓴 이 책은 고등학생이 이해하기엔 어쩌면 너무 난해할 수 있지만, 어찌됐건 고등학생 때 읽은 최고의 문학작품은 인생의 미묘함을 느끼게 해줄 뿐 아니라 자신의 인생에 반드시 큰 영향을 미치게 된다.

마찬가지로 최고의 사회과학 서적을 읽을 최적의 시기 또한 고교 시절이라 할 수 있다. 예를 들면, 키신저Henry Alfred Kissinger의 『핵무기와 외교정책Nuclear Weapons and Foreign Policy』은 고등학생의 필독 도서라 할 만하다. 제2차 세계대전 후 핵무기 출현으로 인해 판도가 뒤바뀐 세계정세를 이해하기에 더없이 좋은 책이다. 다만 유감스러운 점은 사회과학 책에는 전문용어가 많이 나오고 표현도 지나치게 완곡하다는 것이다. 난해할수록 고급스러운 책이라는 어처구니없는 상식이 있는 것 같다.

나는 방위대학교[1]에서 2학년생을 대상으로 7년간 안전보장을 가르쳤다. 대학 2학년은 아직 고교생이나 마찬가지다. 게다가 방위대학교 생도는 훈련과 운동의 비중이 높아 육체적으로도 극도로 피곤하다. 방위대학교 강의 첫날, 수강생의 3분의 1이 모두 졸았다. 안전보장에 대하여 외교 현장에서 얻은 최고의 지식을 전수하려는 의욕에 에너지가 넘쳤던 나는 그 난감한 사태에 몹시 당황했다. 급기야 학생들에게 불같이 화를 낸 뒤 교실 밖으로 뛰쳐나가 버렸다. 강의를 포기한 셈이다.

그 후 7년간 어떻게 하면 학생들이 졸지 않고 수업에 집중할 수 있

---

[1] 방위성 산하 대학으로 1954년 설립. 일본 자위대의 장교 육성을 위한 사관학교. 가나가와 현 요코스카 시에 위치하고 있다. 한국과 달리 육해공군 통합형 교육을 시행하고 있으며, 매년 선발 정원은 약 350명이다.

을까를 거듭 고민했다. 그것이 내게 고등학생도 쉽게 읽을 수 있는 책을 쓰는 훈련이 되었다.

내가 미일 관계를 본격적으로 공부하게 된 계기는 이라크전쟁 때문이었다. 2003년 3월 20일 미군은 이라크를 공격함으로써 후세인 정권을 붕괴시켰다. 그러나 이라크 측의 저항은 끝나지 않았고, 미군은 결국 9년이나 이라크에 주둔하게 되었다. 지금 이라크전쟁은 미국 내에서 많은 비판을 받고 있다. 2011년 1월 CNN이 실시한 여론조사에 의하면 전쟁을 지지한다는 쪽은 33%, 반대하는 쪽은 66%였다. 그러나 전쟁 개시 당시 분위기는 완전히 달랐다. 미국 국민 대부분이 압도적으로 전쟁을 지지했다.

2003년 12월 일본은 이라크에 자위대를 파견했다. 나는 문득 이 전쟁에 대해 의문이 들었다. 대체 왜 이 전쟁을 일으킨 것일까? 미국이 밝힌 이유는 대체로 이렇다.

① 이라크는 엄청난 대량 파괴 무기 보유국이다.
② 이라크는 9.11 사태를 일으킨 알 카에다와 협력하고 있다.
③ 지금 공격하지 않으면 사담 후세인은 언제 다시 세계를 공격할지 모른다.

나는 1986년부터 1989년까지 이란-이라크전쟁이 발발하던 이라크 한복판에서 외교관으로 근무했다. 그래서 누구 못지않게 사담 후세인에 대해 잘 알고 있다. 2003년 무렵 이라크가 대량 파괴 무기를 엄청나게 보유한 적이 없었을 뿐더러, 알 카에다와 협력관계인 적도 결코 없었다. 이라크를 연구한 사람이라면 누구나 알고 있는 사실이다. 그러나 일본 정부는 "이라크가 대량 파괴 무기를 많이 가지고 있다, 알 카에다와 협력관계에 있다."고 선동하면서 이라크전쟁에 자위대를 파견했다.

나는 외무성 시절에 국제정보국장이었고 이란 대사를 지낸 적도 있다. 외교공무원이나 재계인사들 중에 친구들도 많다. 그들을 만나 몇 번이나 "미국의 이라크 공격은 근거가 희박하다. 자위대의 이라크 파견은 당장 그만둬야 한다."고 주장했다. 수개월이 지나 한 경제부 출신의 선배가 다음과 같은 이야기를 들려주었다.

> 자네 의견을 재계에 있는 친구에게 이야기해 보았는데… 모두 이해는 하더군…. 사정은 그렇지만, 그러나 미일 관계가 더 중요하다는 거야. 다소 무리를 해서라도 미국에 협력하는 것이 일본에 득이 된다는 것이지. 그러니까 설득할 생각은 아예 하지 않는 것이 좋아.

과연 그럴까? 다소 무리를 해서라도 군사적으로 미국에 협력하는 것이 일본에 유리한 것일까? 그런 의문이 내가 미일 관계를 확실하게 공부하는 계기가 되었다. 그 후 6년 뒤, 공부한 성과가 『미일 동맹의 정체-혼란속의 안전보장 日米同盟の正体-迷走する安全保障』이라는 책으로 나왔다.

방위대학교에서 학생들을 가르치던 시절 나의 역사관과 안보관은 크게 진일보했다. 이 책의 핵심적인 주장은 이렇다. 이라크전쟁은 2003년 별안간 일어난 것이 아니라, 냉전이 붕괴된 시절까지 거슬러 가야 그 본질을 알 수 있다는 것이다.

『미일 동맹의 정체-혼란속의 안전보장』이 출판되던 2009년 8월, 일본에는 총선거가 치러졌다. 결과는 민주당의 압승이었다. 민주당의 승리로 나는 미일 관계에 어떤 식으로든 변화가 있을 것이라고 예상했다. 나의 책 또한 적지 않은 반향을 불러일으켰다. 심지어 2009년 4월 3일 국회 외무위원회에서, 시노하라 다카시[2)]라는 국회의원이 "『미일 동맹의 정체-혼란속의 안전보장』이라는 좋은 책이 있는데 외무대신은 읽은 적이 있습니까?" 라고 질문할 정도였다.

이 책의 편집자 또한 『미일 동맹의 정체-혼란속의 안전보장』을 읽고 나서 같은 내용을 "고등학생도 알 수 있도록 쉽게 써달라."고 내게 요청했다. 이미 같은 테마로 대중서를 쓰고 있던 차에 편집자의 그 부탁은 그리 어려운 것은 아니었다. 그러나 내겐 좀 더 야심찬 계획이 있었다. 고등학생도 쉽게 읽을 수 있는 책을 쓴다면 냉전 후가 아니라 제2차 세계대전 패전 후부터 현재까지 미일 관계 전체를 쓰고 싶다는 생각이 그것이었다.

아자데간 유전 개발권이 중국에 넘어간 이유

미국과 일본의 외교에서 가장 중요한 과제는 미국의 압력이며 이는 상상 이상으로 강력하다. 이에 대해 일본의 선택이 자주노선인가, 추종노선인가가 문제의 본질이었다. 이는 또한 패전 이래 계속되어 온 숙제이기도 했다. 나 역시 외무성에 있을 때 미국에 대한 자주노선과

---

2) 2012년 12월 현재 일본민주당 4선 의원. 지역구는 나가노 현. 농림수산부 대신, 민주당 부간사장 등을 역임하였음.

추종노선을 둘러싼 문제에 종종 직면하곤 했다. 그중에서 가장 큰 사건은 이란의 유전개발 건이었다.

1999년부터 2002년까지 나는 이란주재 대사의 직책을 맡았다. 그때 가장 큰 고민은 역시 미국과의 관계였다. 일본 스스로 국익을 판단하여 선택한 이란정책과 미국의 이란정책을 조화시키는 문제가 내겐 결코 쉽지 않았다. 국내에 자원이 없는 일본은 에너지를 전적으로 해외에 의존하고 있다. 따라서 산유국인 이란과 긴밀한 관계를 확립하고자 하는 것은 당연한 바람이다. 그런 가운데 이란의 하타미 대통령을 일본에 초청하려는 계획이 있었다. 이 계획을 추진한 사람은 당시 고무라 마사히코[3] 외무대신이었고, 나는 이란주재 대사로서 이란 측과 절충하는 역할을 맡았다.

그런데 이 계획을 제안한 고무라 대신이 개각으로 인해 별안간 외무성을 떠나게 되었고, 덩달아 외무성 분위기도 묘하게 바뀌고 말았다. 미국의 압력이 있었던 것이다. 일본은 하타미 대통령을 초청하려는 친 이란정책을 취해서는 안 된다는 목소리가 미국 내부에서 더욱 높아졌다.

그러나 외무 관료로서 오랫동안 일을 해온 나에게도 상황을 반전시킬 나름대로의 노하우는 있었다. 그 노하우들을 총동원한 끝에 간신히 하타미 대통령의 방일 직전까지 왔다. 하타미 대통령이 일본을 방문한 보답으로 일본은 이란의 아자데간 유전 개발권을 획득했다. 추정된 유

---

[3] 고무라 마사히코(高村正彦): 자민당 중의원의원. 1942년 야마구치 현 출신으로 당선 횟수 11회. 법무대신, 방위대신, 외무대신을 역임하였다. 자민당 부총재로서 거물급 정치인이다. 특히 외교, 국방문제 전문가이기도 하다.

전 매장량은 260억 배럴로 세계 최대 규모였다. 대단히 의미 있는 경제적, 외교적 성과를 거둔 것이다.

그러나 이란과 적대적인 관계에 있던 미국은 "일본이 이란과 긴밀한 관계를 맺는 것은 건방진 일이다. 아자데간 유전 개발에 협력해서는 안 된다."고 압력을 가해 왔다. 일본은 압력을 피하고자 무던히 애썼지만 결국에는 개발권을 포기해야 했다.

만일 일본이 국익을 우선시했다면, 아자데간 유전 개발권을 포기하는 일은 절대로 없었을 것이다. 에너지정책 상 석유는 목구멍이 포도청일 정도로 절실한 것이 아닌가? 그러나 일본은 미국의 엄청난 압력을 견디다 못해 결국 귀중한 권익을 포기하지 않으면 안 됐다. 그리고 아자데간 유전 개발권은 중국 손에 넘어갔다. 이란의 라프산자니 전 대통령은 내게 이런 이야기를 한 적이 있다.

> 미국은 바보다. 일본에 압력을 가하면 어부지리를 누리는 쪽은 중국과 러시아가 아닌가? 미국의 적대국인 중국과 러시아 입장을 유리하게 하고, 거꾸로 동맹국인 일본을 어렵게 만들어서 대체 어떻게 하려는 것인가?

그의 예상은 적중했다. 아자데간 유전 개발권이라는 외교 성과는 결국 미국의 압력 때문에 물거품이 되고 말았다.

"왜 이토록 일본은 미국의 압력에 약할까?" 이 질문은 내가 외무성에서 근무하는 내내 항상 머리를 떠나지 않았던 의문이기도 했다.

일본의 말단공무원 인선까지 조종한 CIA

　미국 추종노선과 자주노선, 더 정확히는 '미국 종속노선과 미국 자주노선, 이 두 가지 사이에서 어떤 선택을 할 것인가'가 전후 미일 외교의 모든 것이라고 해도 과언은 아니다. 일본은 1945년 9월 2일 미주리 함 선상에서 항복문서에 서명을 했다. 그것이 전후의 시작이다. 전후 첫날 일본은 대미 추종노선과 자주노선 간에 중대한 선택을 요구받았다.

　대미 추종노선과 자주노선의 갈등에서 자주노선을 택하는 정치가도 적지는 않았으나 역사를 돌이켜보면 자주노선을 선택한 정치가나 공무원은 대부분 배척을 당했음을 알 수 있다. 그중에는 전후 수상이나 외무상 급만 해도 시게미쓰 마모루重光葵, 아시다 히토시芦田均, 하토야마 이치로鳩山一郎, 이시바시 단잔石橋湛山, 다나카 가쿠에이田中角栄, 호소카와 모리히로細川護熙, 하토야마 유키오鳩山由紀夫 등이 있었다. 의외지만 다케시타 노보루竹下登나 후쿠다 야스오福田康夫도 자주의 길을 걷다가 배척 당한 그룹에 속한다.

　외무성과 대장성, 혹은 통산성 등에서 자주노선을 추구하다가 미국에 당한 관료는 내 주변에도 많이 있다. 심지어 앞서 언급한 이란 아자데간 유전 개발권의 경우, 당시 딕 체니Dick Cheney 미국 부통령이 개발권 획득에 참여한 일본 관료들을 주요 보직에서 물러나게 했을 정도다. 이는 너무나 놀라운 일이다.

미국중앙정보부CIA[4])와 같은 정보기관이 움직였다면 어느 정도 수긍이 가지만 부통령이 선두에 서서 일본 외무 관료의 인선을 지휘했다는 것은 쉽게 납득할 수 없는 일이다. 그것도 일본 수상이나 외상 같은 정치가에게만 압력을 가한 것이 아니라 현장에서 움직이는 말단공무원조차 배제 대상이 된 것이다.

이 사건을 통해 나는 드디어 미국의 파워를 실감했다. 미국은 전후 모든 면에서 세계 최강이었다. 고등교육 면에서도 그렇지만 첩보나 배후공작에서 역시 최고의 자리를 내준 적이 결코 없다.

이런 이야기는 최고 수준의 비밀이고, 극히 일부 관계자만 알고 있는 사실이다. 공개되면 누구의 입에서 나왔는지 금방 알게 되므로 당사자는 보복당할 가능성도 배제할 수 없다. 미국의 압력으로 정치가나 관료가 배척당한 경우는 많지만 노골적으로 공개된 경우는 거의 없다.

게다가 미국만 그런 식의 배척을 하는 것이 아니다. 비참한 이야기지만 미국과의 관계를 가장 중시하는 일본인, 즉 전후 일본의 주류파들 역시 배척에 적극 공모하고 있다. 그것이 일본의 진짜 모습이다. 전후 역사 가운데 그런 이유로 동족인 일본 관료 배척에 가장 많이 관여한 사람은 아마도 요시다 시게루吉田茂 수상일 것이다.

전 총리급 인사로부터 "미국이 일본 외무성 관료 아무개를 싫어한다."는 말을 들은 적이 있다. 왜 싫어하는지 이유는 알 필요가 없다. 그

---

4) 미국중앙정보부(CIA: Central Intelligence Agency): 1947년 설립된 세계에서 가장 강력한 정보기관으로서 미국 대통령 직할 조직이다. 미군이나 다른 정보기관과 별도로 운영되고 있다.

저 미국이 싫어한다는 이유만으로 주요 보직에서 제외된다. 그것이 바로 일본이다.

심지어 이런 일도 있었다. 미일 간 무역 마찰이 심했던 시절, 일본의 경제부처 관료가 미국의 한 강연에서 "미국 내에 일본의 무역이 불공평하다는 주장이 있다. 그러나 그것은 잘못된 주장이다."라고 증거를 대면서 반박한 일이 있었다. 이 말을 들은 미국의 한 관계자가 다른 일본 각료에게 "그 사람은 미일 관계에 대하여 이런 건방진 발언을 하고 다닌다. 양국 관계에 도움이 되지 않는다."고 전했다. 그러자 장관이 비서실장에게 전화를 걸어서 대체 어떤 발언을 했는지 조사하라고 지시가 내려올 정도였다.

미일회담의 최전선에서 뛰던 대장성의 친구도 다음과 같이 회상했다. "미국과 교섭을 할 때마다 이번에는 이길 수 있다는 신념으로 최선을 다해 부딪친다. 그런데 별안간 뒤에서 총탄이 날라 온다. 수상관저에서 발사된 것이다. 더 이상 개인적인 주장은 그만두라는 신호다. 그런 경우가 얼마나 많은지 헤아릴 수조차 없다."

일본에서 미국의 압력에 가장 약한 사람은 바로 수상이라고 생각한다. 수상이란 직책은 모든 분야에 걸쳐 영향력을 발휘한다. 나라 구석구석까지 미국의 입김이 미칠 수는 없지만 수상에게 치명상을 입히는 것은 그리 어려운 일이 아니다. 미국은 농림수산성이나 경제산업성 같은 정부 부처를 노리지 않는다. 수상 산하에 자문기관을 설치하여 권한을 집중시키려고 한다. 압력을 가할 대상과 범위를 좁히려는 것이다.

현장에서 실제 체험해보지 않은 사람은 이런 사실을 음모론에 지나지 않는다고 말할 수 있다. 그러나 역사를 조금이라도 공부한 사람이라면 국제정치의 상당 부분이 음모와 모략으로 움직인다는 것을 알게 된다. 일본 또한 전전, 중국 대륙에서 숱한 모략을 자행한 적이 있다. 미국이 베트남전쟁에서 통킹만 사건5) 같은 자작극을 꾸며서 북베트남(월맹)에 공습을 가한 일은 이미 잘 알려져 있는 사실이다.

더 심한 사례도 있다. 케네디 정권 시절 미국 군부가 자국 함선을 격침시키는 등 거짓으로 테러활동을 벌이고, 이를 핑계로 쿠바를 침공하려던 노스우드 작전6)은 이미 잘 알려진 사건이다. 케네디 정권이 도중에 포기해서 실행되지 못했지만, 당시 참모본부 의장이 서명한 관련 문서는 조지워싱턴대학 공문서관 웹사이트http://www.gwu.edu/~nsarchiv/news/20010430에서 쉽게 찾아볼 수 있다. 학자나 평론가가 그런 사실도 모른 채 국제정치를 논하는 나라는 아마도 일본뿐일 것이다.

CIA 전 장관인 콜비William Egan Colby7) 장관의 증언을 소개하고자 한다. 콜비 장관은 미국이 제2차 세계대전 후 일본과 마찬가지로 패전국인 이탈리아에서 배후공작을 실제 관여한 인물이다. 그는 이탈리아에서 자행한 배후공작 수법을 자서전에서 소상히 밝혔다. 일본에서도 같은 일을 저질렀을 것은 자명한 사실이다. 다 아는 바대로 미국에서 해

---

5) 통킹만 사건: 1964년 미국이 베트남전쟁의 구실을 위해 일으킨 전투. 베트남 경비정과 미군구축함 간 해상에서 벌어졌다. 이 사건을 계기로 미국은 북폭을 시작하여 베트남전쟁에 개입하였다. 나중에 미군의 자작극임이 알려지면서 반전 운동이 심화되었다.

6) 노스우드 작전(Operation Northwoods): 1962년 미군이 쿠바 테러리스트로 위장하여 대도시에서 미국 여행기를 납치하여 쿠바 내 미군 기지를 자폭하려고 기획했던 사건.

7) 윌리엄 콜비(William Egan Colby): 1920-1996. 미국의 전 CIA국장. 24세에 프랑스 레지스탕스에 참가하여 1941년 미 육군에 입대. 첩보통으로 성장하면서 1973년 CIA국장에 취임. 회고록에서 주요 정보를 폭로하여 파문을 일으켰다.

외 공작의 중심은 CIA이다. 콜비는 자서전에서 제2차 세계대전 후 CIA가 이탈리아에서 자행한 배후공작을 다음과 같이 말하였다. 일본의 전후사를 파악하는 데 매우 중요한 증언이다.

> 비밀 채널을 통하여 직접적이고 정치적인 원조는 물론 준군사적인 원조를 제공하며 외국 내정에 간섭하는 것은 수세기에 걸친 국가기관의 특징이다. 자위를 위한 무력행사는 도덕적으로 정당할 뿐 아니라 때때로 용인되기도 한다. 만일 그런 군사적인 개입이 허용된다면, 당연히 배후공작도 정당화된다.(『명예로운 사람들: 콜비 전 CIA장관 회고록 Honorable Men: My Life in the CIA』).

콜비 전 장관의 이 말은 무엇을 의미하는가? 우선 일본 평론가들이 음모론이라고 부르는 비밀 채널의 배후공작은 수세기 전부터 널리 자행되어 왔다는 것이다. 그리고 다른 나라의 권익을 침해하는 배후공작이 도덕적으로 허용되는 이유는, 국가의 자위를 위한 군사력 사용은 얼마든지 가능하므로 군사력이 아닌 개입이나 간섭, 즉 위법 행위를 수반하는 배후공작도 허용된다는 이야기다.

전후 이탈리아는 언제든 공산주의 정권이 탄생할 수 있는 일촉즉발의 상황이었다. 이를 방지하기 위하여 이탈리아 민주세력에 정치자금을 건네는 것은 도덕적인 활동이라고 콜비는 말한다. 그리고 "공작을 성공시키기 위해서 자금 출처가 미국 정부라는 사실을 은닉할 필요가 있었다."고 한다.

냉전기 미국 CIA나 소련 KGB가 이탈리아에서 자행한 배후공작은 일본에서도 마찬가지였다. 이것은 상식이다. 1950년대부터 1960년대에 걸쳐서 CIA가 자민당이나 야당 정치가들에게 거액의 정치자금을 제공한 것은 미국 내 공문서에도 나오는 사실이다. 역사를 몰라서 이를 부정한다는 것은 너무나 안이한 태도이다.

> 이들 활동 가운데 근본적으로 중요한 것은 비밀 유지다. 미국 정부가 지원한다는 증거가 나와서는 절대 안 된다. 원조는 돈이든 조언이든 CIA와 전혀 무관한, 심지어 미국대사관과도 관계가 없는 제3자를 통해서 전달되었다.

이것이 원칙이다. 그러니까 증거는 절대 밖에 나오지 않는다. 그러나 현실적으로 배후공작은 존재한다. 증거가 없으니까 음모론이라고 단정하는 것은 말도 안 된다.

스파이의 인생은 수수께끼가 많은 법이다. 위키피디아wikipedia 정보에 따르면 콜비는 자택 근처인 메릴랜드 부근에서 보트 사고에 의해 익사되었고, 자살 또는 타살로 추정된다고 한다. 그러나 작가 Z.그랜트는 콜비의 암살설을 주장했다.

쇼와 천황, 미국의 오키나와 군사점령을 무기한 허용하다

일본은 앞으로 국가방침을 결정할 때 과거 어떤 형태로 미국의 압력을 받았고 어떤 외교노선을 선택하였는지를 잘 알아둘 필요가 있다. 특히 미국에 대하여 자주노선을 관철하는 것이 얼마나 어려운지를 이해하는 것이 중요하다.

지금까지 일본 전후사에 대한 훌륭한 연구들이 아주 많다. 예를 들면 도요시타 나라히코 간사이학원대학 교수는 『쇼와 천황과 맥아더 회견昭和天皇・マッカーサー会見』에서 놀랄만한 사실들을 털어놓았다. 일본은 학교 헌법수업에서 "천황은 상징이다. 천황은 정치에 직접 관여하지 않는다."라고 배우지만 실제 역사는 전혀 그렇지 않았다.

패전 후 쇼와 천황은 미일 관계의 기본노선을 결정하는 데 가장 중요한 역할을 했다. 누구나 깜짝 놀랄 만한 이야기이고, 그럴 리 없다고 생각할지 모른다. 나 역시 『쇼와 천황과 맥아더 회견』을 읽고 크게 놀랐다. 예를 들면, 쇼와 천황은 오키나와 군사점령을 무기한으로 해도 좋다는 메시지를 미국에 보냈다. 도요시타 교수는 이를 근거로 쇼와 천황의 정치적 관여를 분명히 입증하고 있다.

일본 전후사 전체를 미국의 압력과 일본의 저항을 축으로 기술한 책은 아직 없었다. 미국에 대한 추종노선과 자주노선의 대립이라는 관점에서 큰 역사 흐름을 알아야만 비로소 일본의 과거 역사를 정확히 이해할 수 있고, 일본의 미래 또한 예측할 수 있을 것이다.

나는 오랫동안 일본 외무성에 근무했기 때문에 미국의 다양한 압력은 물론, 대미 추종노선과 자주노선이라는 갈등을 실제 현장에서 체험할 수 있었다. 그 큰 역사적 흐름을 누군가 용기를 내어 기록해야 한다면, 그 주체는 바로 외무성 출신들이 될 것이다. 학자나 기자들이 음모론이라 부르는 국제정치의 흑막을 다루는 경우는 거의 없기 때문이다.

출판사에서 원고 청탁을 받은 그날 밤, 나는 잠자리에 누워 미일 관계를 둘러싼 몇 가지 장면을 잇달아 떠올렸다. 전후 정국이 혼란했던 가운데 미국에 반항하며 자기주장을 펼친 정치가들이 떠올랐다. 시게미쓰 마모루, 이시바시 단잔, 아시다 히토시, 하토야마 이치로 등이 그러했다. 또 이미지와는 달리 기시 노부스케岸信介도 이 부류에 포함된다. 이들 대부분은 정치 무대에서 미국에게 배척을 당했다.

이런 생각을 하노라니 쓰고 싶은 글이 하나둘 떠오르며 머릿속이 선명해졌다. 잠을 이룰 수 없었다. 나는 잠자리를 박차고 일어나 다음과 같은 내용의 메일을 출판사에 보냈다. 순식간에 여러 가지 구상이 떠올랐다.

① 역사는 반드시 통사로 기술한다. 대미 추종노선과 자주노선을 씨줄, 날줄로 해서 전후 미일 관계를 쓴다.
② 시점은 냉전 이후가 아니라 1945년 9월 2일 무조건 항복의 날부터다.

쓰고 싶은 말은 산더미처럼 많고, 아직 어떤 책이 될지는 모르지만 일단 정직성만큼은 반드시 지키려고 한다.

2
패전과 함께 미국의 군사점령이 시작되다

"일본은 망했다. 무조건 항복했다." 새로운 일본은 이 말에서 시작돼야 했다. 그러나 일본은 항복이 아닌 종전(終戰)이라는 단어를 사용함으로써 전쟁에 패배한 굴욕을 애써 무시해 왔다.

일본의 항복, 그것은 단순한 패전이 아니었다

제2차 세계대전 후 일본은 언제 항복했나? 이 물음에 대부분은 "당연히 1945년 8월 15일 아닌가?"라고 되물을지도 모른다. 맞다. 패전일은 분명 8월 15일이다. 1945년 8월 15일 정오, 쇼와 천황[1]의 육성이 처음으로 NHK 라디오를 탔다.

---

1) 쇼와 천황(昭和天皇): 124대 천황으로 25세에 즉위. 패전 시에는 44세로, 두뇌가 명석하고 정치 경험도 풍부한 지도자였다. 미군 점령 중 맥아더와 11차례 만나 전후 일본의 진로를 결정지었다.

본인은 세계의 대세와 대일본제국의 현상에 비추어 비상조치로 시국을 수습하고자 한다. 충실하고 선량한 국민 여러분께 고한다. 본인은 제국정부가 미국, 영국, 중화민국, 소련 4개국에게 그들이 제시한 공동성명을 수용하겠다고 통보하였다.

대다수 일본인은 이렇게 생각한다. "8월 15일 포츠담선언[2)]을 받아들이기로 했으니 전쟁도 그날 끝난 것이다." 그러나 잘 생각해보면, 한쪽이 끝냈다고 해서 전쟁이 종결되는 것은 아니다. 반드시 전쟁 중인 쌍방의 동의가 있어야 한다. 보통 전쟁의 종료는 전투 행위를 중지하고 휴전조약을 체결한 뒤 평화조약 교섭과 조인이라는 절차를 거친다. 쇼와 천황이 시국을 수습한다거나 공동성명을 수용하겠다는 것은 그런 절차의 일부에 속한다.

독일은 1945년 5월 7일 항복문서에 서명함으로써 패전을 맞이하였다. 일본 역시 1945년 9월 2일 도쿄만에 정박해 있던 미국 전함 미주리 호에서 항복문서에 서명하였다. 그렇다면 일본과 싸운 미국, 영국, 중국, 소련은 어느 시점에서 일본과 전쟁 상태를 끝냈다고 생각하고 있을까?

미국이나 영국 외교관 친구들에게 일본과 연합국의 전쟁이 언제 끝났느냐고 물으면 8월 15일이라고 대답하는 사람은 아무도 없다. 반드

---

2) 포츠담선언: 1945년 7월 26일 베를린 교외에 있는 포츠담에서 미국, 영국, 중화민국 명의로 발표된 대일 항복 권고 선언. 나중에는 소련도 대일 참전과 함께 이 선언에 동참하였다.

시 9월 2일이라고 답변한다. 미국의 트루먼 대통령[3]은 9월 2일 항복 문서에 조인한 뒤 라디오를 통해 이 날을 전쟁 승리의 날이라고 선언한다. 그리고 다음과 같이 선포한다.

> 진주만 공격의 날을 기억하는 것처럼 우리는 오늘 보복의 날을 기억할 것이다. 이제 우리는 드디어 안전한 날을 맞이하였다. (…) 일본 군벌이 저지른 범죄는 결코 보상할 수도 없고 잊을 수도 없다.

소련의 스탈린 수상 또한 9월 2일에 대하여 다음과 같이 말했다.

> 러일전쟁은 소련 역사의 오점이었다. 우리 국민은 일본을 패배시켜 오점을 지울 날을 확신하고 기다렸다. 드디어 그날이 왔다.

영국의 처칠 수상도 마찬가지였다.

> 오늘 일본은 항복하였다. 최후의 적이 드디어 굴복한 것이다. 평화로운 세계가 다시 찾아왔다. 이 엄청난 구원과 자비에 대하여 하느님께 감사드리자.

패전까지의 여정은 몹시도 험난했다. 1945년 4월 패전공작 역할을

---

3) 해리 트루먼(Harry Truman): 제33대 미국 대통령. 루스벨트 대통령이 사망한 뒤, 1945년 4월 부대통령에서 대통령으로 승격. 일본 원자폭탄 투하를 결정하였다.

맡은 스즈키 간타로[4] 내각이 탄생했으나 군부를 중심으로 한 강경파 간에 갈등이 심했다. 당시 외무성조약국 과장으로 포츠담선언을 번역한 시모다 다케조[5]는 제2차 세계대전의 마지막 상황을 다음과 같이 설명한다.

> 8월 6일 히로시마에 원자폭탄이 투하된 뒤 8월 8일 소련이 중립조약을 깨고 참전하였기 때문에 8월 9일 최고 전쟁지도회의가 개최되었다. 항복인가 항전인가를 둘러싸고 의견이 대립하던 와중에 나가사키에 두 번째 원자폭탄이 투하되었다. 즉시 정전을 주장하는 스즈키 수상 및 도고東鄕 외상 측과 일본 군부가 팽팽히 대립하였다.
>
> 일본 군부는 다음 4가지 조건이 받아들여지지 않는 한 전쟁은 계속되어야 한다고 주장했다. ① 천황의 지위를 유지한다. ② 본토 점령은 소규모, 단기간으로 한다. ③ 무장해제는 자발적으로 한다 . ④ 전범 처분도 일본이 스스로 한다.

이날 오후에 열린 두 차례 각료회의에서도 아나미 육군대신은 "완패의 수모를 당해서는 안 된다, 난국을 호전시켜야 한다."며 한 치도 양보하지 않았다. 결국 천황의 결단에 따라 포츠담선언을 수락하기로 최

---

4) 스즈키 간타로(鈴木貫太郎): 제42대 수상으로 본래 해군이었다. 천황의 비서역인 시종장 경험도 있어서 쇼와 천황으로부터 깊은 신임을 받았다. 패전 공작을 위해 77세로 수상에 취임한 뒤 천황의 '성스러운 결단'을 연출하였다.
5) 시모다 다케조(下田武三): 1907~1995. 도쿄대 법대를 졸업하여 외무성에 입성. 일본 외교관으로서 외무차관, 주미대사, 최고재판소 판사를 역임하였다. 오키나와 반환에 깊이 개입하였다.

종 결정되었다.(시모다 다케조, 『전후 일본 외교의 증언戰後日本外交の証言』)

 어떻게 쇼와 천황은 전쟁을 주장하는 세력들을 잠재울 수 있었을까? 천황의 논리는 다음과 같았다.

> 본인은 전쟁 지속이 불가능하다고 본다. 참모총장의 보고에 따르면, 이누보사키와 구쥬구리하마 해안선 방어는 아직 구축되지 않았다. 육군대신 또한 간토지방의 결사대가 9월 이전에 무기를 갖추기 어렵다고 한다. 이런 상황에서 제국의 수도(도쿄)를 지킬 수 있을 것인가? 어떻게 전쟁을 한다는 말인가? 나는 이해할 수 없다. 외무대신에게 포츠담선언을 수락하라고 말해두었다.(데라사키 히데나리, 『쇼와 천황 독백록昭和天皇独白錄』).

 지금 생각해보면 죽음을 피할 전법은 없었다. 일본에는 싸울 무기조차 없었을 뿐더러 전쟁을 계속한다면 제3, 제4의 원자폭탄이 투하됐을 게 분명했다. 그런 상황에서 군부는 "천황의 지위를 유지하고, 본토 점령은 소규모, 단기간으로 해야 하며, 무장해제는 자발적으로, 전범 처분은 일본 스스로가" 등의 4개 조건을 인정하지 않는 한 전쟁을 계속하겠다고 주장한다. 미국이 이 조건들을 받아들일 가능성은 과연 있었을까?
 트루먼 대통령은 일본과 패전 조건을 협상할 마음이 털끝만큼도 없었다. 『트루먼 회고록トルーマン回顧録』을 보면 그는 "최종 목표가 조건부 항복이라면 전쟁할 필요조차 없다."는 입장이었다. 전쟁을 시작한 이상 무조건 항복 이외는 없다는 것이 트루먼 대통령의 방침이었다. 천황의

지위를 비롯하여 일본 군부가 내건 4개 조건에 대해서도 미국은 일체 협의 없이 결정할 생각이었다. 일본 군부가 제시한 조건은 달성 불가능한 것이었다. 군부는 패배할 게 뻔한 전쟁에서 얼마나 더 많은 국민들이 희생되어야 항복할 생각이었는지 모르겠다.

정세 판단에 미숙한 일본은 제2차 세계대전에 돌입할 시점에서도 마찬가지였다. 미국의 의도를 객관적으로 파악하지 못했다. 일본이 제2차 세계대전에 돌입한 시점은 진주만을 기습 공격할 때였다. 진주만 공격이 시작되자 연합국의 반응은 어땠을까? 놀라고 두려웠을까? 아니다. 전혀 그렇지 않았다. 영국의 처칠 수상은 『제2차 세계대전 회고록第二次大戰回顧錄』에서 다음과 같이 기술하고 있다.

> 우리가 전쟁에 승리한 것은 진주만 공격 덕분이나 다름없다. 진주만 공격이 시작되면 미국이 참전할 것이고 그럼 영국은 가만히 앉아 승리를 챙길 게 분명했다. 히틀러의 운명 또한 이제 끝이다. 일본인들 역시 먼지처럼 주저앉을 것이다. 미국은 거대한 보일러 같아서 바닥에 불만 지피면 그 힘은 끝도 없이 엄청나게 증폭된다. 감격과 흥분에 들뜬 나는 자리에 누워 구원해주신 하느님께 감사드릴 따름이었다.

처칠은 일본이 진주만을 공격한다면 미국이 참전할 것이고, 따라서 영국은 이길 수 있다고 판단했다. 심지어 처칠과 루스벨트는 일본이 진주만을 공격하도록 유도했다고 말한다. 이에 관한 자세한 설명은 지금은 절판되었지만 『일본 외교-현장의 증언日本外交 現場からの証言』에서 밝힌 바 있다.

일본은 제2차 세계대전에 뛰어들 때 어떤 생각이었을까? 미국은 거대한 보일러 같아서 바닥을 가열하면 엄청난 힘을 낼 것이며, 일본 또한 먼지처럼 무너질 것임을 알고 있었을까?

전혀 그렇지 않다. 미국과 싸우면서 일본이 세운 전략은 독일, 이탈리아와 손잡고 먼저 영국을 항복시킨 뒤 미국의 전쟁 의지를 꺾는다는 것이었다. "대미 선전과 모략을 강화한다. 미국 여론에 전쟁 혐오 분위기를 유발시킨다."(대본영정부 연락회의 결정, 1941. 11. 13)는 것이 전쟁 직전의 일본 전략이었다. 처칠이 체스의 명수처럼 앞을 훤히 내다본 것과는 사뭇 다른 판단이었다. 일본은 단지 희망사항을 나열했을 뿐이다. 자신에게 유리한, 그러나 불가능한 현실을 상정한 다음 이를 근거로 압도적으로 강한 적과 무모하게 전쟁을 시작한 것이다.

일본 군부는 전쟁 개전 시에 판단을 잘못하여 쓰디쓴 경험을 했음에도 불구하고 패전 시에도 같은 실수를 반복한다. 자신에게 유리한 정세만 생각한 결과 고통은 고스란히 국민에게 돌아갔다. 전황이 최악에 이르자 "옥쇄玉碎하겠다, 자결하겠다."며 자신이 책임을 지겠다는 발언들이 여기저기 터져 나왔다. 실제로 아나미 육군대신은 8월 15일 관저에서 자결했다. 한 사람의 죽음으로 용서를 구한다는 유언과 함께. 그러나 유감스럽게도 한 사람의 죽음으로 대죄가 용서될 리 만무하다.

1945년 9월 2일 대체 일본엔 무슨 일이…

일본이 1945년 9월 2일 항복문서에 서명하고도 패전기념일을 8월 15일로 정한 것은 의미가 있을까? 과연 그건 무엇일까?

패전기념일을 8월 15일로 정한 것은 의미가 있었다. 9월 2일은 일본 입장에서 결코 패전기념일이 될 수 없었다. 이날은 수치스럽게 항복한 날이기 때문이다. 일본은 8월 15일을 전쟁의 끝이라고 설정함으로써 항복이라는 견디기 힘든 현실에서 눈을 돌리고 있는 것이다.

"<u>일본은 망했다. 무조건 항복했다.</u>" 새로운 일본은 이 말에서 시작됐어야 했다. 그러나 일본은 항복이 아닌 종전終戰이라는 단어를 사용함으로써 전쟁에 패배한 굴욕을 애써 무시해 오고 있다. 그것이 일본 전후의 실상이었다.

한번은 방위대학교 때 가르친 제자가 집에 놀러온 적이 있었다. 학생 때는 성적이 매우 우수했고 자위대에 배치된 뒤에는 꾸준히 승진가도를 달리고 있었다. 나는 그가 장차 자위대 간부가 될 인재라고 생각했다. 내가 항복문서[6]를 읽은 적이 있느냐고 물었더니 그는 아직 읽지 않았다고 했다.

일본은 자신이 저지른 마지막 전쟁이 어떻게 끝났는지 제대로 알지 못한다. 물론 방위대학교나 간부학교에서 전쟁사를 가르치지 않는 것은 아니지만 항복이라는 견디기 힘든 현실만 쏙 빼고 가르치는 것이다. 놀라운 현실이 아닐 수 없다.

스포츠나 회사의 경영을 보면 실력은 보통 패배의 원인을 찾는 데서 얻어진다. 상처와 분노를 이겨내고 열심히 노력할 때 실력이 쌓이는

---

6) 항복문서: 1945. 9. 2. 일본과 연합국 간에 맺어진 종전 협정. 일본군 전원이 무조건 항복하고 포츠담회담을 성실히 이행한다는 내용이 들어 있다. 이 책의 마지막에 일부를 수록했으니 참고하기 바란다.

법이다. 그러나 자위대에는 그런 엄격한 정신이 계승되지 않았나 보다. 가장 우수한 자위대 관리조차 항복문서를 읽은 적이 없으니 말이다. 일반인 가운데도 항복문서를 잠깐이라도 읽어본 사람은 거의 없을 것이다. 그러면 항복문서에는 도대체 무슨 내용이 들어 있을까?

패전 후 일본은 미국의 군사식민지나 다름없었다

항복문서에는 다음 내용들이 적혀 있다.

> 일본의 모든 관청과 군부는 항복 후 연합국 최고사령관이 발표한 포고문과 명령 및 지시를 그대로 따른다. (…) 일본은 포츠담선언을 준수하기 위해 연합국 최고사령관이 요구하는 모든 명령에 따라 행동한다.

요컨대 일본 정부는 연합국 최고사령관이 요구하는 모든 명령에 따르기로 약속한 것이다. 제2차 세계대전 후 약 6년 반의 점령기간 중 일본에는 천황이나 정부가 존속하고 있었다. 물론 수상도 있었다. 그러나 천황이나 수상은 허울이었을 뿐, 정부방침을 결정하거나 정책을 집행할 권한은 전혀 없었다.

천황과 일본 정부 위에 연합국총사령부GHQ[7]가 있었고, 맨 윗자리

---

7) GHQ(General Head Quarters): 연합국총사령부로 포츠담선언을 성실히 수행하기 위하여 설치된 점령정책의 집행기관이었다. 이름은 연합국이었지만 실제로는 미국의 단독기관이었다. 연합국총사령부 외에도 진주군, 점령군이라는 이름으로 불렸다.

에는 최고사령관인 더글러스 맥아더 장군[8]이 있었다. 제2차 세계대전 후 일본은 미국에 완전히 종속된 상태였다.

점령기 일본 수상은 요시다 시게루였다. 요시다 수상에 대한 평가는 매우 다양하지만 그의 역할은 미국의 모든 요구에 충실히 따르는 것이었다. 따라서 그의 정책이 훌륭했다든가, 문제가 있었다는 주장은 별 의미가 없다. 요시다 수상은 정치적 결정을 할 수 있는 입장이 아니었기 때문이다. 결정은 오직 연합국 총사령관인 맥아더 장군의 몫이었다.

1945년 9월 2일 도쿄만에 정박하고 있던 미국 미주리 함상에서 항복문서 조인식이 열렸다. 이때 미주리 함을 조인 장소로 정한 것은 트루먼 대통령이었다. 대체 왜 그랬을까? 트루먼 자신이 그 이유를 직접 밝혔다.

> (미주리 함을 조인 장소로 택한 것은)일본 수도 도쿄에서 잘 보이는 곳이기도 했고, 일본인에게 패배자라는 인식을 확실히 심어주고자 (…) 미국 함대 중 가장 강력한 군함 위에서 조인식을 했다.(『트루먼 회고록』)

이 시점은 스즈키 간타로 내각이 8월 17일 총사퇴한 뒤, 히가시구니노미야 나루히코[9]를 수상으로 하는 사상 유일의 황족내각이 탄생한

---

8) 더글러스 맥아더(Douglas MacArthur): 연합국 최고사령관으로 약 6년 반의 점령기간 동안 절대적인 권력을 휘둘렀다. 먼저 일본 군부를 무장해제시키고, 훗날 미국 대통령이 되겠다는 야망이 있었지만 1948년 대통령 예비선거에서 참패하며 물러났다.
9) 히가시구 니노미야 나루히코(東久邇宮稔彦): 황족 대표로서 패전 처리 내각을 맡았지만, 연합국총사령부와 관계가 나빠져서 54일 만에 총사직하였다.

때였다. 굴욕적인 항복문서에 서명해야 한다는 사실을 알고 있던 관계자들이 그런 역할을 맡고 싶지 않아 모두 자리를 내려놓은 것이다. 우메즈 요시지로 참모총장은 항복문서에 서명하느니 차라리 자결하겠다고 말한 바 있다.

결국 우메즈 참모총장은 당시 외무대신이던 시게미쓰 마모루[10]와 함께 전권 대표가 되어 항복문서 조인식에 참석했다. 이때 수행원으로 참가한 가세 도시카즈(전쟁 발발 시 외상비서관 겸 북미과장)는 출발할 때에 어머니로부터 "항복 조인식에 참가시키려고 널 키우지는 않았다."는 말까지 들었다고 한다. 조인식에 참석했던 시게미쓰 외무대신은 다음과 같은 글을 남겼다.

신국(일본) 번영의 끝이 무덤일 줄이야. 참기 힘든 날이 왔도다. 원컨대 부흥할 조국의 앞날에 내 이름을 부를 사람이 많기를 빈다.

시게미쓰 역시 다른 사람과 마찬가지로 항복이라는 굴욕적인 임무는 맡고 싶지 않았던 것이다. 그는 연합국 최고사령관이 요구하는 대로 따르고 행동해야 한다는 약속에 서명하고 싶지 않았다. 그것은 굴욕 그 자체였기 때문이다.

두 번째 문장의 "참기 힘들다."는 말은 바로 그런 의미였다. 세 번째

---

10) 시게미쓰 마모루(重光葵): 전쟁 전부터 전쟁 후까지 모든 시기에 걸쳐서 외교관으로 활약한 인물. 대미 자주노선의 대표적인 존재로 전후 10년간 요시다 시게루와 외교방침을 둘러싸고 주도권 다툼을 벌였다.

문장의 의미는, '항복문서에 서명한 자신을 경멸할 사람이 많을 것이다. 그러나 장차 일본의 앞날에 희생양이 필요하다면 자신이 그 역할을 맡겠다'는 뜻이다.

일본은 1945년 9월 2일 미국이 지시하는 대로 뭐든 하겠다는 약속과 함께 무릎을 꿇었다. 그리고 이 상태는 1951년 9월 8일 샌프란시스코 강화조약까지 계속되었다. 1945년 9월 2일 항복문서에 조인한 직후 일본인들의 항복을 실감케 하는 처참한 기록이 있는데 그 초안은 다음과 같다.

- 일본을 미군의 군사관리 하에 두며 공용어는 영어로 한다.
- 미군에 대한 위반은 군사재판에서 처분한다.
- 통화는 미군의 군용 수표로 한다.

항복문서 서명식은 1945년 9월 2일 오전 9시에 시작되어 9시 20분 맥아더 원수의 선언에 의해 종료되었다. 미군사령부는 아직 요코하마에 있었다. 당초 일본 정부는 가능하면 미군을 도쿄에 진입시키고 싶지 않았고 요코하마에서 모든 교섭을 끝낼 생각이었다. 아직 점령의 무서움을 몰랐던 것이다. 외무 관료 스즈키 타다가츠가 공사가 되어 미군과의 절충을 담당하였다.

9월 2일 오후 4시 참모차장인 마샬 소장이 스즈키 공사를 부른다. 그리고 깜짝 놀랄 만한 명령을 내린다.

내일 오전 10시 3개 조항의 포고문을 내린다. 사전에 문서를 보낼 테니 공포 절차를 준비할 것.

미군이 일본에 내린 3개 조항 포고문은 다음과 같았다.

첫째, 일본 전역의 주민은 연합국 최고사령관의 군사관리 하에 둔다. 행정, 입법, 사법의 모든 기능은 최고사령관의 권한 하에 행사한다. 영어를 공용어로 한다. 둘째, 미군에 대한 위반 행위는 미국 군사재판에서 처벌한다. 셋째, 미국 군용 수표를 법정 통화로 한다.

미군이 인쇄한 지폐를 화폐로 사용하고 재판권은 미군에게 있으며, 공용어 또한 영어라니…, 거의 군사식민지에 가까운 조치였다. 마샬 소장은 스즈키 공사에게 미국은 3억 엔에 해당하는 군 수표를 각 부대에 배포해 두었다고 하며 10전에서 100엔까지 7종류의 견본을 주었다. 다음날부터 바로 사용할 준비를 갖추고 있었던 것이다(스즈키 타다가츠 감수, 『일본 외교사 26 패전에서 강화까지 日本外交史 26 終戰から 講和まで』).

이 정보는 즉시 요코하마에서 도쿄로 전달되었다. 일본 전국의 주민을 연합국 최고사령관의 군사관리 하에 둔다는 것은 직접 군정 그 자체였다. 물론 일본 정부는 강한 충격을 받았다. 긴급 각료회의가 밤늦게까지 열렸다. 결국 패전 연락사무국[11]의 오카자키 장관이 교섭 차 요코하마로 갔다. 이때 다급한 정황을 오카자키는 저서에서 기록하고 있다.

히가시구 니노미야 수상이 "오카자키, 수고가 많지만 어서 다녀와."라는 지

---

11) 패전 연락사무국: 제2차 세계대전이 끝나면서, GHQ와의 절충을 담당할 정부기관으로 1945년 8월 26일에 설치되었다. 초대장관에는 외무 관료인 오카자키 가쓰오가 임명되었다.

시를 내렸다. 나는 자신이 없었지만 요코하마로 갈 수밖에 없었다. 사령부가 있는 요코하마 세관에 도착한 것은 밤 12시가 지난 깊은 밤이었다. 서덜랜드 참모총장을 만나려고 숙소인 뉴그랜드 호텔로 갔다. 숙박 명부에서 찾으니 310호실에 있는 것 같았다. 누군가 침실 안 모기장 안에서 혼자 자고 있었다. 서덜랜드 참모총장인 것 같아서 그를 깨웠다. 어쩔 수가 없었다. 얼떨결에 잠이 깬 그는 참모총장 같지 않았고 전혀 다른 사람 같았다. 그는 엄청나게 화를 냈다. 일본인 주제에 한밤중에 사람을 깨우다니 총살을 당해도 할 말이 없을 것이라고 협박했다. 간곡히 사정을 설명하고 여기저기 전화를 한 끝에 겨우 마샬 장군을 만날 수 있었다. 마샬 장군은 포고 시간을 연기하기로 약속해 주었다. 내가 도쿄에 돌아온 것은 새벽 5시였다. 시게미쓰는 뜬눈으로 밤을 새운 채 내가 돌아오기만을 기다리고 있었다.(가스미가세키회, 『극적 외교劇的外交』).

보고를 받은 시게미쓰는 마샬 장군이 포고시간을 늦추어준다 해도 맥아더 장군의 승인이 없으면 헛수고이므로 지금부터 둘이서 요코하마로 가서 맥아더 장군과 직접 담판을 해보자고 오카자키에게 말한다. 맥아더는 천황, 수상, 중참의원 양원의장 외에는 만나지 않는다는 방침이 있었다. 그러나 시게미쓰는 일본 각료로는 처음으로 맥아더와의 회견에 성공한다.

9월 3일 오전 8시경 요코하마 세관에 도착한 시게미쓰는 맥아더를 기다리기로 하였다. 맥아더 원수는 기분이 매우 좋아 보였다. 시게미쓰의 이야기를 차분히 듣고 나서 잠시 생각에 잠기더니 "일본 측 입장은 잘 알았다. 이 포고는 내 권한으로 없었던 일로 한다."는 확답을 해주었다.

시게미쓰는 어떻게 맥아더를 설득했을까? 시게미쓰는 『쇼와의 동란 昭和の動乱』이라는 저서에서 다음과 같은 논리로 설득했다고 증언했다.

포츠담선언은 분명히 일본 정부의 존재를 전제로 하고 있지, 미군 군정은 상정하고 있지 않다. 포츠담선언을 성실히 이행할 것이라면, 일본 정부가 점령정책을 대행하는 것이 현명하다. 그렇지 않고, 점령군이 직접 통치한다면 포츠담선언을 위반하게 되는 것이므로 혼란을 일으킬 우려가 있다.

시게미쓰는 먼저 3개 조항의 포고문이 포츠담선언과 모순된다는 원칙론을 주장했다. 이어 혼란을 일으킬 가능성이 있으므로 포고문을 철회하는 것이 결국 미국의 이익이 될 것이라고 설득했다. 대단한 교섭 능력이었다. 시게미쓰 자신도 이 교섭에서 성공을 예상했던 것은 아니다. 시게미쓰는 당시 심정을 자신의 『시게미쓰 마모루 일기(속편) 続 重光葵手記』에서 다음과 같이 적고 있다.

교섭이 만일 실패로 끝나면 나는 돌아가지 않겠다고 맹세하였다.

만일 3개 조항의 포고문을 철회시키지 못한다면 죽어도 고향으로 돌아가지 않겠노라 결사의 각오를 다졌던 것이다. 이런 교섭은 결코 쉬운 일이 아니다. 당시 일본 점령 최고사령관인 트루먼 대통령의 생각은 다음과 같았다.

2장_ 패전과 함께 미국의 군사점령이 시작되다 75

점령을 조항의 해석 논쟁에서 시작해서는 안 된다. 우리는 승리자이며 일본은 패배자이다. 그들에게 무조건 항복은 교섭 대상이 아니라는 점을 깨닫게 해줘야 한다.(『트루먼 회고록』).

미국의 지령은 절대적이며 교섭할 여지는 없었다. 더구나 시게미쓰는 겨우 10여 시간 전 "일본 정부는 포츠담선언을 성실히 이행하기 위하여 연합국사령관의 모든 요구에 따른다."는 항복문서에 서명한 장본인이었다. 그런 사람이 미국이 계획한 3개 포고문을 철회시킨 것이다.

시게미쓰는 미국에 추종하면 된다는 생각은 조금도 하지 않았다. 자신이 정당하다고 생각한 것을 당당하게 주장했다. 죽어도 그냥 돌아가지는 않겠다는 각오를 품었던 것이다. 그는 1930년대 중국과 정전 교섭을 할 때, 상해에서 천장절(천황의 생일) 식전에 폭탄을 맞아 오른쪽 다리를 절단한 바 있다.[12] 악몽 같은 기억이 있었던 만큼 이 일에도 대단한 용기가 필요했을 것이다.

오카자키 가쓰오도 마찬가지였다. 그는 밤 12시가 지나서 미국 고관의 호텔방에 들어가 잠들어 있는 사람을 깨우는 결례를 무릅썼다. 패전국 사람이 점령군의 사령관 방에 몰래 들어갔으니 총살을 당해도 할 말이 없었다.

---

[12] 1932년 4월 윤봉길 의사가 상해 홍커우 공원에서 폭탄을 던져서 일본 육군대장 시라카와를 비롯하여 당시 상해 총영사이던 시게미쓰가 큰 부상을 당한 사건을 말한다.

요시다 내각 이후 미국의 꼭두각시로 전락하다

1945년 9월 2일 항복문서에 서명한 뒤, 미국은 바로 일본과 접촉을 시작한다. 맥아더 부관이던 맥시버 대위가 스즈키 공사를 상대로 교섭했다. 이때 미국의 주안점은 무엇이었을까? 당시 미국은 전쟁범죄자의 처리가 가장 중요한 문제였다. 스즈키 공사는 미국의 심중을 알아차렸다. 미국은 전범자 처리에 대해 일본의 예상보다 훨씬 더 중요하게 여겼고 서둘러 마무리하려 했다. 같은 해 9월 10일 맥시버 대위는 스즈키 공사에게 다음과 같이 통보한다.

> 전쟁범죄자의 범위는 전쟁을 계획하고 준비한 자, 전쟁을 개시하고 수행한 책임자, 그리고 전쟁법을 위반한 현지 책임자와 직접 하수인이 포함된다.

일본은 전쟁법규를 위반한 현지 책임자나 집행자 처벌까지는 예상하고 있었다. 그러나 전쟁을 계획하고 준비한 자와 전쟁을 개시하고 수행한 책임자까지 모두 포함한다면 전쟁 전 각료들이 다 포함될 가능성이 높았다. 그건 엄청난 사건이었다. 전범은 총살될 가능성이 컸다.

그 결과, 많은 사람들이 어떻게든 전쟁범죄자가 되는 것을 막고자 미군과 접촉했다. 자신은 죄가 없다는 둥, 범죄자는 내가 아닌 다른 사람이라는 둥 책임을 회피하는 사람들이 쏟아져 나왔다. 당시 외상이던 시게미쓰는 추한 범죄자들이 목숨을 건지기 위해 점령군에게 온갖 아부를 다 했던 것을 잘 알고 있었다. 『시게미쓰 마모루 일기(속편)』에는 다음과 같이 적혀 있다.

전쟁범죄자 체포가 시작되고 나서 정계와 재계 등 구세력의 불안과 동요는 극에 달했다. 특히 내각에 있던 히가시구 니노미야 수상이나 고노에 대신 등은 모든 방법을 동원하여 책임을 피하고자 안절부절 못했다.

최고 간부들이 부지런히 맥아더 주변을 떠돌면서 자기 안전만 꾀하려고 한다. 〈아사히신문〉을 비롯한 주요 일간지들이 점령군에 아부하는 모습은 정말이지 한숨만 나온다. 누구 할 것 없이 체면과 자존심을 내던지고 점령군에 달라붙는 모습은 입에 담기조차 부끄럽다.

1945년 10월 9일 시데하라 새 내각이 성립되었다. 이 모든 일은 요시다 외무대신이 획책한 것이다. 요시다는 맥아더 총사령부로부터 하나하나 확인을 받아서 인선을 결정했다. 유감스럽게도 일본 정부는 꼭두각시 정권이 되어 버렸다.

마지막 내각 구성에 대한 기술은 특히 중요하다. 시게미쓰는 히가시구니노미야 내각 총사퇴 직후 성립한 시데하라 기쥬로幣原喜重郎[13] 내각이 전부 요시다 시게루가 맥아더 총사령부의 지시로 구성된 것이며, 그 결과 유감스럽게도 일본 정부는 꼭두각시 정권이 되어버렸다고 한다.

시게미쓰의 이러한 평가는 타당한 것일까? 아니면 외상의 자리를 박탈당한 원한으로 요시다를 비난한 것에 불과할까? 당시 1945년 10월 7일 〈요미우리신문〉은 시게미쓰와 비슷한 견해의 기사를 싣고 있다.

---

13) 시데하라 기쥬로(幣原喜重郎): 제44대 수상으로 히가시구 니노미야 내각이 총사퇴한 뒤에 요시다 시게루의 지원에 힘입어 수상에 취임하였다. 연합국총사령부가 만든 헌법 초안을 수용하였다.

차기 내각의 수상은 한마디로 미국을 잘 이해하고, 미국의 대일정책에 잘 따르는 정열가여야 한다. 수상 인선은 기도木戶 내대신, 고노에近衛 대신, 그리고 요시다를 중심으로 이루어지고 있다. 요시다 수상이 서덜랜드 참모총장을 방문하여 자문을 받는 등 미군사령부의 의도가 반영되었다.

패전 후 미군점령기 동안 일본 내 대미 추종노선이 노골적으로 흘러나오기 시작했다. 수상의 조건은 미국의 대일정책에 따르려는 의욕 넘치는 사람이어야 했다. 그런 점에서 요시다 시게루가 미국과의 대화 창구로 선택되었다. 요시다가 미국에 접근한 것은 점령 초기만이 아니다. 수상 재임 기간 내내 일관되게 미국을 추종하는 태도를 취했다. 요시다가 특히 의존하던 인물은 맥아더 장군의 정보참모부장 찰스 윌로비[14]였다.

윌로비는 저서 『알려지지 않은 일본 점령-윌로비의 회고록知られざる日本占領 ウィロビー-回顧録』에서 요시다가 어떻게 접근해 왔는지를 이누마루 데쓰조[15] 테이코쿠호텔 사장과의 담화를 인용하는 형태로 기술하고 있다. 자신의 행동을 제3자가 인용하는 식으로 말한 것은 아마도 기밀 누설을 우려한 처신인 것 같다.

---

14) 찰스 윌로비(Charles Willoughby): GHQ 참모 제2부장. 일본 패전 시 육군소장으로 항복문서 조인식에도 참가하였다. 철저한 반공주의자로 진보적인 민정국과 사이가 좋지 않았다. 요시다 노선을 지지하면서 좌익에 대한 검열을 주도하였다. CIA 설립에도 관여하였고, 어떤 의미에서 전후 일본을 만들어 온 인물이다.
15) 이누마루 데쓰조(犬丸徹三): 1887-1981. 일본 기업인. 이시카와 현 출신으로 만주국 호텔 경험을 시작으로 호텔업계에 투신함. 1945년 제국호텔 사장에 취임. 1981년 93세를 일기로 사망.

윌로비는 요시다와 매우 가까웠지. 요시다는 테이코쿠 호텔에 있는 윌로비 방에 몰래 들어가려고 종종 뒤뜰에 숨어 있곤 했어. 뒤쪽 계단을 올라오는 요시다와 마주친 적이 몇 번 있었지. 때로는 일본 정치가가 미국대사관에 있는 맥아더 관저에 가지 않아도 윌로비와의 논의만으로 차기 수상이 결정되기도 하고 내각도 만들어졌지.

요시다 수상이 사람 눈을 피하면서까지 만나려 했던 윌로비는 대체 어떤 인물이었을까? 윌로비는 연합국총사령부에서 참모 제2부(G2)[16] 부장으로 첩보와 보안 및 검열을 담당했다. 일본 정치개혁을 담당한 민정국(GS)[17] 국장인 휘트니와 케디스 차장처럼 점령정책을 좌지우지하던 인물이다. 첩보 담당이란 비합법적 수단을 관리하는 일을 말한다.

패전 시 참모차장이던 가와베 도라시로가 전후 윌로비 밑에 있었다. 생물화학무기를 연구하던 731부대는 전범기소를 하지 않는 조건으로 미국 측에 정보를 제공한 것으로 알려져 있는데, 그 과정에 윌로비가 관여한 것으로 되어 있다. 또한 윌로비는 은퇴 후 스페인으로 건너가 독재자 프랑코 총통[18]의 고문이 되기도 한다.

---

16) 참모 제2부(G2): GHQ 정보 담당국. 미타카 사건이나 시모야마 사건 등 점령기 때 발생한 괴사건에 관여한 것으로 알려져 있다. 반공주의자인 요시다 시게루를 지지하고, 진보파가 많았던 민정국(GS)과의 노선투쟁에서 승리하였다.
17) 민정국(GS): 비군사화와 민주화를 중심으로 한 일본의 전후개혁을 추진하였다. 사회주의 사상가가 많고, 통제경제나 노동조합 육성 등 사회적 실험을 하였지만 냉전이 시작되면서 점령정책에서 반공노선이 우세해져서 1948년 이후 급속도로 힘을 잃었다.
18) 프랑코(Franco) 총통: 1892-1975. 스페인 정치가로 총통 겸 수상. 스페인내전에서 교회, 군부, 독일 히틀러의 지지를 얻고 인민전선파를 무참하게 진압하였다. 1939년 마드리드를 점령하여 총통에 취임하였고, 1966년 종신총통으로 독재정권을 유지하였다.

윌로비는 철저한 배후공작의 전문가다. 그런 윌로비를 만나러 현직 일본 수상이 뒷문으로 몰래 들어가 내각을 구성하기도 하고, 때로는 차기 수상 인선까지 도모했다니 놀라울 따름이다. 패전국 일본이 점령기에 겪은 진짜 모습은 바로 그런 것이었다. 일반시민에게 각인된 요시다 수상의 거만한 모습과는 판이하게 달랐다. 점령군과 대등한 줄다리기를 하는 요시다의 모습은 신화에 지나지 않는다.

전후 70년 가까이 지난 지금 일본은 진실을 정면으로 응시하지 않으면 안 된다. 점령기만이 아니라 점령 후에도 그러한 구조가 남아 있지 않은지 조사해볼 필요도 있다. 요시다 수상은 점령기가 끝나고 3년 동안이나 정권을 잡고 있었기 때문이다.

당시 미국에 접근한 것은 군인이나 정치가, 혹은 관료만이 아니었다. 시게미쓰가 〈아사히신문〉을 비롯한 각 신문의 지나친 아부는 정말로 한탄스럽다고 말한 것처럼 언론을 포함한 모든 주요 기관이 미국에 붙어 있었다. 시게미쓰는 '천황도 자신이 책임 없다는 말을 해서는 안 된다'며 천황 주변의 움직임까지 비판을 감추지 않았다.

점령군 병사를 위한 매춘, '위안부'

시게미쓰는 점령군에 들러붙는 자들을 심하게 비난했다. 정치계뿐만이 아니다. 한도 카즈토시의 『쇼와사 昭和史』를 보면 놀라지 않을 수 없다.

점령군에게 성적 서비스를 제공하고자 '특수위안시설'을 만들고 곧바로 '위안부'를 모집하였다. 도대체 믿을 수가 없다. 점령 뒤 겨우 3일 만의 일이었다.

내무성 하시모토 경비국장은 8월 18일 각 지방 지사에게 점령군을 위한 '위안부 여성'을 모집하라는 지령을 내렸다. 당시 대장성 관료이자 나중에 수상이 된 이케다 하야토[19]는 "1억 엔으로 일본 여성의 순결을 지킬 수 있다면 싼 편이다."라는 말까지 서슴지 않았다. 1945년 8월 27일 오모리에서 문을 연 '위안부 시설'에는 1,360명의 '위안부'가 모였다고 한다. 내무성 경비국장이면 치안 분야의 최고 책임자다. 그런 사람이 점령군 병사를 위하여 매춘의 선두에 나선 것이다.

역사상 패전국은 얼마든지 있다. 점령군을 위한 '위안부'가 거리에 출몰한 경우도 있고 '위안부 시설'을 만든 사례도 있다. 그러나 내무성 경비국장이 혹은 나중에 수상까지 된 국가의 핵심 인물이 솔선해서 점령군을 위한 위안 시설을 만든 나라가 과연 있을까? 시게미쓰는 『시게미쓰 마모루 일기(속편)』에서 다음과 같이 적고 있다.

지조도 없고 자주성도 없는 일본민족은 과거에도 중국문명이나 유럽문명의 세례를 받으면서 표류해 왔다. 그리고 오늘날 적국의 지배에 만족하는 것도 모자라, 심지어 추종하여 환영하고, 더 나아가 맥아더를 마치 신처럼 떠받들고 있다. 이런 태도는 황실이나 서민들이나 다 마찬가지다. (…) 과연 일본은 자신의 신념도 없이, 지배 세력이나 풍조에 영합하여 자기보신自

---

19) 이케다 하야토(池田勇人): 제58, 59, 60대 수상. 요시다 시게루의 총애를 받은 제자로 미국 육군기지 내에서 안보조약을 조인할 때 참석한 바 있다. 미국과 안보문제를 보류하고 고도 성장을 실현하였다.

己保身만 취하는 민족이고 자주 독립의 기개도 없이, 그저 강자를 추종하며 떠다니는 부초 같은 민족인가? 아니 그럴 리가 없다. 아무리 마음이 바뀌어도, 혹은 앞이 안 보인다 해도 일본은 3천년의 역사와 전통을 자랑하는 민족이다. 언젠가 반드시 일본 본연의 자존심을 회복할 것이다.

그렇다면 일본은 지금 자존심을 회복했을까? 유감스럽지만 아직 그렇지 못하다. 패전 직후에는 시게미쓰와 같은 인물이 일본 사회에 존재하고 있었다. 그러나 오늘날은 다르다. 일본의 정치가 가운데 시게미쓰와 같은 긍지를 지닌 인물은 과연 몇이나 될까? 지금의 사태는 패전 직후보다 훨씬 더 악화되었다고 본다.

전쟁범죄자 체포 명령과 미국 추종

1945년 9월 13일 맥시버 대위가 전범 35명의 체포자 명단을 스즈키 공사에게 통보한다. 체포는 1945년 5월 9일 시작하여 1946년 4월까지 마무리될 예정이었다. 시게미쓰는 전범자에 대하여 다음과 같이 쓰고 있다.

> 미국의 의도는 일본이 다시는 군사대국이 되지 않도록 국가의 근본을 개조하여 민족을 재교육시키는 데에 있다. 정치, 경제, 사상적 책임도 중시하고 있다.

결국, A급 전범 재판은 전쟁 계획과 준비 및 개시와 수행을 담당한 인물을 대상으로 1946년 5월 3일부터 실시했고, B급과 C급 전범재판은 전쟁법을 위반한 현지 책임자와 직접 하수인을 대상으로 1945년 12월 17일부터 시작했다.

도쿄 재판에 대하여는 여러 가지 평가가 있는데 중요한 것은 이 재판이 중립적이지 않았다는 것이다. 이는 연합국이 패전국을 재판하기 위한 것이었다. 미국에는 시볼트W. J. Sebald라는 인물이 있다. GHQ에서 맥아더 외교고문을 지낸 그는 다음과 같은 말을 했다.

> 나는 전범 재판 자체가 잘못이라고 느꼈다. 피고들의 행동이 선악이라는 개념에서 엄청난 혐오감을 주거나 비난받을 만하다 해도 당시 국제법상 범죄가 아닌 전시 행동에 대하여 승자가 패자를 재판한다는 사고방식에는 찬성할 수 없었다.(『일본 점령 외교의 회상日本 占領外交の回想』).

최대의 논점은 승전국이 패전국을 재판할 권리가 있는지 여부였다. 유감스럽지만 인류 역사는 항상 승전국이 패전국의 주권에 부당하게 개입했던 사실을 보여준다. 이는 모습은 달라도 오늘날에도 계속 이어지고 있는 현실이다. 미군 관할 하에 있던 이라크 정부가 사담 후세인을 재판하여 2006년 사형을 집행한 것 또한 그런 예에 속한다.

제2차 세계대전 후 일본에서도 도쿄 재판에 기소되지 않았지만 추방당한 사람들이 많았다. 1947년 1월부터 1948년 8월까지 전쟁 전 정당, 재계, 언론기관 내 요직에 앉았던 사람들 약 19만 명이 추방당했다. 내무성에서 공직 추방령을 만드는 작업에 참여하였고, 훗날 경찰청장관과 관방장관을 지낸 바 있는 고토다 마사하루[20]는 당시 분위기를 다음과 같이 기록했다.

> 모두 나만은 추방에서 면제시켜 달라고 부탁하러 온다. 보기조차 딱할 정도이다. 거물급이라 해도 애걸복걸하는 태도는 다르지 않다. 전쟁에 협력했던 모습과는 전혀 딴판이다. 정말 한심하기 짝이 없는 인간들이라고 생각한다. (『인정과 이성-고토다 마사하루 회상록情と理―後藤田正晴回顧錄』)

이런 상황 속에서 어떻게든 미국에 추종하려는 것은 당연한 일이었는지도 모른다. 일본은 이미 항복문서에서 "일본의 모든 관청은 연합국 최고사령관의 지령을 준수해야 한다."고 선언했다. 전범 재판이나 공직 추방은 미국이 본다면 포츠담선언을 이행하는 과정이었다.

그렇다면 패전 직후 일본이 군사지배를 당하는 것만은 막고자 했던 시게미쓰는 어떻게 되었을까? 그는 훗날 어떤 길을 걸었을까?

시게미쓰를 내쫓고 요시다를 앉히다

시게미쓰 외상은 항복문서에 서명한 1945년 9월 2일부터 불과 2주일 뒤인 9월 17일 외무대신 자리에서 쫓겨난다. 일본 국익 따위를 주

---

20) 고토다 마사하루(後藤田正晴): 1914-2005. 일본의 경찰 관료이자 정치가. 중의원의원 7회 당선. 경찰청장관. 자치대신, 내각관방장관 등을 역임. 나카소네 내각에서 관료들의 반발을 누르고 행정 개혁을 추진하여 성공시켰다.

장하는 외무대신을 미국은 필요치 않았던 것이다. 미국은 연합국 총사령관의 지시에 뭐든지 순응하는 외무대신이 필요했고, 그가 바로 요시다 시게루[21]였다. 시게미쓰가 사임한 뒤에 요시다 시게루가 뒤를 이은 것은 전후 일본 외교사에서 자주노선 대신 미국 추종노선이 자리를 잡은 첫 번째 사례이다.

요시다 시게루는 점령기뿐 아니라 점령 이후까지 외상과 수상 등 중요한 요직을 겸하였고, 전후 일본의 방향을 정착시킨 사람이다. 요시다의 정책은 그 후 자민당의 정책이 되어 50년 이상 지속된다. 이제 우리는 확실하게 역사적 평가를 내릴 필요가 있다.

요시다 수상의 업적을 높이 평가한 책들이 많은 가운데 대표작은 고사카 마사타카[22]의 『재상 요시다 시게루宰相吉田茂』이다. 이 책을 펴낸 출판사는 일본의 새로운 진로와 국가상을 세운 정당정치 사상 최대의 정치가를 재평가한 획기적인 논문이라 평가했다. 저자인 고사카는 다음과 같이 말한다.

> 실제로 요시다는 맥아더와 대등한 입장에서 말할 수 있는 인물이었다. (…) 요시다는 무엇보다도 일본의 부흥을 고민하고 있었고, 전후 개혁이 이 목적에 맞지 않을 경우 철저히 저항하였다.

---

21) 요시다 시게루(吉田茂): 제45대 수상으로서 경제 부흥을 최대 목표로 삼았다. 철저한 미국 추종의 길을 걸었다. 제1차 요시다 내각은 1년 만에 끝났지만, 1년 5개월 뒤에 다시 수상이 되어 장기정권을 구축해갔다.
22) 고사카 마사타카(高坂正堯): 1934-1996. 일본의 국제정치학자로 교토대학 교수. 국제정치와 유럽외교사 전공. 국제정치에서 현실주의 이론가로서 유명하며, 부친은 유명한 철학자인 고사카 마사아키이다.

이는 정말 정당한 평가일까? 먼저 요시다 수상 자신의 말을 들어보자. 요시다는 다음과 같이 쓰고 있다.

> 나는 전쟁이 끝나고 외무대신에 임명되었을 때, 수상인 스즈키 간타로와 만났다. 그때 스즈키는 "질 때 지더라도 제대로 져야 한다. 잉어는 도마 위에 올라가면 칼이 들어와도 꿈적도 않는다. 그런 모습을 보여 달라."고 말했다. 나는 그 후 점령군과 교섭할 때 항상 그 말을 염두에 두고 있었다."
>
> (『격동의 백년사激動の百年史』)

스즈키 간타로는 1936년 2. 26사건[23] 당시 시종장으로 있다가 습격을 당한다. 1945년 4월부터 8월 17일까지 일본이 항복하는 가장 어려운 시기에는 수상직을 맡았다. 그리고 패전 후에는 시골로 들어가 살다가 1948년 사망한다.

요시다는 "잉어는 도마 위에 오르면 칼이 들어와도 꿈적도 않는다."고 말하면서도 한편으로는 완전 항복한 자세로 미군과 교섭을 하겠다고 말했다. 그런 인물이 어떻게 맥아더와 대등한 입장에서 논할 수 있겠는가?

또 하나, 요시다가 무엇보다도 일본의 부흥을 고민하였고 전후 개혁이 이 목적에 합치되지 않으면 철저하게 반항했다는 평가는 어떻게 봐야 할까? 점령 초기, 미국은 일본 경제를 철저히 파괴했다. 현재 우리가 상식적으로 알고 있는 관대한 점령과는 거리가 한참 멀었다. 원래

---

23) 일본에서 1936년에 일어난 청년 장교들의 쿠데타 기도.

방침이 바뀐 것은, 냉전이 시작되어 일본을 소련과의 전쟁에 이용하고자 했기 때문이다. 요시다 수상이 점령군과 잘 교섭해서 그 덕택에 경제가 부흥한 것이 아니다.

고사카 마사타카 교수 등 요시다 찬미론자들은 요시다가 구축한 종속적인 미일 관계의 강력한 옹호자였다. 자민당은 그런 고사카를 중용했다. 그렇다면 외무성의 요시다 평가는 어땠을까? 극찬하는 쪽도 있다. 예를 들면, 전 스웨덴 대사인 미야케 기지로三宅喜二郎는 이렇게 말한다.

> 그런 엄청난 GHQ를 상대로 의연하게 교섭한 것은 나라가 망해도 충신이 있다는 말을 그대로 체현한 것이다.(『극적 외교』)

이와 정반대되는 평가가 있다. 대표적으로 오노 가쓰미大野勝巳 전 외무차관의 말을 들어보자.

> 요시다 수상은 취임 후 얼마 안 되어 큰 방에 직원들을 모두 불러 모아 첫 훈시를 하였다. "전쟁에 졌으니까 패자로서 깨끗하게 승복하는 수밖에 없다. 승전국의 점령정책에 성의를 가지고 협력하는 것이 중요하다. 뒤에서 수군대는 비협력적인 행위는 금지되어야 한다."고 했다.

요시다의 유명한 어록 중 하나는 "기대려면 큰 나무에 기대자."인데, 여기에서 큰 나무란 바로 미국을 말한다. 요시다는 점령당국의 환심을 사고자 심혈을 기울이고 있었다.(『가스미가세키 외교霞が関外交』).

일반적으로 뒤에서 수군댄다는 말은 큰 흐름에 저항한다는 의미로 사용된다. 그런데 패전 직후 외무대신이던 요시다 시게루는 점령군의 무리한 요구에 저항하는 사람을 비협조적인 인물이라고 비난한 것이다. 상당히 삐뚤어진 심리 상태라고 말할 수 있다.

그 후 요시다는 자신을 거스르는 인물을 철저히 추방한다. 외무성에서는 그것을 'Y항 추방(요시다 추방)'이라고 불렀다. 그런 가운데 한때는 시게미쓰 외무대신과 동행하여 맥아더와 교섭했던 오카자키 가쓰오[24] 역시 시게미쓰를 배신하고 요시다와 한편이 되었다. 1945년 9월 요시다 외무대신에게 밀려난 시게미쓰는 그 후 어떻게 되었을까?

이듬해인 1946년 시게미쓰는 천황의 생일인 4월 29일에 A급 전범으로 체포, 기소되어 1948년 11월 유죄판결을 받았다. 이것은 주로 소련 측 요구에 따른 것이라고 하지만, 주목할 점은 오카자키를 비롯한 외무성 부하들이 시게미쓰를 냉정하게 내쳐버린 일이다. 항복문서 조인식에 함께 있었던 가세 도시카즈는 『일본 외교의 주역들日本外交の主役たち』에서 다음과 같이 기록하고 있다.

> 1946년 4월 29일 시게미쓰는 가마쿠라의 모리슨 저택에서 스가모 구치소로 압송되었다. (…) 스가모 구치소에서 전범들은 혹독한 대우를 받았다. 수감자들의 심신은 쇠약해졌다. 가족들의 생활고 또한 극심해져만 갔다. "가을바람 스며들어 야윈 아내의 얼굴"이라는 글을 읊었을 정도다. (…) 외

---

24) 오카자키 가쓰오(岡崎勝男): 1897-1965. 가나가와 현 요코하마 출신. 도쿄대 경제학부 졸업 후 외무성 입성. 1924년 파리올림픽 육상대표이기도 하였다. 항복문서 조인식 참석, 패전 연락사무국에서 일하면서 요시다 시게루와 함께 친미노선을 구축함. 나중에 국회의원, 기업인으로 활동함.

무성에서 시게미쓰의 은혜를 입은 오카자키 차관에게 재정 지원을 부탁했으나 그런 일을 하다가는 GHQ에게 크게 혼쭐이 난다며 일축해 버렸다.

가세 도시카즈의 글에 따르면 스가모 구치소는 재소자를 너무나 가혹하게 대했다. 마쓰오카 요스케[25] 전 외무대신이나 나가노 오사미 전 해군대신은 재판 중에 병사했다. 마쓰오카는 "후회도 원한도 없이 가는 황천길"이라는 유언을 남겼으나, 이는 오히려 후회도 원한도 많았다는 반어법일 것이다. 여담이지만 이 유언에는 초연한 당당함이 엿보인다. 만주국의 막후지배자였던 아마카스 마사히코[26] 영화협회 이사장은 8월 20일 청산가리를 먹고 자살하면서 남긴 말이 "큰 도박으로 모든 것을 잃고 알몸만 남았다."는 것이었다.

스가모 구치소에 수감되었던 사람들은 대부분 옥중에서 생을 마감했다. 우메즈 전 참모총장은 1949년 1월에, 도고 전 외무대신은 1950년 7월에, 고이소小磯 전 수상은 1950년 1월에, 시라토리白鳥 전 이탈리아대사는 1949년 6월에 옥중 사망하였다. 히라누마平沼 전 수상은 종신형을 받은 뒤 1952년 8월 병으로 가석방된 후 사망하였다.

'쇼와시대의 요괴'라는 별명을 가진 기시 노부스케조차 "감옥에 갇히자 쿵 하고 큰 문이 닫히는 소리가 자주 꿈에 나오곤 했다."(『기시 노

---

25) 마쓰오카 요스케(松岡洋右): 1880-1946. 일본의 외교관이자 정치가. 국제연맹을 탈퇴하고 독일, 이탈리아와 3국 동맹을 체결, 일소 중립조약 등에 관여한 대표적인 전전 외교관. 패전 후 극동재판 중에 병사함.
26) 아마카스 마사히코(甘粕正彦): 1891-1945. 일본의 육군 군인. 헌병대위로 무정부주의자인 오스기 등을 살해한 사건으로 교도소에 복역. 만주로 건너가 관동군 특무공작과 만주국건설에 관여함. 만주영화협회이사장을 역임. 패전 직후 음독자살함.

1945. 9. 2. 항복문서에 서명하는 일본의 우메즈 참모총장 ⓒ U.S.National Archives

2장_ 패전과 함께 미국의 군사점령이 시작되다

부스케의 회상岸信介の回想』)라고 말할 정도였다.

곤경에 처한 시게미쓰의 가족에게 요시다 내각의 외무차관인 오카자키는 시게미쓰를 돕다가는 GHQ에 혼쭐이 난다고 대꾸했다. 앞에서 말한 것처럼, 오카자키는 항복 직후 시게미쓰와 함께 영어를 공용어로 한다는 내용을 포함한 3개 조항의 포고문을 철회한 인물이기도 했다. 그 후 그는 시게미쓰와 사이가 벌어졌고 요시다에게 중용되어 보란 듯이 출세가도를 달린다.

오카자키는 1949년 정계에 진출한 뒤 1950년 요시다 내각의 관방장관에 이어 1952년 외무대신이 된다. 요시다 내각의 외무대신이므로 철저히 미국 추종을 따른 것은 물론이었다. 나중에 자세히 언급하겠지만, 미국의 러스크 국무차관보와 교섭하여 결함투성이이던 미일행정협정, 즉 지금의 미일지위협정을 체결한 사람이 바로 오카자키이다. 그는 또한 '제5 후쿠류마루 호' 선원들이 미국의 수소폭탄 실험에 피폭되었을 때, 직후인 1954년 4월 미일협회에서 미국의 비키니 섬 내 수소폭탄 실험에 협력하겠다고 말했을 정도다. 패전 직후 자주노선을 걸었던 인물이 미국 추종의 주도자로 돌아선 것이다. 오카자키는 시게미쓰를 차갑게 배신하였다.

요즈음, 외무성 직원조차 눈치만 보면서 신념 없이 지배 세력에 영합하여 자기보신을 도모하는 사대주의가 팽배해 있고, 비주류파에 대한 이상할 정도의 냉담함이 강하게 뿌리박혀 있다. 점령기 외무성은 어느 관청보다도 미국의 영향을 강하게 받았다. 그러나 유독 외무성이 사대주의 기질이 강한 것은 이상한 일이 아니다.

3
점령기 미국은 어떻게
일본을 통치했나?

연합국 최고사령관 맥아더가 일본 정부에 명령을 내리고, 일본 정부는 최고사령관 지시에 따라
정책을 실행했다. 일본의 자주적인 통치가 존재한다고 생각한다면 이는 착각이다.

일본은 미국의 보호국인가

　일본은 미국의 보호국이라고 한다면, 너도나도 바보 같은 놈이라고 나무랄지 모른다. 일본은 천황제가 있고, 수상과 국회의원도 버젓이 있는 나라다. 그런 일본이 미국의 보호국이란 말은 지나치게 도발적이라고 비난할지도 모르겠다.
　그러나 미국 인사들의 발언에는 분명 보호국이라는 용어가 등장한다. 미국 내 외교·군사면에서 가장 중요한 자리는 국무장관과 국방장관이다. 이 두 사람 못지않게 중요한 자리가 국가안보 담당 대통령보좌관이다. 항상 대통령 곁에 있으면서 때로는 국무장관이나 국방장관

보다 더 중요한 역할을 맡는다. 대통령보좌관으로 가장 유명한 사람은 아마 키신저[1]일 것이다.

즈비그뉴 브레진스키[2]는 지미 카터 대통령[3] 시절에 국가안보 담당 대통령보좌관으로서 실력을 발휘한 사람이다. 최근에는 오바마 대통령 선거에서 외교고문을 지냈고, 오바마 대통령으로부터 가장 탁월한 사상가 중 한 명이라는 극찬을 받은 바 있다. 일본에서도 그의 책은 10권 이상 출판되었다.

그중 『거대한 체스판The Grand Chessboard』이라는 책에서 브레진스키는 일본을 미국의 '안보 보호국'security protectorate으로 표현하고 있다. 일본이 미국의 보호국이라는 상황은 점령시대에 만들어진 뒤 현재까지 이어지고 있다. 왜 일본 국민들은 이 사실을 모르고 있는 걸까? 왜냐하면 교묘한 간접 통치가 이루어지고 있기 때문이다.

간접 통치에서 정책 결정권은 미국이 쥐고 있다. 그러나 미국의 지시를 집행하는 것은 일본 정부다. 미국이 일본 정부에 명령하는 장면은 국민에게 보이지 않는다. 보이는 것은 다만 일본 정부가 정책을 실

---

1) 헨리 키신저(Henry Alfred Kissinger): 1923-현재. 독일에서 귀화한 미국의 정치가이자 정치학자. 하버드대학 교수를 지냈으며 닉슨 대통령 시절 외교안보 보좌관 겸 미국국가안전보장회의 사무국장과 국무장관을 역임했다. 1973년 노벨평화상을 수상하였다.
2) 즈비그뉴 브레진스키(Zbigniew Brzezinski): 폴란드 출신의 미국의 저명한 외교관으로 카터 정권에서 미국 대통령안보보좌관을 지냈다. 소련을 비롯한 전체주의 국가에 대한 분석과 비판으로 유명하다.
3) 지미 카터(Jimmy Carter): 제39대 미국 대통령. 민주당 상원의원과 조지아 주 지사 출신으로 이란대사관 미국 인질 사건, 소련의 아프가니스탄 침공 등으로 외교적 실패를 거듭하였으나, 퇴임 후 카터센터를 설립하여 분쟁 해결에 노력하였다. 2002년 노벨평화상을 수상하였다.

행하는 모습뿐이다. 일본은 완전히 독립한 국가처럼 보이지만 안보정책을 결정하고 명령하는 것은 미국이고 일본은 종속된 나라에 불과하다. 이를 입증하는 사례는 매우 많다.

일본과 독일은 모두 제2차 세계대전에서 패배하였다. 그러나 점령군의 통치방식은 전혀 달랐다. 독일은 애당초 중앙정부의 존재조차 인정받지 못했다. 나라는 소멸된 상태였고 승전국인 영국, 미국, 프랑스, 소련이 독일을 4개로 쪼개서 각국의 군대사령관에 의해 통치되었다.

한편, 일본에서는 독일처럼 노골적인 직접 통치는 없었다. 이렇게 된 데에는 우연한 일이 계기가 되었다. 이미 말한 것처럼, 만일 시게미쓰 마모루나 오카자키 가쓰오 같은 사람의 노력이 없었다면 전후 일본의 모습은 크게 바뀌었을 것이다. 미군이 직접 통치를 하고 영어가 공용어가 되며 달러가 통용되었다면 일본은 독일의 처지와 상당히 가까웠을 것이다.

아무튼 여러 가지 경위를 거쳐서, 일본은 미군의 간접 통치를 받게 되었다. 연합국 최고사령관 맥아더가 일본 정부에 명령을 내리고, 일본 정부는 최고사령관 지시에 따라 정책을 실행했다. 일본의 자주적인 통치가 존재한다고 생각한다면 이는 착각이다.

일본 군부의 노예에서 GHQ의 노예로 바뀌었을 뿐

1945년 9월 6일 트루먼 대통령은 연합국 총사령관에 갓 임명된 맥아더에게 통합참모본부를 통해서 권한 범위에 관한 지시를 내린다. 이것은 미국이 일본을 어떻게 점령 통치하는가를 결정한 기본 문서이므로 점령기를 이해하는 데 절대적으로 필요한 자료이다. 이 문서를 본 사람은 거의 없는데 대체 거기엔 무슨 내용이 담겨 있는 걸까?

권한 범위에 관한 지시서 제1항은 천황과 일본 정부를 통치할 권한이 연합국 총사령관인 맥아더에 속한다고 규정하고 있다. 일본은 GHQ에 완전히 종속되었음을 명백히 밝힌 것이다. 또한, 미국과 일본과의 관계는 계약에 기초한 것이 아니고, 무조건 항복을 기초로 한다고 말한다. 따라서 맥아더 사령관은 최고 권한을 보유하며 일본으로부터 어떠한 이의제기도 받지 않는다고 되어 있다.

제2항은 일본에 대한 관리체제는 일본 정부를 통하여 이루어지지만, 이는 만족할 성과를 거둔 것을 전제로 한다. 미국은 필요하다면 직접 행동할 수 있다는 말이다. "필요하면 언제나 GHQ가 나서서 직접 통치한다."는 점은 의문의 여지가 없었다. 맥아더 원수는 강대한 권한을 배경으로 절대적인 권력을 휘둘렀다. 그는 다음과 같이 말했다.

> 나는 일본 국민에 대하여 사실상 무제한의 권력을 가지고 있었다. 역사상 어떤 식민지 총독이나 정복자도 내가 일본 국민에게 행사했던 권력을 휘둘렀던 사례가 없을 정도다. 군사점령이라는 것은 결국 한쪽은 노예가 되고 다른 한쪽은 주인 역할을 하는 것이다.(『맥아더 회상록』).

일본 천황이나 수상은 맥아더가 볼 때 그저 노예에 불과했다. 즉 자주적으로 판단 불가능한 존재였다. 그러나 노예라고 해서 비참한 생활을 의미하는 것은 아니다. 노예는 재산이다. 제대로 된 노동을 착취하기 위해 마구잡이로 학대해서는 안 된다. 고대 그리스나 19세기 미국에서도, 재산인 노예를 소중히 다룬 사례는 매우 많다. 그럼에도 불구하고 주인에게 미움을 받고 목숨이 위태로운 것이 노예의 숙명이다.

노예제도는 상급노예(일본인 지배층)와 하급노예(일반시민)가 있고, 전자가 후자를 지배한다. 요시다 수상은 하급노예에게 관대한 상급노예의 모습을 자주 보여주었다. 그러나 야음을 틈타서 테이코쿠 호텔에 몰래 숨어들어가 주인인 윌로비와 만나던 모습은 전혀 보여주지 않았다. 트루먼 대통령은 회고록에서 다음과 같이 적고 있다.

> 매사추세츠공대 총장인 콤프턴 박사가 일본에서 귀국한 뒤 백악관에 찾아와 내게 보고했다. 그의 보고서는 다음과 같았다. "일본은 사실상 군인을 모시는 봉건조직 가운데 노예상태였다. 일본 국민은 일본인 보스를 모시다가 새로이 점령군을 모시게 된 것이다. 대부분의 일본인에게 있어서 이러한 전환은 새 정권에서 생계만 유지된다면 별 차이가 없다."

요시다에서 시작된 보수본류의 계보

일본인 지도자가 미국인에 종속된 구도는 미국인의 입장에서 쉽게 찾아볼 수 있다. 미국인은 일본인에 대하여 노예라는 단어를 서슴지 않고 사용했다. 그러나 일본 시민들은 그 사실을 전혀 모른다. 그래서 착각하는 일본인도 많다. 점령시대 자주노선이 선택될 가능성은 전혀 없었다. 그러나 한편으로 미국은 일본 수상이 자주적으로 행동하는 것을 용인하고 있었다.

그 점에서 요시다는 대단한 연기자였다. 일본 국민 앞에서는 매우 대단한 인물인 척 폼을 잡는가 하면, 한편으로는 미국에 반항하는 듯한 제스처도 취했다. 그러나 점령 하에서 미국의 이익에 부합하지 않는다면, 일본의 자주성은 존재할 여지가 없었다. 일본 항복 후 미국의 초기 대일 점령방침을 보면 "일본의 현재 정치 형태는 이용할 뿐 옹호할 것이 못된다."라고 분명히 기록되어 있다.

생각해 보면 요시다 수상은 점령기 수상에 가장 잘 어울리는 인물이었다. 물론 그의 대미 추종노선은 어쩔 수 없는 측면도 있었다. 그러나 문제는 1951년 강화조약 뒤에도 여전히 수상 자리에 남아 있었다는 점이다. 그 결과 점령기 대미 추종노선이 독립 후에도 전혀 변하지 않고 승계되었을 뿐만 아니라 오히려 미화되어 결국 전후 60년 이상 이어져왔다는 사실이다. 이것이 일본 역사의 최대 비극이다.

일본에는 '보수본류保守本流'라는 말이 있다. 일반적으로 요시다가 이끄는 자유당계의 흐름을 이어받은 이케다 하야토와 사토 에이사쿠 등 요시다 학교 우등생을 일컬으며, 다나카 가쿠에이 등 당료파에 반하는 관료 출신 정치가를 중심으로 한 세력을 말한다. 보수본류야말로 전후 일본 정치 그 자체이며 또한 그 정신은 지금까지 계속되고 있다. 그리고 그 근본은 "미국 추종"이다.

쇼와 천황, 가장 강력한 미일 동맹의 지지자가 되다

점령 초기 쇼와 천황을 둘러싸고 여러 가지 논의가 있었다. 당시 미국 내 여론을 보면, 천황에 대한 평가는 여지없이 가혹했다. 1945년 6월 갤럽이 실시한 천황에 대한 여론조사는 다음과 같았다.

처형 33%,

전범 재판 17%,

수감 11%,

국외 추방 9%,

무죄(그저 형식일 뿐) 3%

- 〈Gideon Rose, "How wars end"〉

미국의 일반시민은 쇼와 천황에 대하여 매서운 시선을 보내고 있었다. 천황제가 점령군 통치에 도움이 안 된다면 폐지될 수도 있는 상황이었다. 따라서 점령을 위해 천황제가 도움이 된다는 것을 증명해야 했다.

미국은 전쟁 종결 이전부터 점령을 순조롭게 추진하기 위해 쇼와 천황에게 죄를 묻지 않겠다는 방침을 세웠다. 그러나 천황에 대한 미국인의 깊은 반감을 볼 때, 사정은 언제 어떻게 바뀔지 몰랐다. 사실상 GHQ 고문이던 시볼트는 도쿄 재판에서 웹 재판장이 쇼와 천황의 죄를 물어야 한다고 주장했었다.

웹 재판장은 공식 판결에 자신의 견해를 가미하였다. 일본이 전쟁을 하기 위해서는 천황의 기능이 필요했다. 만일 천황이 전쟁을 바라지 않았다면 그가 반대하면 되는 일이었다. 그럴 경우 암살될지도 모른다지만 그것은 대답이 되지 않는다. 모든 주권자는 그 의무를 다하지 못할 경우 위험을 무릅쓰는 법이다. 그러나 천황은 연합국의 이익을 위하여 도쿄 재판에서 처음부터 면책대상으로 제외되었다."(『일본 점령 외교의 회상』)

전쟁의 책임은 명백하게 천황에게 있었다. 그럼에도 불구하고 왜 연합국은 천황을 재판하지 않기로 했는가? 그것이 연합국에게 이익이기 때문이다. 이러한 상황은 그 후 천황제를 크게 왜곡시켰다. 본래, 천황은 일본의 상징으로서 가장 일본다운 존재다. 그러나 미국은 천황이 이용가치가 없다면 천황제를 폐지할 수도 있었다. 당연히, 쇼와 천황은 가장 강력한 미일 동맹 지지자가 된다.

점령 하 일본 정부는 부처님 손바닥에 있는 손오공이나 다름없었다. 그런 상황은 1951년 샌프란시스코 강화조약 체결까지 이어지다가, 드디어 1951년 9월 8일 일본에게 가장 절호의 기회가 찾아온다. 샌프란시스코 강화조약에 따라 독립하여 완전한 주권을 회복한 것이다.

그럼 일본은 샌프란시스코 강화조약으로 완전한 주권국으로서 독립한 것일까? 이 질문에 답하기 전에 먼저 다음 물음에 대답하는 것이 좋을 것이다.

"일본의 지도자는 주권회복 전과 후 교체되었는가?"
"일본의 지도자는 주권회복 전과 후 정책을 바꾸었는가?"

주권회복 이전이나 이후에나 수상은 요시다 시게루가 계속 맡았다. 당연히 그는 정책을 바꾸지 않았다. 미국에 복종하는 자세는 주권이 회복된 뒤에도 그대로 이어져 왔다. 이것이 일본의 비극이다.

일본 경제를 짓누른 미군 주둔경비

미국은 구체적으로 어떤 점령정책을 추진하고자 했던 것일까? 이를 이해하자면, 1945년 9월 22일 미국 국무성이 발표한 「항복 후 미국의 초기 대일방침」이 가장 중요한 문서가 된다. 이 문서는, 먼저 천황과 일본 정부의 권한은 모든 권력을 가진 연합국 최고사령관에게 종속된다는 사실을 밝히고 있다. 일본은 미국에 종속된다는 것이 미국의 기본방침이었다. 정치면에서 일본은 비군사화, 전범자 처분, 민주화라는 방침이 결정되었다. 경제면에서는 놀랄만한 기술력이 있었다.

> 일본의 군사력을 지탱하는 공업시설 등 경제적 기초는 파괴되며 재건하지 못한다. 계획대로 제거된 일본의 생산시설은 명세표대로 용도 전환하든지, 다른 국가로 이전하거나 또는 고철로 만든다.

일본의 공업을 철저히 파괴하라는 말이다. 이것은 단지 문서상의 내용만은 아니다. 1945년 11월 일본의 전쟁배상 조사 차, 미국 대통령이 지명한 E.W. 폴레 위원장을 단장으로 한 배상위원회 17명이 일본을 방문한 적이 있다. 그때 폴레는 다음과 같은 성명을 발표했다.

① 미국의 배상정책은 일본 경제에 필요한 최소한도 외의 모든 것을 제거할 방침이다.
② 여기서 '최소한'이란 일본이 침략한 각국의 생활수준보다 낮은 것을 의미한다.

훗날 주미대사가 된 아사미 코이치로朝海浩一郎는 폴레 위원장에게 다음과 같은 질문을 한다. 아사미는 당시 패전연락사무국 총무국에 있었다.

> 일본인의 생활수준을 일본이 침략한 조선인이나 인도네시아인, 베트남인 이하로 떨어뜨릴 생각인가?

이 질문에 대하여 폴레는 "일본인의 생활수준이 스스로가 침략한 조선인, 인도네시아인, 베트남인보다도 더 좋아야 할 어떤 이유도 없다."라고 잘라 말한다. 이런 생각은 당시 미국에서 결코 특별한 것이 아니었다. 미국인 기자였던 에드거 스노우[4]는 당시 영자신문 〈닛폰타임즈〉에 이렇게 쓰고 있다.

> 초기 일본 통치는 징벌적이어야 하며, 일본의 동아시아에 대한 정치경제적 우위는 허용되어서는 안 된다. 일본의 공업시설은 전쟁으로 황폐화시킨 다른 아시아 국가에 이전시켜야 한다.

1946년 6월 다시 일본에 돌아온 폴레는 이렇게 말한다.

> 일본의 화학공업 시설을 아시아 각지에 이전시켜 인공비료를 증산시킨다. 대일 배상의 근본은 일본의 전쟁 능력을 박탈하는 것이다.

---

[4] 에드거 스노우(Edgar Snow): 1905-1972. 미국의 신문기자이자 작가로 중국 문제에 정통하며 세계적인 명성을 얻었다. 마오쩌둥과 옌안까지 장정을 같이 하면서 공산중국의 승리를 예견하였다. 『중국의 붉은 별』의 저자.

미국은 일본의 화성소다나 제철산업 설비를 필리핀 등지로 이전시킬 것을 신중히 검토하고 있었다. 연합국총사령부는 경제뿐만 아니라 다양한 분야에서 각서 형태로 일본 정부에 지시를 내린다. 1945년 9월부터 1946년 5월까지 이들의 업무분담 항목을 살펴보면 예상대로 일본의 거의 모든 행정 분야를 포괄하고 있다.

- 대본영 폐지, 언론·출판·통신, 금융거래, 수출입, 신문·라디오, 증권거래소, 필수물자 수입
- 정치 종교적 자유, 교육, 외교영사, 교사 적격 여부, 외국상사, 문화재 보호, 상업과 항공
- 연금, 농지개혁, 신도, 역사지리 교육, 공직추방, 정당제, 형사재판 관할, 민사재판 관할
- 해외 일본인 귀환

미국은 패전 후 일본 개혁에 대하여 모든 분야에서 명령을 내렸고 일본 정부는 단지 그것을 실행할 뿐이었다. 국민의 눈에는 실행하는 일본 정부의 모습밖에 보이지 않았다.

점령기의 상징물은 일본 정부가 부담한 엄청나게 높은 미군 주둔 경비이다. 예산 항목에 패전처리비로 되어 있는 비용으로 일본 정부는 대체 얼마를 지불했던 것일까?

[표1] 연도별 미군 주둔경비와 세출 비율

연 도	주둔경비(단위: 엔)	일반회계 점유 비율
1946년	379억	32%
1947년	641억	31%
1948년	1,061억	23%
1949년	997억	14%
1950년	984억	16%
1951년	931억	12%

출처: 『국사대사전(国史大辞典)』(吉川弘文館)

일본은 패전 후 엄청난 경제적 곤란에 빠진다. 이런 와중에 6년간 약 5천억 엔, 국가예산의 20~30퍼센트를 미군경비로 충당하였다. 도무지 믿을 수 없는 금액이다. 이 상황에 일본은 어떻게 대응했을까? 일본의 반응은 두 개로 나뉜다.

한쪽은 "점령기이므로 불평해도 어쩔 수 없다. 원칙을 주장하다가 미국의 미움을 사면 큰일이다."고 생각하는 그룹으로 그 중심에는 요시다 시게루가 있었다. 다른 한쪽은 "우리의 주장이 맞다. 할 말은 해야 한다."는 그룹이 있었다. 제1차 요시다 내각에 대장대신(국가예산을 다루는 한국의 기획재정부장관에 해당함)으로 입각하여 나중에 수상이 된 이시바시 단잔 그룹이다.

이시바시 단잔은 전전 군부에 저항했던 인물이다. 전쟁 전 군부에 대항한다는 것은 쉬운 일이 아니었다. 그는 점령 하에서도 당당함을 잃지 않았다. 마스다 히로시의 『이시바시 단잔』을 보면 GHQ가 패전 처리비를 증액하자 이시바시 대장대신이 분노하여 맥아더 측근인 마카트에게 다음과 같은 편지를 보냈다고 적혀 있다.

> 귀 사령부에서 1947년도 패전처리비, 즉 미군 주둔 경비를 더 증액하고자 검토하고 있다는 이야기를 들었다. 인플레로 국내 경제가 위기 상황이다. 나 자신도 직무를 수행하기가 도저히 불가능하다.

이 편지는 GHQ의 경제과학국인 ESS측을 자극했다. 마카트가 요시다 수상에게 항의했고, 요시다 수상은 이시바시에게 "일 저지르지 말라."고 야단쳤다. 이시바시 단잔은 GHQ에게 미움을 받아 1947년 5월 16일 공직에서 추방되고 말았다. 이시바시의 측근이던 이시다 히로히데는 당시 상황을 다음과 같이 밝혔다.

> 이시바시 대장대신은 패전처리비 삭감 문제에 심혈을 기울였다. 당시 일본은 굶어죽는 사람이 나올 정도로 몹시 궁핍했다. 그런데 점령군은 골프장 비용이나 특별열차 운전 비용은 물론, 심지어 꽃이나 금붕어를 구입하는 비용까지 청구했다. 총액은 60억 달러로 기억하지만, 이시바시 대장대신은 그 비용을 삭감하기 위해 모든 수단을 동원하였다.
> 이시바시는 부인했지만, 나는 이시바시가 추방당한 이유가 그 문제 때문이라고 믿었다. 패전처리비를 삭감하도록 당당히 요구한 결과 GHQ로부터 반감을 산 것이다. 미국에 저항한 이시바시에게 국민의 인기가 몰리자 GHQ는 자유당 내의 위상이 높아질 것을 우려하여 그를 추방했다.(『이시바시 정권 71일石橋政権 七十一日』)

이시바시 대장대신을 추방한 당시 수상은 요시다 시게루였다. 요시다 수상은 이시바시에게 그저 들개에게 물렸다고 생각하라고 말했다고 한다. 또한 이시바시의 사위이자 외교관인 치바 히로시千葉가 케디스[5] 민정국 차장을 만났을 때 "당시 이시바시가 스스로 국가의 상징이 되고자 하는 바람에 과감히 해임할 수밖에 없었다."고 말했다는 증언도 있다.(위의 책)

GHQ 내 실력자로 알려진 케디스는 이시바시 단잔이 일본의 입장을 당당히 주장하는 인물이 될 것을 우려했다. 미국은 국민들의 인기를 얻고 자주노선의 상징이 될 인물이 출현하면 그를 차단하기 위해 지체 없이 조치를 취했다. 시게미쓰 마모루에 대해서도 그랬고 이시바시 단잔도 마찬가지였다. 이때 이시바시가 한 말은 매우 의미심장하다.

> 내 후임으로 올 대장대신은 나 같은 태도를 취해야 해. 그러면 또 추방될지도 모르지만 그렇게 2, 3년 계속하다 보면 GHQ도 약간은 반성을 하겠지.(위의 책)

캐나다 피어슨 수상[6]의 에피소드가 떠오른다. 나는 한때 캐나다 주재 대사관에 부임한 적이 있는데, 캐나다 외교가에는 매우 유명한 이

---

5) 찰스 케디스(Charles Louis Kades): 일본 민주화와 비군사화를 추진한 민정국 차장. 1946년 2월에는 맥아더가 제시한 3원칙에 따라 부하들과 함께 일본 헌법 초안을 작성하였다. 현재 일본국헌법은 그가 쓴 초안을 번역하여 약간 수정한 것이다.
6) 레스티 피어슨(Lestee Pearson): 1897-1972. 캐나다의 정치가, 외교관. 옥스퍼드대학 졸업 후에 외무성에 들어가 활동하였다. 외무장관이자 자유당의 당수였고, 1963-1968 수상을 역임하였다. 1957년 노벨평화상을 수상하였다.

야기가 전해온다. 1965년 4월 3일 미국의 존슨 대통령[7]이 피어슨 수상의 코트 깃을 움켜잡고 1시간 동안 들었다 놓았다한 놀랄 만한 사건이 있었다. 사건의 경위는 이렇다.

1965년 4월 2일 피어슨 수상은 베트남전쟁 중에 미국의 한 대학에서 북베트남 폭격을 간접적으로 반대하는 내용의 강연을 했다. 이 소식을 접한 존슨은 바로 다음날 미국 대통령의 별장인 캠프 데이비드 오찬에 피어슨 수상을 초대한다. 그러나 존슨은 끝끝내 한 마디도 건네지 않았고, 이를 견디다 못한 피어슨 수상이 전날 자신의 연설이 어땠는지 묻기에 이른다. 그러자 존슨은 피어슨을 테라스로 끌고 간 뒤 한 시간 동안이나 멱살을 붙잡는 일이 벌어진 것이다. 사실 북베트남 폭격은 미군이 조작한 통킹만 사건으로부터 시작되었다. 이를 피어슨 수상이 완곡하게 비난한 것이 존슨의 심기를 건드린 것이다.

이 에피소드는 캐나다 사람이라면 누구나 알고 있는 이야기다. 그렇다면 피어슨은 캐나다에서 어떤 대접을 받았을까? 정세 판단을 잘못해서 미국과 관계를 악화시킨 수상으로 규탄을 받았을까? 아니면 몸집이 큰 존슨에게 굴욕을 당한 불쌍한 수상으로 경멸을 받았을까? 둘 다 아니다.

그 후 캐나다 수상과 외무성은 "아무리 억압과 핍박이 강해도 미국에게 할 말은 한다."는 신념을 지금까지 이어오고 있다. 그 상징으로

---

[7] 린든 존슨(Lyndon Johnson): 1908-1973. 텍사스 출신의 미국의 정치가. 6번이나 상원의원에 당선됨. 케네디 암살 후 대통령에 취임하여 베트남전쟁을 확대시켰다. "위대한 사회"를 슬로건으로 하는 복지정책을 추진하기도 하였다.

1945. 9. 2. 일본이 연합군 총사령부와 체결한 항복문서 사본 ⓒ U.S.National Archives

캐나다 외무성의 건물에는 피어슨 빌딩이라는 이름이 붙었다. 미국과 이웃하여 살면서 일본보다 더욱 거센 미국의 압박에 노출된 캐나다이지만, 2003년 이라크전쟁에 끝내 참전을 거부했다.

그러나 유감스럽게도 일본은 그렇지 않았다. 오히려 그 반대였다. 시게미쓰 마모루처럼 미국이 경고만 하면 알아서 먼저 조심한다.

> 이시바시 단잔의 추방 소식이 들리자 주변 인사들이 모여 작전회의를 하였다. 37~38명의 동지가 모였다. 그러나 이미 추방이 결정된 뒤 다시 한 번 논의하고자 동지들을 규합하자, 이번에 모인 사람은 나 포함해서 겨우 3명밖에 없었다.(위의 책)

4
일본의 신헌법체제가 미국의 손에서 열리다

미국 점령정책의 정점은 일본국헌법 제정이었다.
맥아더는 일본국헌법 초안을 미군이 작성한 뒤 일본이 수용하도록 강력히 요구했다.

맥아더 장군의 손에서 시작된 일본국헌법

 미국의 점령정책의 정점은 일본국헌법 제정이었다. 헌법 제정 과정을 보면 미국이 왜 일본을 점령했는지 그 본질을 알 수 있다. 맥아더가 일본국헌법 초안을 미군이 작성한 뒤 일본이 수용하도록 강력히 요구했다는 사실은 이미 잘 알려져 있다. 헌법 초안을 작성할 때 현장에서 지휘한 사람은 GHQ 민정국 차장인 케디스였다. 일본인들은 이 사실을 오랫동안 알지 못했다. 그러나 일본을 제외한 외국에서는 1949년 GHQ의 공표로 이미 다 알려진 사실이다.
 1946년 2월 13일 맥아더의 오른팔이던 GHQ 휘트니 민정국장은 요시다 외무대신을 비롯한 일본 정부 관계자들과 회의를 열어 미군의 헌법 초안을 받아들이라고 강하게 요구한다. 휘트니는 당시 일본 측이 작성하고 있던 헌법 초안을 완전히 무시했을 뿐 아니라, 미군 측 초안을 받아들이지 않으면 천황을 전쟁 범죄자로 내몰 것이라고 협박했다. 함께 동석했던 라우엘 육군 중령의 수기를 살펴보자.

휘트니 장군의 지시대로 정확히 오전 10시 외무대신 관저에 도착했다. 외무대신을 보좌하던 시라스가 방으로 안내하였다. 요시다 외무대신과 국무위원이자 정부 헌법문제 조사위원회 위원장이던 마쓰모토 박사가 와 있었다. 휘트니 장군은 한 마디 한 마디 또박또박 천천히 입을 열었다.
"지난번 당신들이 제출한 헌법개정안은 자유와 민주주의의 문서로 맥아더 최고사령관은 이를 전혀 받아들일 수 없다. 맥아더 장군은 우리가 가져온 GHQ 헌법 초안을 전하도록 지시하셨다. 최고사령관께서 이 문서를 제시하게 된 진의와 이유를 설명하고자 한다. 주지하다시피, 최고사령관에게 천황을 전범 취급해야 한다는 외국의 압력이 점차 높아지고 있다. 그러나 천황을 지켜줄 결심을 했다. 물론 최고사령관이라 해도 전능한 것은 아니다. 다만 우리가 만든 헌법 초안을 받아들이면 실제로 천황제는 유지될 것으로 본다. 또한 일본이 연합국 관리에서 벗어나 독립할 날도 좀 더 앞당겨질 것이다. 기본적 자유 역시 일본 국민에게 주어질 것으로 본다. 이 초안을 받아들여야 당신들이 권력에서 살아남을 수 있다. 이것이 유일한 길이라는 것은 아무리 강조해도 지나치지 않다." (다카야나기 외 편저, 『일본국헌법 제정과정 1日本国憲法制定の過程 1』)

이것은 미국 측의 증언이므로 사실임에 틀림없다. 휘트니는 만일 일본 정부가 GHQ 헌법 초안을 받아들이지 않는다면 천황이 전범으로 처형될지도 모르고, 요시다 외상을 비롯한 현 정부의 각료도 권력에서 쫓겨날 것이라고 맹렬히 협박했다. 결국, 일본 정부는 GHQ 초안을 받아들여 일본어로 번역한 다음, 다시 GHQ 측과 협의하여 일본국헌법 초안을 마무리했다. 이제 쇼와 천황이 전범으로 처벌받거나 처형될 일은 사라진 것이다.

『쇼와 천황 독백록』을 보면 천황과 맥아더 간 제3차 회견에서 천황이 "헌법을 제정함에 있어서 맥아더 장군의 남다른 지도에 감사드린다."라는 말을 남긴 것을 알 수 있다. 당연한 말이 아닌가? 헌법 제정과 천황의 안위는 불가분의 관계였으니까…. 라이샤워Edwin O. Reischauer 주일대사는 자신의 저서에서 이렇게 말한다.

> 맥아더 자신이 직접 일본 헌법을 만든 것과 다름없다. (…) 맥아더는 미국이 결정한 공식 점령정책인 『대일 초기방침』에 나오지 않는 헌법 초안까지 직접 만들었다.(『일본에 보내는 자서전日本への自叙伝』).

아무리 협박당했다고는 하나, 국가 운영에 가장 중요한 헌법을 번역한 뒤 약간만 수정하여 반영한 일본 정부에도 큰 책임이 있다. 미국의 점령정책이 전혀 간접 통치가 아니었음을 충분히 알 수 있는 대목이다.

1946년 2월 13일 외무대신으로 GHQ 헌법안을 수용했던 요시다 시게루는 같은 해 5월 22일 일본 수상이 된다. 4월 10일 전후 첫 선거에서 승리한 하토야마 이치로 자유당 총재(하토야마 유키오 전 수상의 할아버지)

는 내각 구성 직전인 5월 4일 GHQ에서 공직으로부터 추방을 당한다.

하토야마 이치로를 대신하여 수상이 된 요시다 시게루는 국회에서 헌법 심의를 거쳐 11월 3일 헌법을 공포했고, 1947년 4월 25일 신헌법 하에서 총선거를 치렀으며, 5월 3일 헌법 시행을 지켜본 뒤 3주 후에 사임한다. 제1차 요시다 내각에서 가장 중요한 임무가 GHQ 헌법의 시행이었다는 것은 틀림없는 사실이다.

헌법 제정 후 왜 하필 사회당 정권인가?

1947년 4월 25일 새로운 일본국헌법 하에서 처음으로 총선거가 실시되었다. 그 결과, 가타야마 데쓰[1]가 이끄는 사회당이 제1당이 되었고 5월 24일 가타야마 데쓰가 수상이 되었다. 헌법 제정 후 첫 총선거에서 사회당이 제1당이 된 것은 뭔가 좀 이상할지 모른다. 그러나 끼니조차 때우기 힘들었던 시절, 국민의 불만이 높아지면서 사회주의 정당에 지지가 몰린 것은 그다지 이상한 일이 아니었다.

다만 궁금한 점은, 맥아더가 점령기 사회당 정권의 탄생을 왜 허용했느냐 하는 것이다. 당시는 미국과 소련의 대립이 시작되던 때였다. 나중에 설명하겠지만, 당시 옥중에 있던 기시 노부스케 등은 1946년 8월 10일 이미 미소 대립이 일어났음을 일기로 기록하였다.

---

1) 가타야마 데쓰(片山哲): 제46대 수상으로 일본 사회당 위원장이었다. 기독교도인 그는 GHQ 내 진보그룹의 지지를 받아 수상이 되었으나, 훗날 이들이 국정에 개입하면서 사임하게 된다.

그 시절, 가타야마 사회당 정권이 성립하게 된 경위에 대해 많은 역사교과서들은 헌정의 상식에 따른 일이라고 말한다. 제2차 세계대전 전부터 중의원 제1당의 당수가 수상이 된다는 좋은 전통이 있었기 때문이다. 그러나 생각해 보자.

바로 1년 전만 해도 총선거에서 제1당이 된 자유당 총재 하토야마 이치로가 내각 구성 직전에 공직에서 추방된 일이 있었다. 맥아더의 지지가 없다면 수상 자리에도 오를 수 없었다. 그러면 왜 이 시기 맥아더는 사회당 정권의 수립을 허용했을까?

그 이유는 기독교와 관계가 있다. 일본 민주화가 가장 중요한 목적 가운데 하나였던 맥아더이지만, 그에게 민주주의란 기독교를 전제로 한 것이다. 맥아더는 1945년 12월 15일 남부침례교회의장 뉴턴 박사에게 다음과 같은 서간을 보낸다.

> 일본인의 정신생활은 전쟁으로 공백 상태가 되어 있으므로 지금이 일본에게 기독교를 포교할 절호의 기회다.(아유카와 구니히코 편,『맥아더 서간집マッカーサー書簡集』).

뒤이어 1947년 5월 24일 다음과 같은 성명서를 낸다.

> 가타야마가 일본 수상이 된 것은 정치적인 의미 못지않게 정신적인 의미에서 중요한 일이다. 역사상 실로 처음으로 일본은 전 생애를 기독교인으로 살아온 지도자를 모시게 되었다. 국제적으로 보아도 이는 의미 있는 일이다. 동양의 3대 강국인 중국의 장제스, 필리핀의 로하스, 일본의 가타야

마 데쓰 3명 모두 기독교인 것이다.(위의 책)

그렇다면 신헌법 아래서 처음으로 탄생한 가타야마 내각과 GHQ의 관계는 어땠는지 살펴보기로 하자. 당시 점령군과 일본 사회의 가교 역할을 했던 인물은 시바타 히데토시이다. 그는 〈요미우리신문〉 GHQ 담당기자였다. 일본을 지배하던 GHQ 담당기자인 만큼, GHQ에 선을 대고자 각계각층 온갖 곳에서 제안을 받고 있었다. 구 황실이나 요시다 시게루 등 쟁쟁한 인물들과도 교류가 있었다. 그는 저서에서 가타야마 수상과 각료 후보인 사회당 의원에게 다음과 같은 이야기를 했다.

> 점령기 일본 정부는 있으나마나 한 것이었다. 본래 행정부의 업무는 정책을 결정하고 의회와의 협력에 전념해야 하지만, 의회 역시 있으나마나 한 존재였다. 야당 경험자는 잘 알겠지만 내각 업무나 과제 혹은 목표는 모두 GHQ에서 일방적으로 정했다.(『전후 매스컴 회상기戦後マスコミ回遊記』)

또 다른 증언도 있다. 가타야마 내각에 대한 점령군의 개입을 GHQ 내부에 있던 윌로비 자신이 증언한 내용이다.

> 가타야마 내각, 아시다 내각 등 혁신 내각이 잇달아 탄생하자, 민정국GS은 매우 기뻐했다. 그러나 가타야마 내각에서 히라노를 농림대신으로 승인하자마자, 바로 히라노를 추방하려고 했다.(『알려지지 않은 일본 점령』)

실제로, 1947년 10월 25일 민정국의 케디스 차장이 가타야마 수상과 만

4장_ 일본의 신헌법체제가 미국의 손에서 열리다 **115**

나서 극좌파인 히라노 농림대신에 대하여 해임을 요구한 것으로 알고 있다.(소네에키, 『나의 기억: 가스미가세키에서 나가타쵸로私のメモアール: 霞が関から永田町へ』)

가타야마 수상은 GHQ의 요구대로 히라노 농림대신을 해임하였고, 그 결과 가타야마 내각은 히라노 파 40명의 지지를 잃으면서 총사직에 몰린 것이다. 이 사례는 매우 중요한 정보를 제공하고 있다. 사회당 정권인 가타야마 내각이 생겼을 때 GHQ 내 좌파 세력인 민정국은 그것을 응원하고 있었다.

그런데 그런 가타야마 내각을 붕괴시킨 계기 역시 결국 민정국의 개입에 의한 것이었다. 미국의 압력은 결코 한쪽에서만 있지 않았고, 합리적이며 장기적인 전망에 근거한 것이었음을 알 수 있다. 미국에서 부당한 압력을 받았을 때에는 먼저 "노!"라고 말한 뒤 분위기가 바뀌기를 기다리는 것도 방법이라는 생각이다.

아시다 내각을 무너뜨린 쇼와전공 사건

가타야마 후임으로 1948년 3월 수상이 된 아시다 히토시[2]는 매우 흥미로운 인물이다. 이 책에서는 대미 자주노선의 대표로 시게미쓰 마

---

2) 아시다 히토시(芦田均): 제47대 수상으로 외교관 출신. 주일미군은 상시 주둔할 것이 아니라 유사시에만 주둔할 것을 주장. 시게미쓰에 견줄만한 대미 자주노선의 대표적인 정치가. GHQ 참모2부에 의하여 쇼와전공 사건에 휘말려들었고, 7개월 만에 실각하였다.

모루를 꼽고 있다. 아시다 역시 시게미쓰와 같은 해에 외무성에 들어간 외무 관료로서 자주노선의 대표적인 정치가로 손꼽힌다.

아시다 히토시가 외무성에 들어간 때 세계는 엄청난 격동의 시기를 겪었다. 러시아에 부임한 1914년 제1차 세계대전이 일어났고, 3년 후엔 로마노프 왕조가 붕괴되면서 레닌이 이끄는 볼셰비키 혁명이 발생한다. 아시다는 1931년 만주사변을 계기로 외교관으로는 국가정책을 바꿀 수 없다고 생각한 끝에 정계에 진출했고 미군부에 추종하는 정부를 격렬하게 비난했다. 그는 전후 가타야마 내각 시절인 1947년 6월부터 1948년 10월까지 약 1년 4개월에 걸쳐서 외무대신을 지냈다.

점령기부터 1955년 자민당 창당까지 전후사가 너무 복잡하다는 이야기를 자주 듣는다. 그러나 외무대신에만 초점을 맞추면 한결 이해하기 쉬워진다. 1945년 8월 17일 외무대신이 된 시게미쓰 마모루는 9월 2일 항복문서에 서명한 다음 2주일 후에 경질되었다.

뒤이어 외무대신이 된 요시다 시게루가 1년 8개월을, 이어서 아시다가 1년 4개월을, 그 후 요시다가 다시 3년 반을, 뒤이어 요시다의 수족인 오카자키가 2년 반을, 그 뒤 다시 시게미쓰가 2년을 외무대신으로 지냈다. 이들이 바로 1945년 패전부터 11년 동안 일본의 외무대신이었다.

간단히 정리해보자. "자주노선(시게미쓰) → 추종노선(요시다) → 자주노선(아시다) → 추종노선(요시다와 오카자키) → 자주노선(시게미쓰)" 식으로 번갈아 노선이 바뀌었다. 그동안 요시다와 아시다는 수상을 겸임했고, 시게미쓰 또한 두 번째 외무대신일 때 부총리를 겸임했다. 어떤 의미에서 수상보다도 미국과 직접 접촉하는 외무대신이 더 중요한 시절이었다. 무소불위의 미국의 압력에 대하여 자주와 추종이 격렬하게 갈등했던 것이다. 이것이 바로 패전 직후 10년간 일본의 역사이며, 단지 재임기간으로 본다면 요시다 시게루의 대미 추종노선이 훨씬 길었다.

1948년 2월 퇴진을 표명한 가타야마 수상은 후계자로 아시다를 지명한다. 그러나 요시다 파가 정권을 독식한다는 비난이 일자 〈요미우리신문〉과 〈아사히신문〉도 이에 동조하여 아시다 내각에 비난을 퍼부었다. 〈요미우리신문〉은 1948년 2월 17일 사설에서 가타야마 내각 붕괴 후 주요 각료였던 아시다가 수상이 되는 것은 잘못된 일이라고 주장했다. 〈아사히신문〉 역시 1948년 2월 14일 가타야마 내각이 총사직한 이상 차기 정권은 제1야당에 넘겨야 한다고 주장했다.

정권을 잡은 여당이 내각을 교체할 경우, 야당이 아예 정권을 넘기라고 주장하는 것은 가끔 있는 일이다. 그러나 결코 정권을 넘기지는 않는다. 아시다를 반대하는 주장도 이 시점에서는 결정타를 날리지 못했다. 정치적 파동 가운데 1948년 3월 10일 성립한 아시다 내각은 겨우 3개월 뒤, 엄청난 스캔들에 휘말린다. 그것이 바로 쇼와전공 사건이었다.

간단히 이야기하자면 쇼와전공 사건은 전후 농업개발에 쓰일 부흥금융금고 융자를 대기업 화학공업사인 쇼와전공의 히노하라 사장이 정치가와 관료 및 재계에 뇌물로 제공한 부패정치 사건을 일컫는다. 당시 대장성 주계국장(한국의 예산실장)이자 나중에 수상이 된 후쿠다 다케오도 이 사건에 연루되어 있었다. 결국 무죄 판결을 받았지만 말이다.

1948년 6월 23일 히노하라 사장이 체포되자 도쿄지검 특수부는 1948년 9월 2일 쇼와전공 특별수사본부를 설치한다. 10월 6일에 아시다 내각의 전 부총리였던 니시오 스에히로 사회당 서기장도 체포되어, 다음날 아시다 내각은 총사퇴한다. 그리고 아시다 수상 자신도 체포되었다.

이 재판의 결과는 어떻게 되었을까? 쇼와전공 사건 재판은 14년 반이나 걸려서 1962년 11월 최고재판소에서 판결이 났다. 실형을 받은 사람은 아무도 없었고 집행유예 징역형이 21명이었으며 아시다 히토시와 후쿠다 다케오는 무죄로 판결되었다. 니시오 스에히로 역시 고등재판에서 무죄로 풀려난다. 실은 이 사건에 GHQ가 깊이 관여하고 있었다. 윌로비는 다음과 같이 쓰고 있다.

> 쇼와전공 사건을 들춰낸 것은 주로 G2(참모2부)였다. 피고인 히노하라의 진술에 따르면 금품 수수는 일본 정계뿐만 아니라, 점령군에까지 미치고 있었다. 금품 수수의 주 대상은 GS(민정국)였다.(『알려지지 않은 일본 점령』)

민정국(GS)과 참모2부(G2)는 서로 대립하고 있었다. 이것은 맥아더 자신도 인정했던 사실이다. G2의 윌로비와 요시다 시게루가 매우 가까운 사이였음은 이미 앞에서 설명했다. 쇼와전공 사건은 "G2 + 요시다 시게루 + 〈요미우리신문 & 아사히신문〉 vs GS + 아시다 & 히토시 + 진보세력" 간의 한판 대결이었던 것이다.

GHQ 내부 갈등으로 일본의 민주화 흐름이 끊기다

우리는 종종 미국을 규정하려고 한다. 나 역시 이 책에서 그런 시도를 하고 있다. 그러나 미국은 아주 복잡한 나라다. 미국 정부 내에도 국무성 vs 국방성, 국무성 vs CIA 등 여러 세력 간 대립이 있다. 이는 점령기에도 마찬가지였다. 라이샤워의 증언을 들어보자.

> 당시 GHQ 내부에는 두 개의 흐름이 있었다. 하나는 정보 담당 부서(G2)로 군사정보를 중시하고 일찍부터 냉전 식의 태도를 견지했다. 다른 하나인 민정국(GS)의 관심은 일본의 전후 개혁에 집중되어 있었다.(『일본에 보내는 자서전』)

일본 역시 미국 내부의 대립에 각각 편승했다. 똑같은 미국 추종파라고 해도 그 세력은 몇 갈래로 나뉜다. GHQ 정보 분야 핵심은 윌로비였다. 반면 민정 부문의 핵심은 케디스였다. 윌로비는 타고난 군인으로, 심지어 헤밍웨이의 『누구를 위하여 종은 울리나』마저 공산주의에 관대하다고 해서 싫어했던 인물이다. 한편, 케디스는 하버드대학 법과대학원을 졸업한 엘리트 출신이다. 두 사람은 처음부터 잘 맞지 않았다.

G2는 공산주의와의 대결을 최우선시한 반면, GS는 일본의 민주화를 최우선시했다. 점령 초기에 G2는 요시다 수상을 지원했고, GS는 가타야마 수상이나 아시다 수상을 후원했다. G2와 GS의 대결은 쇼와 전공 사건을 계기로 G2의 승리로 돌아간다. 뇌물 수수 대상이 일본인뿐만 아니라, GS에까지 미친 것이다. 이 사건으로 진보 세력인 아시다 정권이 무너졌다.

G2는 케디스와 애인이던 시마오 전 자작부인과의 관계를 철저히 조

사한다. 그런 뒤 케디스의 부인에게 두 사람의 관계를 제보한 것으로 보인다. 시마오 부인과의 관계가 들통이 난 케디스는 부인에게 이혼을 당한다. 그리고 1948년 대일정책 조정 업무 차 워싱턴에 출장을 떠난 뒤 다시는 도쿄에 돌아오지 않았다.

일련의 사태 배경에는 국제정치상 커다란 변화가 있었다. 다음 장에서 자세히 다루겠지만, 냉전이 시작되고 동서 진영 간 대립이 심화되자 미국은 일본의 민주화는 보류하고 일본을 공산주의 세력과의 대결에 이용하려는 방침으로 전환한다. 아시다 수상이 밀려난 것 또한 그가 점령 종결 후 미군이 상시 주둔이 아닌 유사시 주둔 안을 주장하면서 GHQ의 미움을 샀기 때문이다.

이런 흐름 가운데 GHQ 헌법 초안을 집필한 책임자로서 점령 초기 일본의 민주화 과정에서 절대적인 권력을 휘두른 케디스 대령의 역할은 끝이 났다. 이는 일본 사회에서 민주화 흐름이 한계에 부닥쳤음을 말해주기도 한다.

'은닉물자 수사본부'가 도쿄지검 특수부의 전신

"미국의 정보부가 일본 검찰을 이용하여 정보를 흘리며 모종의 공작을 시도한다. 이를 제보 받은 신문들이 특정 정치가를 두들기고 수상을 물러나게 한다." 이런 패턴은 쇼와전공 사건 때부터 존재했다. 쇼와전공 사건이 보도되던 1948년 7월 10일 〈요미우리신문〉은 다음과 같은 여론조사를 내보냈다.

- 아시다 내각을 지지한다: 25.1%
- 아시다 내각을 지지하지 않는다: 64.3%

이에 앞서 1948년 6월 3일 〈요미우리신문〉은 "정치가의 타락을 보면서 국민은 자각해야 한다."는 제목으로 거물급 정치가가 뇌물을 수수하는 것이 당연하다는 식의 정치의식은 문제가 있다고 주장했다. 같은 해 10월 1일 〈아사히신문〉은 "정·관·재 각계에서 뇌물 사건이 파문을 일으키고 있다. 정부 정책이나 행정이 어떻게 국민의 신임을 얻을 것인가?"라고 비판한다. 아시다 수상 자신은 쇼와전공 사건과 관련이 없었지만 도의적 책임을 지고 10월 15일 사직한다.

그러나 검찰의 공격은 멈추지 않았다. 10월 27일 도쿄지검은 아시다를 체포하는 영장을 청구한다. 혐의는 외무대신 시절 미군경비 지급을 늦추면서 뇌물을 받았다는 것이다. 도무지 이해하기 힘든 이야기다. 대체 누가 GHQ에게 지불을 늦추면서 뇌물을 받았겠는가? 그것은 체포를 위해 혐의를 뒤집어씌운 것일 뿐이었다. 결국 아시다는 1952년 무죄 판결을 받았다.

『아시다 히토시 일기 제3권 声田均日記 第三卷』 해설에서 신도 에이이치 교수는, "아시다는 체포되기 전부터 사건 수사를 종료하는 조건으로 정계를 은퇴하라는 검찰의 압박을 받았다."고 기록했다. 중요한 것은 사건이 아니라 아시다의 정치 생명을 끊는 것이었다. 참 이상한 일이다. 검찰은 왜 아시다의 수상직을 그만두게 했을까? 게다가 왜 그를 체포함으로써 정치 생명까지 끊으려 했을까?

아시다는 아직 민주당 당수였고, 쇼와전공 사건에 관계가 없으니 만큼 조만간 수상으로 복귀할 가능성은 충분했다. 그래서 아시다가 다시 수상이 되어 보복하는 일이 없도록 해야 했다. 나중에 보면 알겠지만, 이는 다나카 가쿠에이 수상을 밀어낸 사례와 매우 비슷하다. 아시다 내각이 붕괴한 패턴을 살펴보면, 거기엔 다음과 같은 요인이 있었다.

① 미국의 일부 세력인 G2가 일본 수상의 정책에 불만을 품는다.
② 일본 검찰이 부패 등 범죄수사를 수상 본인과 주변 인사들을 대상으로 시작한다. 유죄가 아니어도 상관없다. 일시적이라도 정치적인 실각이 가능하다면 목적을 달성한다.
③ 매스컴이 부패 사건을 대대적으로 보도하여 정치, 사회적인 치명상을 입힌다.
④ 차기 수상과 연계하여, 실각시킨 수상이 부활할 가능성을 제거한다.

아시다 수상을 밀어낸 다음에는 G2의 윌로비와 가까운 요시다가 수상이 된 것은 당연한 일이었다. 아시다 내각이 붕괴하는 과정에 검찰이나 특별수사본부(이하, 특수부)의 역할은 매우 중요하다. 그렇다면 도쿄지검 특수부는 어떤 조직일까?

특수부는 검찰의 한 부서로 도쿄, 오사카, 나고야에만 설치되어 있다. 다루는 사건은 정치적인 부정부패나 대형 탈세사건 혹은 뇌물사건 등 정치적, 사회적으로 영향이 큰 것들이다. 일반적인 형사사건은 경찰이 수사하거나 적발하여 검찰이 기소하지만, 특수부는 처음부터 자신들이 수사하고 적발하여 기소하는 경우가 많다. 일본처럼 1심 유죄율이 99.9%나 되는 나라에서 수사나 적발, 혹은 기소를 하나의 조직에서 하다 보니 특수부는 마음만 먹으면 어떤 사건도 조작할 수 있다.

역사적으로 특수부는 미국과 관계가 깊다. 먼저 1947년 점령기에 도쿄지검 특수부가 GHQ를 위한 수사기관으로 발족했다. 패전 직후, 구 일본군이 저장하고 있던 막대한 자재가 여기저기로 새어나갔다. 1945년 10월 GHQ는 도쿄 미쓰이 신탁회사의 지하창고에서 다이아몬드를 무려 16캐럿이나 찾아낸 적이 있다.

부당하게 은닉된 물자를 찾아내서 GHQ 관리 하에 두고자 설치된 '은닉물자 수사본부'가 도쿄지검 특수부의 전신이었다. GHQ 관리 하에 둘 것을 목적으로 한다는 점이 핵심이다. 즉 그것은 GHQ를 위해 보물을 찾아내기 위한 특별수사기관으로, 도쿄지검 특수부의 전신이었다.

시바타 히데토시는 『전후 매스컴 회상기』에서 GHQ 민정국 케디스 차장이 은퇴한 후 은닉물자 특별위원회를 중의원에 설치하게 한 것이라고 적고 있다. 미국과 틀어진 거물급 일본 정치가가 스캔들 사건이 적발되어 물러난 경우는 다음과 같다.

- 아시다 히토시: 체포. 쇼와전공 사건(주일미군이 유사시에만 일시 주둔을 주장)
- 다나카 가쿠에이: 체포. 록히드 사건(미국보다 먼저 중일 국교 정상화)
- 다케시타 노보루: 내각 총사직. 리쿠르트 사건(자위대 군사 협력을 거부, 미국과 대립)

· 하시모토 류타로³⁾: 파벌회장 사임. 일본치과연합회 사건(금융정책 독자 노선, 대중 접근)

· 오자와 이치로⁴⁾: 강제 기소. 니시미쓰 건설회사 사건, 리쿠잔카이 사건 (주일미군은 제7함대만으로 충분하다고 발언, 중국에 접근)

과거, 도쿄지검 특수부장 가운데 가장 흥미를 끄는 인물은 아마도 후세 다케시일 것이다. 그는 제2차 세계대전 전 조르게⁵⁾ 담당 검사로 유명했다. 1941년 9월 그 사건의 실체가 발각되어 고노에 내각이 붕괴되기에 이른다. 사실 이 사건 배후에는 미국 측의 공작이 있었다. 조르게와 친했던 오자키 호쓰미는 상하이에서 아그네스 스메들리Agnes Smedley와 친교를 맺었다. 스메들리는 1941년 미국에서 대일전쟁을 주장하던 인물이었다.

G2의 윌로비가 조르게 사건 보고서를 육군성에 보낸 것을 보면, 윌로비와 후세는 밀접한 관계가 있었다. 더구나 후세는 미군이 관여했던

---

3) 하시모토 류타로(橋本龍太郎): 1937-2006. 일본의 제84대 총리. 도쿄 출신으로 게이오대학 졸업. 1963년 최연소 당선 후 12회 당선. 1996년 수상 취임 후 행정개혁 등 6대 개혁을 추진. 소비세 인상 등으로 인한 하시모토 불황으로 퇴진하였다.
4) 오자와 이치로(小沢一郎): 1942년 이와테 출신의 일본 정치가. 2세 정치인으로 47세에 자민당 간사장을 경험하는 등 항상 일본 정치의 막후 주역이었다. 민주당 대표 취임 후 참의원선거 승리 등으로 민주당 집권의 기반을 만들었다. 소비세 증세에 반발하여 민주당을 탈당한 후 국민생활당을 창당하였다.
5) 조르게 사건(一事件): 독일인 리하르트 조르게를 정점으로 한 소련의 스파이 조직이 일본 국내에서 간첩활동을 한 혐의로 1941. 9~1942. 4월까지 수사가 진행되었다. 체포된 사람 가운데 고노에 내각의 브레인이었던 〈아사히신문〉 기자들도 포함되어 있었다.

시모야마 사건[6]의 주임검사이기도 했다. 또한 다나카 가쿠에이 전 수상이 체포된 록히드 사건에서는 검사총장을 맡기도 했다. 조르게 사건이나 시모야마 사건이나 록히드 사건이나 배후에는 모두 미국이 개입하였고, 후세 다케시가 관계되어 있었다.

도쿄지검 특수부의 엘리트 가운데 미국과 관계가 깊은 인물이 또 있다. 록히드 사건 때 미국에서 촉탁으로 심문을 담당했던 홋타 쓰토무가 바로 그 사람이다. 그는 당시 주미대사관에서 1등 서기관이었다.

전 민주당 대표인 오자와 이치로와 비서들을 대상으로 한 오자와 사건(처음에 니시마쓰 건설회사 사건, 나중에 리쿠잔카이 사건)을 담당한 사쿠마 다쓰야 당시 도쿄지검 특수부장도 주미 일본대사관에 1등 서기관으로 근무한 바 있다(〈교도통신〉 2008년 7월 14일). 오자와 사건은 아직 전모를 몰라서 2012년 5월 5일 〈요미우리신문〉 기사를 인용한다.

기소 유도起訴誘導? 리쿠잔카이 수사 보고, 특수부장이 상당 부분 수정하였음. 리쿠잔카이 사건의 수사 보고서 허위 기재 문제가 논란이 되고 있다. 도쿄지검 특수부장이던 사쿠마 다쓰야 검사가 일부러 정치자금규정법 위반 혐의로 오자와 이치로 민주당 전 대표가 관여한 것을 의심했다는 부분에 밑줄을 치는 등 대폭 수정, 가필한 사실이 알려졌다.

---

6) 시모야마 사건(下山事件): 1949. 7. 일본국철 총재인 시모야마 사다노리(下山定則)가 출근 도중 실종되어 다음날 변사체로 발견된 사건이다. 여기에는 국철 직원의 대량 해고에 반대한 시모야마를 GHQ가 살해했다고 보는 타살설도 있다.

오자와 사건에서 가장 중요한 포인트는 이것이다. 2009년 3월 시작된 검찰과 언론의 격렬한 공격이 없었다면, 같은 해 9월 오자와 이치로 씨가 수상이 될 것은 거의 확실했다는 것이다. 일본 국민이 정당한 절차로 선출한 지도자를 특정한 정치적 의도를 가지고 도쿄지검 특수부가 배척하려고 했다면, 이것은 민주주의 국가의 근본을 흔드는 대사건에 해당한다.

도쿄지검 특수부가 일본 지도자를 의도적으로 배척한 악역을 맡는다는 것은 말로만 있었지 물증까지 발견되어 확실하게 입증된 것은 그때가 처음이었다. 오자와 사건의 향후 전개는 이런 중대한 음모가 숨겨져 있다.

쇼와 천황은 미일 관계에 어떻게 관여했나?

앞서 헌법 이야기를 언급했지만 제2차 세계대전 후 미일 관계를 구축하는 동안 쇼와 천황이 어떻게 관여했는지 기록할 필요가 있겠다.

일본국헌법 제1조는 천황은 일본국의 상징임을 밝히고 있다. 제4조에서 천황은 헌법에서 정하는 국사에 관한 행위만 수행하며, 국정에 관한 기능을 보유하지 않는다고 되어 있다. 나 역시 대학에서 헌법을 배웠고, 천황은 정치에 직접 관여하지 않는다고 알고 있다. 그러나 진실은 다르다. 전후사, 특히 미일 관계에서 천황은 상상 이상으로 정치에 깊숙이 관여했다.

1979년 신도 에이이치 당시 쓰쿠바대학 조교수가 미국 공문서관에서 놀랄만한 문서를 발굴하여 잡지 『세계』 4월호에 「분할된 영토」라는 논문을 발표하였다. 미국 측이 보관중인 문서란 패전 후 쇼와 천황 측근이었던 전 외교관 데라사키 히데나리[7]가 GHQ 측에 전달한 오키나와 극비문서이다. 이를 먼저 읽어보자.

> **[맥아더 원수에게 보내는 각서]** 1947년 9월 20일
>
> 천황의 고문 데라사키 히데나리가 오키나와의 장래에 관한 천황의 생각을 전하고자 미리 날짜를 정하고 방문하였다. 데라사키에 따르면 천황은 미국이 오키나와 외에 류큐 열도의 군사 점령을 계속하기를 희망한다고 말했다. 천황은 25년이나 50년, 또는 그 이상 주일미군이 있어야 한다고 본다.

깜짝 놀랄만한 일이다. 쇼와 천황이 GHQ에게 오키나와의 반영구적 군사점령을 원한다고 말한 것이다. 더욱 놀랄 일은 오키나와의 현실이 기본적으로 쇼와 천황의 발언대로 되었다는 점이다. 쇼와 천황은 전후 미일 관계를 구축하는 가운데 이토록 깊이 정치적으로 관여하고 있었다.

사람은 참 알 수 없는 존재지만 관심을 가지면 접점을 찾을 수도 있다. 최근 나는 몇 차례 신도 에이이치 교수와 만날 기회가 있었다. 신도 교수가 전후사 자체를 뒤집을 만한 천황의 메시지를 찾아낸 만큼 나는 엄청난 파장이 있었으리라 예상했다. 헌법학자와 정치학자는 물

---

[7] 데라사키 히데나리(寺崎英成): 일본 외교관으로서 1941년 워싱턴 주미 일본대사관에서 미일 전쟁을 막고자 대미 공작에 종사하였다. 전후 궁내성 통역으로 임명되어, 쇼와 천황과 맥아더 간 회견 통역을 맡거나, 천황과 미국 고관들 간에 연락책으로 활동하였다. 제6장에 나오는 데라사키 타로(寺崎太郎)의 동생이다.

론, 신문과 잡지들 역시 피 튀기는 논쟁을 하는 것이 당연했다. 당시 반응이 어땠는지 내가 신도 교수에게 물었다.

　놀라운 것은 당시 일본 신문이나 학계가 그의 발표를 완전히 묵살했다는 것이다. 불편한 진실에 아무도 반론을 제기하지 않았을 뿐더러, 마치 아무런 의미도 없는 일처럼 모른 척했다. 전후 일본의 언론이나 학계의 대응은 그와 같았다.

제2부

냉전冷戰시대의 서막과 일본의 경제성장

1950년 9월 15일, 유엔군 총사령관인 더글러스 맥아더 미 육군 원수 (사진 가운데)가 미 해군 상륙지휘함 마운트 맥킨리 호 함상에서 인천 상륙작전 상황을 지켜보고 있다. ⓒ교도통신

5
공산당의 전쟁 방파제로 일본을 이용하다

미국의 세계전략이 바뀌고 점령정책도 전환된다.
미국은 소련과의 전쟁에서 일본을 방파제로 이용한다.

미국의 대 일본 점령정책이 바뀌다

미국의 초기 일본 점령정책에서 가장 중요한 것은 "일본이 다시는 미국의 위협이 되지 않도록 한다는 것"이었다(미국의 정책문서, 「항복 후 미국의 초기 대일 방침」). 미국은 전쟁 후 일본에 매우 엄격한 경제제재 조치를 취했다. 일본이 다시는 군사대국이 되지 말아야 했던 것이다.

일본 군사력을 지탱하는 경제적 기초인 공업시설을 파괴하고 재건을 불허한다. 일본인의 생활수준은 그들이 침략한 아시아 각국의 생활수준보다 높지 않도록 한다.

그러나 일본 경제를 낮은 수준에 묶는다는 정책은 1948년 변경된다. 일본 정치가가 미국을 설득했기 때문이 아니다. 미국인이 갑자기 인도주의에 눈뜬 것도 아니었다. 미국의 세계전략이 크게 바뀌었기 때문이다. 1948년 1월 6일 미국의 케네스 로열Kenneth C. Royall 육군장관의 연설은 이 점을 분명히 밝히고 있다.

- 많은 미국 시민은 독일과 일본을 전쟁에서 이겼음에도 실망하고 있다. 점령 경비가 부담되기 때문이다.
- 점령의 첫째 목적은 일본이 다시는 미국의 위협이 되지 않도록 하는 것이다. 우리는 일본이 위협이 되지 않도록 경제발전에 여러 가지 제약을 가했다.
- 일본 경제 총규모는 1946년 들어 1930~1934의 18% 정도이다. 1947년에도 아직 전전의 40% 수준밖에 회복하지 못했다.
- 일본에서 대량생산이 재개되지 않는 한 물자 부족은 계속될 것이다.

로열 육군장관은 너무 비싼 점령 경비 때문에 일본을 경제적으로 자립시켜야 한다고 주장한다. 물론 경제적 이유만으로 점령정책의 변경을 요구한 것은 아니다. 그의 연설의 마지막 말을 참고해보자.

일본 점령은 장래 극동지역에서 일어날 전체주의와의 전쟁에서 일본이 기여할 수 있도록 자급자족의 민주주의를 만드는 것이 목적이다.

쉽게 말하면 미국은 장차 동아시아에서 소련과 맞붙게 될 경우를 생각하여 일본을 방파제로 이용하고자 했다. 이를 위하여 일본 경제를 적어도 자급자족이 가능한 수준으로 끌어올릴 필요가 있다는 것이다. 냉전 하 소련과의 전쟁에서 일본을 방파제로 사용한다는 생각이었다.

미국은 세계전략에서 각국을 어떻게 활용할지 끊임없이 생각한다. 미국의 세계전략이 바뀌면 장기의 말馬처럼 일본의 역할 또한 크게 바뀐다. 1948년도 그런 상황이었다. 당시 국제정세를 살펴보자.

제2차 세계대전에서 미국의 적은 일본과 독일이었다. 미국은 전후 세계전략을 고려하여 전쟁 최종 국면에서 일본과 독일을 철저히 파괴한다. 1946년 일본 경제는 1930~1934의 18% 수준에 머물렀으니 얼마나 처참하게 파괴되었는지 상상이 간다. 제2차 세계대전이 끝나자, 미국은 점령 기간 중에 일본과 독일이 다시 군국화되지 않도록 조치한 것이다.

미국 - 소련 관계 악화는 일본의 희망?

1948년 1월 미국 로열 육군장관은 연설 가운데 장차 소련과의 전쟁에 대비하여 일본을 이용한다는 생각이 있음을 밝혔다. 그러나 이 연설 훨씬 전부터 미소 간 냉전이 시작되었고 이것이 일본인들에게 큰 영향을 미칠 것이라고 예상한 인물이 있었는데, 그가 바로 기시 노부스케이다. 나중에 수상이 된 그는 '쇼와시대의 요괴妖怪'라는 별명이 있었다.

기시는 1920년 농상무성에 들어간 뒤 1936년 만주국으로 건너갔고, 그 후 여러 요직을 거친 다음 1941년 도조 내각에서 상공대신이 되었다. 미일 전쟁이 발발한 때는 각료로서 전시 물자동원을 책임지기도 했다. 1945년 9월 11일 A급 전범으로 체포되어 스가모 형무소에 갇혔던 그의 옥중 서신을 살펴보자.

> 냉전은 스가모에 있던 우리에게 유일한 희망이었다. 미·소관계가 악화되기만 하면 처형당하지 않고 나갈 수 있다고 생각했다.(『기시 노부스케 증언록岸信介証言錄』)

쇼와시대의 '요괴'라고 불린 것만으로도 기시는 대단한 인물임이 틀림없다. 당시 일본인 가운데 옥중 죄인은 물론이고, 일반시민 가운데도 그 무렵 냉전이 시작될 줄 알았던 사람은 전혀 없었다. 기시는 냉전이 시작되어 미국이 일본을 구제해줄 것이라고 정확히 판단했다. 기시는 스가모 형무소에서 쓴 1946년 8월 10일자 「옥중일기」에서 다음과 같이 말하고 있다.

> 파리 강화회의에서 소련 외상 몰로토프와 미국 국무장관 번즈 두 사람의 대립은 연설 첫마디부터 상호 비난으로 시작되었다. 소련 기관지 〈프라우다〉는 "번즈의 도전"이라는 제목을 붙여서 한 페이지 온통 번역문을 게재하여 국민의 이목을 끌었다. 소련은 평화회의를 일부러 질질 끌면서 그동안 발칸반도나 지중해 쪽에 세력을 확대하려는 계획을 세우고 있었다. 하루빨리 평화적인 국제관계를 수립하고자 하던 미국이나 영국과는 완전히 대립관계에 빠져들었다.(위의 책)

기시는 냉전의 시작을 일찌감치 1946년 8월에 명확히 인식하고 있었다. 과연 오늘날 일본 정치가 가운데 러시아 〈프라우다〉지에서 뭐라고 쓰는지 관심 있는 사람이 있을까? 기시는 옥중에 있으면서도 당시 국제정세를 낱낱이 파악하고 있었다. 미국이나 영국이 평화를 바라고 있던 점이나, 소련이 틈새를 노리고 발칸반도에 진출하려는 의도까지 정확히 알고 있었다.

냉전은 어떻게 시작되었을까? 패전 후 미국, 영국, 소련은 서로 세력권을 어떻게 정할 것인가를 놓고 격렬하게 대립했다. 소련은 피점령국인 폴란드, 체코슬로바키아, 헝가리, 루마니아, 불가리아, 알바니아 등에 차례차례 공산당 정권을 수립한다. 이에 서방국가가 크게 반발한다. 이런 과정에서 냉전이 시작되었다.

냉전을 둘러싼 서방 진영 정상들은 연이어 성명문을 발표한다. 대표적인 것이 다음 세 가지다. 일반적으로 냉전은 ② 트루먼 독트린 발표(1947. 3)나 ③ 마셜 플랜 발표(1947. 6) 시점에서 시작되었다고 하지만, 기시는 ① 철의 장막 연설(1946. 3)의 약 3개월 전부터 이미 냉전의 시작을 인식하고 있었다.

① 철의 장막 연설: 1946년 3월. 영국의 전 수상 처칠의 연설. 공산주의 세력에 의하여 발트 해에 있는 슈체친에서 아드리아 해에 있는 트리에스테까지 대륙을 횡단하는 철의 장막이 드리워지고 있다는 경고를 내렸다.

② 트루먼 독트린 발표: 1947년 3월. 트루먼 대통령이 발표한 성명. 내용은 공산주의 세력과 싸우는 그리스와 터키 양국 정부를 지원하는 것이다. 트루먼 대통령은 "공산당의 폭정에 대한 미국의 대답은 이렇다. 어느 나

라를 침략하든지 직·간접적으로 평화를 위협할 경우 미국 국방을 위협한다고 선언한다."(『트루먼 회고록』)

③ 마셜플랜[1] 발표: 1947년 6월. 마셜 국무장관의 발표. 미국이 유럽에 대규모 부흥 원조를 제공할 용의가 있음을 언급하였다. 이에 서구 각국이 참가했으나 폴란드나 체코 등 동유럽 국가는 불참하였다. 동서대립이 선명해졌다. 동유럽 각국은 소련을 중심으로 1949년 코메콘(경제상호원조회의)을 설립하였다.

독자들은 대부분 발트 해에 있는 슈체친이나 아드리아 해에 있는 트리에스테의 정확한 위치를 잘 모를 것이다. 하지만 슈체친에서 트리에스테까지 미소 간 세력 경계선이 그어지고, 그리스와 터키를 둘러싼 동서 진영이 갈등하게 된 것이 일본의 점령체제를 바꾸어 놓았다.[2] 일본과 관계없는 듯한 머나먼 사건이 일본 정치에 직접적인 영향을 미친 것이다. 기시 노부스케는 그것을 정확히 파악했다.

미국이 가장 중요하게 여긴 세계전략의 목적 또한 바뀌었다. 일본과 독일이 두 번 다시 일어서지 못하도록 억압하던 노선을 전환하여 소련과 대항하는 노선으로 갈아탔다. 일본에 대한 미국의 대우 역시 크게 달라졌다.

---

1) 마셜플랜(Marshall Plan): 제2차 세계대전 후 1947년부터 1951년까지 미국이 서유럽 16개국에 지원한 대외원조계획. 당시 미국 국무장관 마셜이 제창한 것으로 공산주의에 대항하기 위하여 서유럽 각국의 경제 부흥을 위한 지원 계획이었다.
2) 대륙 세력인 러시아, 중국이 미국, 영국이라는 해양 세력과 세계 패권을 놓고 갈등할 때에는 유라시아 대륙의 경계 지역에 해당하는 발트 해, 지중해, 동해 등지에서 헤게모니 쟁탈전이 일어난다는 것이 저자의 시각이다 – 역주.

공산주의에 대항하는 이데올로기 방파제

미군점령기 일본은 어떤 길을 걸었는가? 이를 정확히 이해하려면 대체 냉전은 무엇이고, 일본의 역할은 또 무엇이었나를 알아야 한다. 냉전기 미국 국방장관이나 대통령은 일제히 반공의 보루로서 일본 공업력을 이용해야 한다고 주장한다. 당시 세계 정세를 보면, 가장 위험하고 부담되는 지역이 바로 서독과 일본이었다. 이 두 지역을 공산주의로부터 보호하고 충분히 활용할 필요가 있었다.(소련 연구 전문가로 냉전기 미국의 외교정책을 수립한 조지 케넌George Frost Kennan의 발언).

> 국방성 초대장관인 제임스 포레스탈James V. Forrestal은 소련에 대항하려면 구 적국을 포함해서 모든 리더들이 가진 방법을 최대한 활용할 필요가 있다고 말한다. 일본과 독일에게 한 번 더 임무를 맡겨야 한다는 것이다. (…) 후버 전前 대통령은 1947년 5월, 일본이나 독일이야말로 서구문명의 최전선이고, 일본은 공산주의 행진에 대항하는 진정한 이데올로기 방파제라고 역설하였다. (이시이 오사무, 『냉전과 미일 관계冷戰と日米関係』)

1948년 3월 독일과 일본의 점령정책 책임자인 윌리엄 드레이퍼William Henry Draper 육군차관이 일본을 방문한다. 주목할 점은 맥아더가 비행장까지 마중나갔다는 것이다. 워싱턴에서 온 미국인을 맥아더가 맞이하러 간 것은 그때가 처음이었다.

드레이퍼는 당시 일본 경제를 일컬어 사체처리장이라는 극한 표현을 썼다. 일본 경제는 1946년 들어 1930~1934년의 18% 수준으로 추락했고, 1947년에는 40% 수준에 그쳤으니 그럴 만도 했다. 드레이퍼 차관은 4월 26일 일본 산업에 대한 가혹한 정책을 완화하도록 포레스탈James V. Forrestal 육군장관에게 권고한다.

1946년 10월 미국의 국가안보회의가 만든 「미국의 대일정책에 관한 권고NSC13-2」라는 정책문서가 승인됨으로써 일본 경제를 부흥시킨다는 방침이 정식으로 결정되었다. 트루먼 대통령은 디트로이트 은행 총재인 조셉 닷지Joseph Dodge를 워싱턴에 불러들여 일본 경제의 부흥을 요청한다. 그리하여 닷지는 일본으로 와 곧바로 일본 경제 부흥에 착수한다. 미국의 점령정책이 크게 바뀐 것이다.

점령 초기에 미국의 대일정책은 군사력과 경제 해체 및 민주화 촉진이었다. 그러나 소련에 대항하면서부터 일본의 경제력과 공업력을 이용하는 것이 미국에게 이익이라는 판단으로 갑자기 전략을 180도 전환하게 된다. 굉장히 신속한 변화에 감탄할 수밖에 없다. 전략이 변경되자 대일정책 또한 크게 달라진 것이다. 따라서 일본은 미국의 전략이 어떻게 바뀌는지 끊임없이 관심을 쏟을 수밖에 없었다.

미국의 급격한 노선 전환은 그때까지 일본에 군림해 온 맥아더의 점령정책을 완전히 부정하는 것이었다. 당연히 맥아더와 트루먼 대통령, 그리고 국방성 간에 갈등이 일어났다. 결국, 한국전쟁을 둘러싼 갈등이 심해지자 맥아더는 최고사령관에서 해임된다.

미국이 노선 변경한 대상은 정책만이 아니었다. 사람을 다루는 방식도 크게 바뀌어 과거 전범戰犯으로 수감된 사람들이 소련과 대항하기 위해 필요해지기 시작했다. 전범들이 석방되어 차례로 정계에 복귀했다. 기시 노부스케가 옥중에서 예상한 일이 그대로 벌어진 것이다.

한국전쟁 발발로 일본 군사력이 부활하다

맥아더는 연합국 최고사령관으로서 일본에 군림했다. 일본의 군사력 해체가 그의 목표였기 때문에 일본의 군사력 부활은 처음부터 고려 대상이 아니었다. 제2차 세계대전 후 미국의 안보정책에 커다란 영향을 미친 조지 케넌은 다음과 같이 말한다.

> 맥아더 원수는 1948년 일본 열도에 영구적이거나 장기적인 미군주둔은 미일 양국에 필요하지 않다고 보았다. 유엔과 미국의 호의와 보호 아래 비무장·중립 상태를 항구적으로 두는 것을 목표로 했다. (…) 당시 맥아더 원수는 만일 소련과 합의하에 일본의 비무장·중립을 유지한다면, 소련이 일본을 공격할 가능성은 없다고 생각했다. 일본이 소련 아닌 다른 나라로부터 침공을 받을 일은 상상조차 하기 어려웠다.(『미국 외교의 기본방침ア メリカ外交の基本問題』)

냉전이 없었다면, 적어도 한국전쟁만 일어나지 않았다면 미군은 점령 초기에 일본에서 철수했을 것이다. 미국의 안보를 다루는 가장 중요한 기관인 국가안보회의는 1950년 4월, 「국가안전보장회의 보고서 68」이라는 문서를 작성하는데 그 내용은 다음과 같다.

- 소련과 전쟁이 일어날 가능성이 있다.
- 소련의 유라시아 대륙 지배를 허용해서는 안 된다.
- 비소련권 국가를 친미 국가로 만들고 경제적·정치적 안정과 군사 능력

을 강화시킨다. 미국의 안전보장에 공헌하도록 한다.

- 미국과 다른 자유주의 국가가 협조하여 경제력·군사력을 강화시킬 필요가 있다.

미국은 소련을 적으로 간주하고 일본과의 협력을 결정했다. 점령 초기 정책은 일본이 두 번 다시 미국의 위협이 되지 않도록 하고, 징벌적인 태도를 관철시킨다는 것이었다. 그러나 냉전 이후, 일본의 역할은 경제적·정치적으로 안정을 되찾고 군사력을 강화시켜 미국의 안전보장에 공헌하는 것으로 변화되었다. 미국의 대일정책을 이렇게 완전히 바꾼 데는 한국전쟁이 결정적인 역할을 했다.

1950년 6월 25일 오전 4시, 38도선에서 북한군의 폭격이 시작되었다. 30분 후에는 약 10만 명의 북한군이 38도선을 넘어서 한국을 공격하였다. 서울은 눈 깜짝할 새 함락되었고, 미처 대책을 마련하지 못한 한국군은 남으로 남으로 후퇴하여 결국 부산까지 내몰리게 된다.

재빠르게 유엔군이 결성되었다. 1951년 1월 20일 유엔군은 평양을 점령하였고 5일 뒤에는 중국과 국경인 압록강 부근까지 반격한다. 그런 가운데 중국이 북한에 인민의용군을 파견한다. 양국 군대 간 공방이 이어지면서, 1953년 7월 27일 판문점에서 휴전협정이 조인되고, 38도선이 군사분계선으로 확정된다.

『브리태니카 대백과사전』의 기록에 따르면 한국전쟁 희생자는 유엔 측이 17만2천 명, 공산군이 142만 명에 달한다. 가장 비참한 일은 일반시민의 대량 희생이었다. 일설에 의하면, 한국전쟁의 사망자는 400~500만 명으로 추산되며 대다수가 일반시민이라는 것이다.

왜 북한은 이런 바보 같은 전쟁을 시작했을까? 가장 큰 이유는 그때야말로 북한이 한국을 제압할 절호의 기회라는 판단 때문이었다. 북한의 이런 목적은 전쟁 초기에 거의 달성된 것이나 다름없었다. 그러나 북한의 이런 생각에도 문제가 있었는데, 미국의 개입을 의식하지 않았던 것이다. 북한은 미국이 반격하지 않을 것으로 확신했던 것일까? 아니면 다른 믿는 구석이 있었던 것일까?

북한이나 동맹국인 소련이 최고의 스파이 조직을 동원해 미국의 비밀 정보를 수집했다고 가정해 보자. 한국전쟁 전이라면 필시 미국의 전쟁 개입은 없다고 판단했을 것이다. 미국 국가안보회의는 1949년 12월 한국 철수를 결정했다. 이 문서를 입수한 소련 스파이가 미국 참전은 없다고 스탈린에게 보고했을 가능성이 높다. 더군다나 1950년 1월 미국의 딘 애치슨 국무장관[3]은 다음과 같은 연설을 한다.

> 미국의 방위라인은 알류산 열도에서 일본 열도와 오키나와를 거쳐 필리핀에 이른다. 이것을 넘으면 미국은 무력으로 저지할 것이다.

미 국무장관이 자국의 방위라인을 구체적으로 명시한 이 연설에 따르면 한반도는 그 안에 포함되지 않는다. 소련이나 북한이 한국을 공격해도 미군은 움직이지 않을 거라는 북한의 판단은 무리가 아니었다.

---

3) 딘 애치슨(Dean Acheson): 1893-1971. 미국의 국무장관으로 전후 미국의 외교정책을 수행하는 데 결정적인 역할을 하였다. "애치슨 라인"을 발표함으로써 북한의 남침을 유발했다는 비판도 있다.

미국의 의도를 정확히 알기는 매우 어렵다. 어제까지 맞았던 생각이 오늘 틀리기도 하기 때문이다. 내가 근무했던 이라크의 경우도 그랬다. 1980년부터 1988년까지 계속된 이란·이라크전쟁에서 미국은 사담 후세인을 지원했다.

1990년 8월 이라크는 쿠웨이트를 공격한다. 사담 후세인은 쿠웨이트를 공격하기 직전, 이라크 주재 미국대사인 에이프릴 글래스비를 불러 쿠웨이트 침공을 암시한다. 이때 글래스비 대사는 "내 임무는 양국 간 관계를 발전시키는 것이다. 아랍 사회의 분쟁은 아랍 사회 내에서 처리했으면 한다."라고 이야기했다. 사담 후세인은 이것을 미국의 OK 사인으로 오해해 버렸다. 과연 글래스비 대사가 독단적으로 그런 말을 한 것일까? 그렇지 않다.

당시, 미군 통합참모본부 의장 콜린 파웰의 『나의 미국 여정: 콜린 파웰 자서전My American Journey』을 보면, 쿠웨이트가 침공된 시점에서조차 미국은 군사개입 여부를 결정하지 못했다. 그러다가 이라크군이 사우디아라비아 국경에 접근하자, 미국은 비로소 사우디아라비아를 방위할 필요성을 느꼈고 이라크를 제압하기로 결정한다. 한국전쟁을 도발했던 북한과 마찬가지로, 이라크 역시 미국이 전쟁에 개입하지 않으리라는 잘못된 판단을 한 것이다. 결국 사담 후세인은 2003년 이라크전쟁에서 체포되어 3년 후 처형되었다.

영국 외교관으로서 20년 근무한 뒤 저명한 역사학자가 된, E.H.카[4]

---

4) 카(E.H.Carr): 1892-1982. 영국의 외교관이자 국제정치학자. 제2차 세계대전 당시 정보성 외교부장이며 진보적인 학자였다. 『역사란 무엇인가』와 현실주의 이론의 기초가

는 『역사란 무엇인가』에서 "역사는 현재와 과거와의 대화"라고 말한다. 이 책의 일본어판 번역자인 시미즈 이쿠타로는 "역사는 과거 문제가 아니고, 우리들이 살아가는 현재 시점에서 중요한 것이다."라고 의역했다. 즉, 역사란 과거를 알기 위하여 배우는 것이 아니라 현재 일어나고 있는 문제를 이해하기 위하여 배운다는 말이다. 이 책 또한 마찬가지로, 역사가 오늘에 던지는 교훈을 배우는 것이 목적이다.

걸프전쟁과 이라크전쟁에서 배운 이라크인과 이란인의 지혜를 사례로서 소개하고자 한다. 2010년 10월, 위키리크스[5]가 세계 각지의 미국 대사관과 미 국무성의 기밀 외교문서를 대량으로 공개했다. 이 가운데 2008년 3월 18일 주일 미국 대사관이 국무성에 보낸 전보가 있다. 내용은 주일 이란대사가 주일 이라크대사를 방문했을 때의 회담으로 이를 이라크대사가 미국에 전한 것이다.

미리 배경설명을 하자면, 당시 이란은 원자력 개발을 서두르고 있었고 미국은 이를 저지하고자 했다. 핵무기 개발로 이어질 가능성이 있기 때문이다. 가장 중요한 포인트는 최종적으로 미국이 이란에 군사력을 행사할 것인지 여부였다. 주일 이란대사와 주일 이라크대사가 도쿄에서 나눈 대화를 살펴보자.

· 이란대사: "미국이 이란을 공격하지 않을 것은 누구나 알고 있는 사실이다."

된 『20년의 위기』 등 걸작을 남겼다.
5) 위키리크스(Wikileaks): 정부나 기업 등 비윤리적인 행위와 관련된 비밀문서를 폭로하는 웹사이트다. 이라크전쟁에 관련된 미국 기밀문서를 밝혀내는 등 큰 파문을 일으켰다. 2006년 12월, 해커 출신인 줄리안 어샌지(Julian Assange)가 설립하였다.

· 이라크대사: "섣불리 그런 결론을 내리면 심각한 잘못으로 이어지기 십상이다. 다른 나라의 정책을 정확히 알 수는 없다. 알았다고 해도 사건이 터지고 인식이 바뀌면 정책은 갑자기 바뀔 수 있다. 미국은 이란을 결코 공격하지 않는다는 전제로 정책을 세우는 것은 잘못이다. 사담 후세인도 그렇게 해서 미국에 치명적인 실수를 범했다. 이란이 같은 실수를 반복해서는 안 된다."

이라크대사는 두 차례 미국과 전쟁을 치르며 귀중한 사실을 배웠다. 그러나 이란대사는 상황 파악이 잘 안된 듯 미국이 이란을 공격하지 않는다는 낙관적인 의견을 늘어놓았다. 그러나 내가 개인적으로도 잘 아는 그 이란대사는 굉장히 지성적인 외교관이다. 왜 그런 생각을 했는지 그 배경이 궁금해진다.

사정은 아마도 이럴 것이다. 이란이 국가방침으로 원자력 개발을 추진하고 있으나 미국은 군사공격을 암시하면서 그것을 중지하도록 압력을 넣는다. 그런 때에 이란대사가 본국에 미국의 군사공격 가능성이 있다고 보고한다. 그러면 이런 대답이 돌아온다. "뭐야 이 사람 말은 원자력 개발을 중지하라는 것이 아닌가? 본국 방침에 거스를 생각인가?"라고 힐난을 받는다. 최악의 경우 파면될 수도 있다. 자기 입으로는 말하지 못하는 것이다.

이라크대사는 미국이 이란을 군사적으로 공격할 것이라고 말한다. 이런 경우, 만에 하나 정확한 정보일지 모른다는 형태로 경고하는 것이 안전하다. 따라서 이란대사는 미국이 군사공격을 하지 않을 것이라는 발언으로 이라크대사의 반론을 유도한다. 그리고 이라크대사의 반론을 본국에 보고했을 것이 틀림없다. 외교관은 종종 이런 식으로 본국에 진언한다.

다시 한국전쟁 이야기로 돌아가자. 한국전쟁이 발발하자 미국의 대일정책은 근본적으로 바뀌었다. "일본 경제를 자립시켜야 한다. 군대도 만들어야 한다. 경제, 군사 면에서 우수 인력이 필요하다. 추방된 사람들을 일본 사회에 복귀시켜야 한다, 등등…." 미국의 대일정책은 180도 바뀌었다. 정리하면 다음과 같다.

- 일본에 상당한 자치권을 부여한다.
- 일본의 강화조약 체결을 촉진한다.
- 일본의 생산 능력을 더욱 활용한다.
- 일본이 국제기관에 가입하도록 지원한다. (『트루먼 회고록』)

점령기 시절 일본이 진심으로 바란 일들이 아닌가? 당시엔 일본 정치가나 외교관이 제아무리 호소하고 통사정해도 절대로 실현될 수 없던 일이, 국제정세가 바뀜에 따라 하루아침에 현실화된 것이다. 어떻게 변화를 파악하여 자국의 이익으로 전환시킬 것인지가 중요한 문제다.

제2차 세계대전으로 일본은 경제적으로 엄청난 타격을 입었다. 도쿄나 오사카 등 많은 대도시가 공습으로 파괴되었다. 생산재, 소비재, 교통인프라 등 모두 다 합치면 피해 규모는 전체 경제 규모의 25.4%에 달한다.(대장성 조사과 편,『각서 패전재정총람覚書終戦財政始末』)

특히 식료품 사정이 심각했다. 1946년 쌀 배급은 1일 1인당 1홉이었고, 1946~1947 수입품 가운데 식료품이 차지하는 비율은 55~56%

였다. 식료품이 국민들에게 충분히 전달된 것은 1950년부터다. 이런 가운데 한국전쟁이 일어났고, 미군은 전시물자와 서비스를 일본에서 조달하려고 했다. 한국전쟁 특수朝鮮特需(한국전쟁 시 발생한 특별 수요)가 당시 일본 외화수입에서 얼마나 차지했는지 통계로 알아보자.

[표2] 연도별 한국전쟁 특수 수입

연 도	입금 (단위:100만 달러)	외화수입 중 한국전쟁 특수 비율
1950	148	14.8%
1951	591	26.4%
1952	824	36.8%
1953	809	38.1%

출처: 외무성 조사보고서, 「1955년의 한국전쟁 특수 개요(昭和三十年의 特需의 槪況)」

한국전쟁 특수 덕택으로, 1950년 10월 일본의 광공업 생산은 전전을 훌쩍 뛰어넘는다. 전쟁은 국가재정에 큰 부담을 안겨주지만 전쟁으로 큰돈을 버는 부류도 있다. 1961년 1월 17일 아이젠하워 대통령은 군산복합체[6] 위협에 경종을 울리는 유명한 퇴임 연설을 했다.

군산복합체의 부당한 영향력을 배제해야 한다. 잘못된 권력이 비극으로 끝날 가능성은 현재는 물론 미래에도 상존한다.

---

6) 군산복합체(Military-Industrial Complex): 군부와 방위산업체들이 상호 유착되어 전쟁을 지속시키는 시스템을 형성하면서 이익을 추구하는 체제를 말한다. 주로 미국의 경우를 가리키며, 세계분쟁 배후에는 군산복합체가 개입되어 있다고 알려져 있다.

세계는 가공할 만한 공포나 증오의 사회가 아닌, 상호 신뢰와 존경에 근거한 자부심 넘치는 동맹이어야 한다. 그것은 대등한 국가 간 동맹이다. 가장 약한 자가 도덕적·경제적·군사적인 힘에 의해 지켜지고 동등한 자신감을 가지고 대화 테이블에 앉아야 한다.

아이젠하워 대통령은 군인 출신으로 전쟁의 비참함을 누구보다 가장 잘 알고 있는 사람이다. 그의 연설문을 읽으면 전쟁을 피할 방법을 신중히 생각하고 있음을 알 수 있다. 위대한 정치가의 모습이 그렇지 않을까 생각한다.

2001년 이후 미국은 테러와의 전쟁을 부르짖으며 공포와 증오를 키우고 불필요한 전쟁에 돌입했다. 현재의 미국은 아이젠하워 대통령의 진지한 충고에서 한참이나 멀리 떨어져 있다.

맥아더 해임과 점령정책의 전환

점령기 미군의 의도는 맥아더의 생각을 살펴보는 것이 제일 빠르다. 맥아더는 일본 점령을 서둘러 끝낼 생각이었던 한편, 일본 재군비는 적극 반대했다. 1947년 3월 17일 기자회견에서 그는 다음과 같이 말한다.

일본 군사점령을 서둘러 끝내고 평화조약을 맺어 연합군 총사령부를 해체해야 한다. (…) 제1단계, 비군사화는 이미 종료되었다. 제2단계, 정치에서 GHQ 지배는 끝나가고 있다. 제3단계, 경제는 점령군이 처리할 수 없는 문

제다.(《아사히신문》 3월 18일)

점령군의 본래 목적은 달성되었다. 그러나 냉전이 시작되면서 일본에게 새로운 임무가 주어진다. 첫째 주일미군 기지를 계속 유지할 것과, 둘째 재무장을 통해 미국의 세계전략의 일부를 담당하는 것이다. 첫째 문제는 미군이 점령을 연장하면 되는 이야기다. 일본과 협의할 필요가 없다. 일본과 협의할 문제는 두 번째 임무인 재군비 관련이다. 그런데 냉전이 시작되었다고 해서 일본이나 점령군이 일본 재군비에 바로 찬성할 수 있었을까?

원래 점령군의 가장 큰 목표는 일본의 비군사화였다. 이를 가장 중시하던 맥아더가 재군비에 찬성할 리가 없었다. 따라서 일본 재군비에 찬성하는 트루먼 대통령 및 군부 vs 맥아더의 갈등이 시작되었다.

1948년 3월 재군비를 요구하는 드레이퍼 육군차관이 점령정책을 전환시키고자 맥아더를 방문한다. 맥아더는 연합국 최고사령관의 지침에 반한다며 일본 재군비를 반대했다. 일단은 맥아더의 승리였다. 그러나 미 군부는 계획을 포기하지 않았고, 결국 1949년 3월 1일 일본 방위를 위한 미국의 부담을 줄이고자 일본의 군대 창설이 바람직하다는 결론을 내린다.(《통합참모본부 각서》)

1950년 6월 한국전쟁이 발발했다. 그리고 트루먼 대통령 + 군부 vs 맥아더의 대결 또한 결판이 났다. 일본의 바로 이웃인 한반도에서 공산주의의 위협이 현실이 된 것이다. 미국이 보기에 일본의 군사력 강화는 필연적인 귀결이었다. 한국전쟁 발발 후 13일째 되던 1950년 7월 8일, 맥아더는 요시다 수상에게 다음과 같은 편지를 보낸다.

일본 정부에 정부 직속 국가경찰 예비대 7만5천 명과 해상보안청 요원 8천 명을 증원할 권한을 부여한다.

국가경찰 예비대는 훗날 자위대로 거듭난다. 줄기차게 일본 재군비를 반대했던 맥아더조차 결국엔 재군비를 받아들인 것이다. 7만5천 명은 한국전쟁에 출동한 주일미군 숫자에 버금갔다.

1951년 1월 25일, 미 국무성 정책고문인 존 덜레스[7]가 일본에 와서, 강화조약을 위한 미일 교섭을 시작한다. 일본은 재군비에 소극적이었다. 일본 측 보고서로 〈D작전 개정판〉이라는 것이 있는데 대략 다음과 같은 내용이다.

만일 미국의 요구대로 재군비를 강행하면 일본 경제는 과부하가 걸려서 붕괴할 것이고 민생 또한 빈궁해질 것이다. 공산 진영이 절호의 기회로 노리는 사회불안이 조성될 것이다.

1951년 1월 29일, 요시다 수상은 미쓰이회관을 방문하여 덜레스와 회담을 나눈다. 요시다 수상은 "일본은 독립을 회복한 뒤에 자유주의 안정과 평화를 위하여 응분의 협력을 할 생각이다."라고 말한다. 이에 대해 덜레스는 이렇게 반문한다.

---

7) 존 포스터 덜레스(John Foster Dulles): 미국 국무성 고문으로 샌프란시스코 강화조약과 미일 안보조약을 기획하였다. 1950년대 내내 미일 교섭 시 강경한 요구로 일본 측을 난처하게 만들었다.

이제 자유주의의 일원이 된 만큼 일본은 자유주의 강화를 위하여 공헌할 생각이 있는가?

요시다 수상이 재군비는 일본 경제 자립을 불가능하게 할 뿐이라고 대답하자 덜레스는 매우 불쾌한 표정을 짓는다. 두 사람은 회담에서 결론을 내지 못한 채, 함께 맥아더를 방문한다. 요시다는 맥아더를 붙들고 통사정에 가까운 호소를 했다. "덜레스 대사로부터 매우 곤란한 요구를 받아 무척이나 고민스럽다." 맥아더는 미소를 지으며 덜레스 쪽을 보더니 다음과 같이 말했다.

자유세계가 오늘날 일본에 요구하는 것은 군사력이 아니다. 생산력을 충분히 가동하여, 자유세계의 힘을 키우는 데 활용해야 한다."(니시무라 구마오, 『일본 외교사 27: 샌프란시스코 강화조약日本外交史27: サンフランシスコ平和条約』)

맥아더는 원래 일본 재군비에 반대했던 사람이다. 미군 점령기 일본에서는 맥아더의 발언권이 덜레스보다 훨씬 강했다. 일본 재군비를 둘러싼 미일 마찰은 이렇게 해서 일단락된다. 요시다 수상이 델레스에게 저항할 수 있었던 것은 맥아더가 있었기 때문이다. 보좌역인 윌로비 또한 그를 지지해 주었다.

그러던 차 한국전쟁에 대한 의견 충돌이 벌어졌고, 트루먼 대통령이 맥아더를 해임했다. 동시에 윌로비도 은퇴했다. 설마 했던 일이 일어난 것이다. 그 결과, 요시다 수상은 순식간에 든든한 후원자를 한꺼번에 잃어버렸다. 맥아더는 1951년 4월 11일 해임되었다. 이는 또한 맥아더가 추진한 비군사화, 전범 처리, 민주화 최우선을 축으로 하는 일본 점령정책의 종결을 의미하기도 했다.

새로 연합군 총사령관이 된 매튜 리지웨이[8]는 정치가나 장교들에게 내려진 공직 추방령을 완화하여 25만 명 이상을 추방에서 해제하였다. 하토야마 이치로나 이시바시 단잔, 기시 노부스케와 같은 거물 정치가들이 정치적으로 복권되었다. 1952년 10월 점령이 끝난 뒤, 첫 총선거에서 중의원 의석 42%는 추방 해제자들이 차지했다.

---

8) 매튜 리지웨이(Mattew Ridgway): 1895-1993. 미국 육군 출신. 맥아더 후임으로 GHQ 제2대 총사령관으로 부임함. 한국전쟁에서 중공군을 북쪽으로 밀어내고, 곤경에 처한 유엔군을 구출해낸 장본인으로 유명하다.

6
불평등한 강화조약과 미일 안보조약

샌프란시스코 오페라하우스에서 강화조약이, 미국육군 제6군 기지 내 하사관클럽에서
미일 안보조약이 조인된 이래 대미 추종노선은 더욱 확고해졌다.

의혹 속에 성급히 마무리된 미일 안보조약

맥아더가 해임되고 나서 5개월 뒤인 1951년 9월 8일, 일본은 샌프란시스코에서 전쟁 상태를 끝내는 강화조약(평화조약)과 미일 안보조약[1]을 각각 체결한다. 이 두 개의 조약은 전후 일본의 기초가 된다. 그러나 조인 시 두 조약을 진행하는 미국의 입장은 놀랄 만큼 달랐다. 강화조약은 샌프란시스코의 화려한 오페라하우스에서 48개국의 대표가 모여

---

1) 미일 안보조약: 1951년 9월 8일 조인되어 다음해 4월 28일 발효된다. 일본 전국에 미군 기지를 자유롭게 사용할 수 있으나 미국은 일본을 방위할 의무가 없는 대단히 불평등한 조약이었다. 1960년 기시 정권에서 개정되지만 형식상 개정이 아니라 새로운 조약체결이어서 양자를 구별할 때에는 구(舊) 안보조약, 신(新) 안보조약이라고도 한다.

체결된 반면 미일 안보조약은 뜻밖의 장소에서 성급히 처리되었다.

미일 안보조약에서 미국 측 서명자는 애치슨 국무장관, 덜레스 국무성고문, 와일리 상원의원, 브릿지스 상원의원으로 총 4명이었다. 그러나 일본 측은 요시다 수상 한 명뿐이었다. 미국의 서명자가 네 명인데 반해 일본은 겨우 한 명이라니, 이런 불균형은 외교가에서 있을 수 없는 일이다.

더욱 이상한 일이 있었다. 미일 안보조약을 서명한 장소는 거의 최근까지 알려지지 않았는데, 샌프란시스코 외곽의 미국육군 제6군 기지 내에 있는 하사관클럽으로 밝혀졌다. 제6군은 필리핀 등에서 일본군과 싸운 뒤 전후 일본을 점령한 군대이다. 게다가 군대에서는 신분 격차가 엄격하다. 사관과 하사관 사이는 천양지차다. 미일 안보조약 조인식이 점령군 기지 내의 하사관클럽에서 이루어졌다는 것은 정말 이상한 일이다.

일본 역사가로 이런 문제점을 지적한 사람은 학자 중엔 아무도 없었다. 반면 외교관 중에 한 명 있었는데, 그는 바로 제2차 세계대전 이전에 외무성 미주국장을 역임했고 1946년 외무차관이 된 데라사키 타로이다.

> 인상적인 것은 안보조약의 조인 장소가 (강화조약과) 같은 샌프란시스코에서, 그러나 화려한 오페라하우스가 아닌 미군 제6군 사령부 하사관클럽이었다는 사실이다. 너무나 인상적이지 않은가? 하사관클럽에서 안보조약에 서명한 것은 요시다 일행과 일본 국민에게 패전국의 처량한 신세를 느끼게 하려는 의도는 아닐까. (『데라사키 타로 외교자서전寺崎太郎外交自伝』)

미일 안보조약 체결의 이해하기 힘든 과정을 통하여 새로 형성된 미일 관계를 어떻게 봐야 할까? 나는 데라사키 타로의 글을 보고 깜짝 놀랐다. 그의 문장은 다소 과격했다.

> 잘 알려져 있는 것처럼 일본이 편입된 샌프란시스코 체제는 강화조약→안보조약→행정협정 순으로 만들어졌다. 그러나 진정한 의미에서는 그 순서가 거꾸로 이루어진 것이나 다름없다. 미일행정협정[2]을 위한 안보조약이었고, 안보조약을 위한 평화조약에 지나지 않는다는 것은 오늘날까지 분명한 사실이다. (…) 즉 당초 목적은 맨 나중의 행정협정에 초점이 맞추어져 있었다.

구 안보조약에서 가장 큰 문제점은 무엇이었나? 구 안보조약의 최대 문제는 주일미군 주둔에 대한 협약이 전혀 없었다는 것이다. 조약은 국회심의나 비준을 필요로 하는데 비해 정부간 협정에서는 불필요한 일이다. 귀찮은 내용은 종종 행정협정에 집어넣어 버리는 관행이 있다. 〈미일 안보협정 수정안에 대한 일본 정부의 의견〉이라는 외무성의 대미 극비문서(1951년 6월 30일)에는 다음과 같이 적혀 있다.

---

[2] 미일행정협정: 미일 안보조약에 근거하여 주둔중인 재일 미군과 미군 병사의 기타 법적 지위를 정한 협정. 1952년 2월 28일 조인했고, 같은 해 4월 28일 발효되었다. 본문 내용처럼 점령 중 사용한 기지의 계속 사용, 미군 관계자 치외법권, 밀약으로 합의된, 유사시 일본자위대가 미군의 지휘를 받는 통일지휘권 등 점령중 미군의 권리를 거의 대부분 인정한 것이었다. 신 안보조약의 체결과 함께 미일지위협정으로 이름을 바꾸었지만 미군이 치외법권을 누리고 일본 내 기지를 자유롭게 사용할 수 있는 현행 실태는 거의 바뀌지 않았다.

주일미군의 특권과 경비 부담 및 공동위원회 설치 건은 안보조약에 넣도록 요청하였다. 가능하면 일부라도 안보조약에 추가해주기 바란다.

다시 말해, 외무성은 미군주둔에 관한 규정을 안보조약 본문에 삽입하여 일본 국회나 국민이 제대로 판단해야 한다고 생각했다. 협정이나 합의 문서라는 형태로 미국과 밀약을 맺고 비밀리에 운용하는 해묵은 사고방식을 당시 외무 관료는 원하지 않았던 것이다.

그러나 미국은 일본의 제안을 거부했다. 미군주둔을 위한 핵심 규정은 국회심의나 비준이 필요 없이 정부 합의만으로 가능하도록 행정협정으로 요구했다. 데라사키 타로의 설명을 더 들어보자.

안보조약에 대한 첫째 의문은, 평화조약 당일 겨우 몇 시간 뒤 요시다 수상 혼자서 조인에 참여했다는 것이다. 일본의 운명을 반영구적으로 결정할 조약 테이블에 아직 주권조차 제한된 일본 정부, 즉 손발이 묶인 일본 정부를 상대로 비밀리에 전격 결정한 것이다. 이는 독립국의 조약이 아니다.(위의 책)

정말 충격적인 이런 글을 발견하고 나는 데라사키 타로가 누구인지 찾아보았다. 1993년 『일본 외교-현장의 증언』에는 다음과 같은 내용이 있다.

싸움꾼 타로라는 별명을 가진 데라사키 타로라는 외교관이 있었다. 그는 독일만 추종하는 마쓰오카 외상을 면전에 대고 비난했다. 화가 치민 마쓰오카 외상이 누굴 바보로 아느냐고 반박하며 분위기가 살벌해졌다. 차관이 폭력은 곤란하다고 두 사람을 말렸다. 마쓰오카 외상의 폭력을 걱정한 것이 아니라, 데라사키 타로가 외상을 구타할까 봐 걱정했던 것이다.

데라사키 타로는 1941년 미일 개전 직전 미주국장이었다. 전쟁으로 치닫는 정세 가운데 필사적으로 미일전쟁을 막고자 노력한 인물이기도 했다. 당시 그는 스스로를 이렇게 표현했다. "외무공무원이면서 군부의 앞잡이가 되어 미국-영국 타도를 외치는 주축파가 있었다. 반면 전쟁을 반대하는 우리 쪽은 나와 과장을 포함하여 네 명뿐이었다. 사면초가가 된 우리는 외무성 동료와 간부로부터 따돌림을 당했다."

데라사키 타로의 입장이 얼마나 곤경에 빠졌는지 당시 육군참모였고 전후 육상막료장(자위대 육군참모총장)을 지낸 스기타 이치지의 증언은 다음과 같다.

외무성 데라사키 미주국장은 주축파 세력이 강해지면서 고립 상태에 빠졌다. 그러나 끝까지 전쟁을 막고자 모든 열의를 쏟았다. 머리를 숙이지 않을 수 없었다.(『정보 없는 전쟁지도情報なき戦争指導』).

데라사키 타로는 제2차 세계대전 이전, 외무성에서 미국을 가장 잘 이해하고 있는 사람이었다. 그런 만큼 안보조약과 행정협정에 크게 분노했다. 데라사키는 외무차관 직을 사직하고 나서 중립을 지켰고, 여생을 광고 없는 월간지 「여명黎明」의 발행인으로 보냈다. 「여명」의 가격은 담배 한 갑의 가격으로 정했다고 한다.

일본 공무원은 '아마쿠다리天下り'라 하여 은퇴 후 기업 등 좋은 자리

를 찾아다니며 취업하는 관행이 있다. 그런데 차관까지 지낸 데라사키 타로는 아무런 지원도 없이 자비로 잡지를 발행하며 여론을 환기시키는 일에 남은 생을 바쳤다.

비교적 너그러웠던 샌프란시스코 강화조약

샌프란시스코 강화조약에 48개국 대표가 참가했다. 소련은 회의에는 출석했지만 조인을 거부했다. 공산화된 중국은 초대받지 못했고, 인도는 참가를 거부했다. 회의 첫날, 트루먼 대통령은 우리들 간에 승자나 패자는 없고, 단지 평화에 협력하는 대등한 파트너만이 있다는 연설로 마무리를 했다. 훌륭한 연설이 이어졌다.

실론Ceylon[3] 대표는 "증오는 증오로 없앨 수 없고 사랑으로만 사라지게 할 수 있다."고 했고 파키스탄 대표는 "주는 손은 받는 손보다 위에 있다."고 했다. 만일 강화조약이 1951년이 아니라, 1948년 초 체결되었다면 트루먼 대통령은 같은 연설을 했을까? 아마도 그렇지 않았을 것이다.

> 1949년 3월 작성된 첫 대일 강화조약 안은 "일본군국주의 부활이 아시아 최대의 위협이며, 연합국은 일본을 무기한 통제해야 한다."는 것이었다. 이런 심리는 1948년 1월 점령정책이 바뀐 때도 그대로였다.

---

3) 실론(Ceylon): 1972년 국명을 스리랑카공화국으로 바꾸고 영국연방에서 완전 독립함. 1978년 스리랑카 민주사회주의공화국으로 국명을 바꾸었다 – 역주.

미국은 당초 일본을 매우 엄격한 태도로 대했다. 그러나 냉전이 격화되고 일본을 소련과의 전쟁 방파제로 이용하고자 하면서 너그러운 대일 강화조약을 검토하게 된다. 강화조약의 과정을 짚어보기로 하자.

1945년 일본은 패전을 받아들였고 미군점령이 시작되었다. 미국 점령기에 일본은 결코 풍요롭지 않았고 민주주의를 구가하지도 못했다. 점령군이 들어온 일본을, 미국의 역사학자 마이클 샬러Michael Schaller는 다음과 같이 묘사한다.

> 1945년 8월, 일본에 들어온 미군이 목격한 것은 완전히 폐허로 변한 도시와 가동을 멈춘 공장, 그리고 집을 잃은 피난민들이었다. 150만 병사가 죽었고, 공습으로 시민들은 50만 명 가까이 죽었다. 어떤 미군 병사는 고국에 보낸 편지에서 이렇게 쓰고 있다. "도쿄에 가까워지면서 대도시의 모습이 눈에 들어오기는커녕, 완전히 파괴된 허허벌판만 보인다."(『미일 관계란 무엇이었나日米関係とは何だったのか』)

일본 경제는 최악이었다. 미국의 기본정책은 일본 경제를 제2차 세계대전 중 조선이나 필리핀 수준 이하로 떨어뜨리는 것이었다. 1948년 일본을 방문한 드레이퍼 육군차관이 일본 경제를 사체유기장이라고까지 표현한 것은 앞서도 언급한 바 있다. 강화조약 체결 시 외무성 조약국장이던 니시무라 구마오西村熊雄는 다음과 같이 기록했다.

> 점령통치 6년간의 고통은 지금 30, 40대 사람들은 전혀 모른다. 언론의 자유, 사상의 자유, 결사의 자유 그 어느 것도 없었다. 자유를 완전히 박탈당

한 상태에서 그저 지시만 내려올 뿐이었다. 언제 어디서 처벌당할지 아무도 몰랐다. (…) 외무성의 요사노 조사국장이 중의원 외무위원회에서 프랑스 영화 제목을 빌려서 "당신들은 창살 없는 감옥에서 살 수 있습니까?"라고 물은 적도 있었다. 모두 빼앗긴 것 말고도 패전으로 인한 사회적 혼란과 생활고가 너무나 심해서 굶어죽지 않으면 천만다행이었다.(에토 준 감수, 『또 하나의 전후사もうひとつの戦後史』)

같은 책에서 에토 준[4]은 다음과 같이 말하고 있다.

편지를 검열하는 것은 전시 중 헌병대도 하지 못한 일이었다. 그런데 점령군 미군은 모든 편지를 뜯어서 철저히 검열을 했다. 일본 군부의 지배를 받는 것과 외국 군대에 점령당하는 것이 얼마나 다른지 잘 알려주는 좋은 사례이다.

제2차 대전 전 군부통치보다 미군 점령기가 더 억압적이었다는 말이다. 혹자는 "그렇지 않다. 전후가 더욱 자유로웠다."라고 말할지도 모른다. 그것도 맞는 말이다. 미국 방침을 철저히 따른 사람들은 나름 자유를 누렸다. 그러나 자유란 무엇인가? 특정 이념을 가진 사람은 허용하고 반대자는 허용하지 않는 것이 자유는 아니다. 데라사키 타로의 말을 들어보자.

---

4) 에토 준(江藤淳): 1932-1999. 일본의 저명한 문학평론가. 게이오대학과 도쿄공업대학 교수를 지냈다. 대중 심리에 영합하지 않는 보수적인 논객으로 유명하다.

일본에는 혼란과 허탈만이 남아 있었다. 군사법정에선 선고와 처형이 횡행했고, 비굴하게 붙어 살아가는 인간들이 얼마나 많았던가. 일본 정부를 그대로 둔 것은 일본이 쓸모 있다는 연합국의 판단 때문이었다. 그러나 점령하 일본에서 과연 주권다운 주권이 존재했을까? 일본의 자유는 완전히 억압되어 있었다.(앞의 책)

데라사키 타로는 1946년 5월 제1차 요시다 내각에서 외무차관이 되지만 요시다 수상과 충돌하여 다음해 1947년 2월 스스로 사직한다. 그 후임이 오카자키 가쓰오였다.

앞서 외무대신이 교체된 것을 보면, 패전 직후 역사를 알 수 있다고 말한 바 있는데 외무차관도 마찬가지였다. 외무차관이 바뀜에 따라 미국에 대한 자주노선이 추종노선으로 교체되곤 했다. 시게미쓰와 테라사키 타로가 한탄하는 것 또한 같은 맥락이다. 신념을 지키며 살기가 힘들었기 때문이다.

점령기 생겨난 미국 추종은 오늘날 일본에 어떤 영향을 미치고 있을까? 1957년 외무성차관이던 오노 가쓰미는 1978년의 『가스미가세키 외교霞が関外交』라는 책에서 점령기 근성이 그 후에도 계속 잔존했다고 한다.

점령군은 일본에 지령을 내려 어떤 외국과의 접촉도 금지시켰다. 오랜 시간이 흘렀고 모든 것을 점령군에게 의탁하게 되었다. 일본 정치가나 관료들은 외교에 대해 점령군을 상대로 하는 섭외사무 정도로 인식했다. (…) 미일 안보체제를 금과옥조로 여기고, 만사 미국의 눈치를 살피며 태도를 결정하는 미국 추종적 태도가 일본 내에 완전히 정착했다. 그 결과, 외교 감각이라곤 자취를 감추었다. 요컨대, 점령 당국에 복종하면서 어떻게 관계를 잘 맺을까를 생각하고, 점령군의 말을 잘 듣는 것이 외교라고 생각하게 되었다. 외교적 경륜이라곤 손톱만큼도 보이지 않게 되었다. 독립국 지위를 회복한 뒤 일본은 외교 감각을 회복하려고 해도 오랜 타성 때문에 몸이 말을 듣지 않았다. 여전히 점령군의 중추세력인 미국에 의존하고 있었다. 자주독립의 정신은 한번 상실하면 두 번 다시 회복할 수 없음을 보여준다.

이 의견에 나 또한 동의한다.

점령군 말을 잘 듣는 어린애가 되는 것, 그것이 외교라고 생각하게 되었다. 자주독립의 정신은 한번 상실하면, 두 번 다시 회복하기 어렵다.

유감스럽지만, 일본 외무성은 이런 상황을 오늘날까지 질질 끌어오고 있다. 아마 언젠가는 의문조차 하지 않을 날이 올 것이다.

니시무라 구마오, 데라사키 타로, 오노 가쓰미 등은 결코 외무성 안에만 머물러 있던 사람이 아니다. 특히, 니시무라나 데라사키는 최전선에서 미국과 교섭한 인물이다. 이들은 외무성의 대미 추종 일변도의 자세에 큰 경종을 울렸다. 데라사키 타로는 전후 차관까지 지낸 인물이지만, 현재 그를 알고 있는 외교관은 거의 없다. 그의 생각이 알려져서는 곤란하기 때문이다.

점령기 언론 통제와 감시

점령기에 20만 명 이상이 공직에서 추방되었다. 물론 제2차 세계대전 때 군국주의에 가담하여 추방된 사람도 있지만, 전쟁 후 처신이 문제가 되어 추방된 경우도 있었다. 대표적인 인물로 이시바시 단잔은 앞서 보았듯 대장대신 시절 미군 주둔경비를 삭감하려다 공직에서 추방되었다. 점령군에게 이의를 제기하면 불이익이 돌아왔던 시절 이야기다.

한편, 점령군에게 적극적으로 협력하는 길을 택한 사람도 있었다. 에토 준은 『닫혀버린 언어공간閉ざされた言語空間』에서 일본의 언론 공간이 "기묘하게 닫히고 통제받는" 현상에 대해 고민이 많았다. 그에 따르면, 그 근원은 점령기의 언론통제 시절로 거슬러 올라간다.

요즘 세대는 잘 모르겠지만, 점령기 미국은 일본 신문이나 잡지 혹은 서적을 사전 검열했다. 인쇄를 중지시키기도 했고 문제 되는 부분을 백지 상태로 인쇄하기도 했다. 연간 수천만 통에 달하는 개인 편지들이 개봉되어 영어로 번역된 뒤 일본인 전체를 감시하고 통제했다. 더 큰 문제는 일본인들이 이러한 검열 자체를 전혀 몰랐다는 것이다.

신문이나 잡지는 제작 후 바로 출판하지 못하면 큰 손실을 입는다. 이 때문에 GHQ 방침에 반하는 기사가 나오면 바로 내부에서 자체 검열을 했다. 대규모 언론 통제는 미국인의 손에 의해서만 이루어진 것이 아니었다. 전 타이대사였던 오카자키 히사히코岡崎久彦는 『백년의 유산-일본의 근대외교사 이야기 73百年遺産-日本近代外交史話 73』에서 다음과 같이 말한다.

점령군의 검열은 대규모로 진행되었다. GHQ는 고등교육을 받은 일본인을 5천 명이나 고용했다. 당시엔 예금 지급정지라는 것이 있어서, 아무리 부자라 해도 한 달에 500엔 이상은 인출할 수가 없었다. 검열관들은 900~1,200엔 정도로 월급이 매우 높았는데, 그 경비는 패전처리비에서 나왔다.

<u>일본인 스스로가 일본인의 돈으로 일본인을 검열하여 언론을 통제했다는 말이다.</u> 오카자키 대사는 고등교육을 받은 일본인 5천 명이 검열에 참여했다고 말한다. 그렇다면 고등교육을 받은 일본인 5천 명은 대체 누구였을까? 그 후 그들은 어떻게 되었을까?

지금까지 자신이 검열관이었다는 사실을 고백한 사람은 겨우 일부에 불과하다. 그들은 나중에 대학교수나 주요 신문 기자가 되었다. 그들 중 대부분이 점령 후 공무원이 되었을 것이고, 아니면 언론계나 학계, 혹은 경제계에서 나름 한자리를 차지했을 것이다.

그들 스스로 자신이 검열관이었다는 사실을 밝히는 것은 대단히 곤란했을 것이다. 그러나 미국 첩보기관에 이용되었던 당시 지식인 계층들은 전후 일본에 무려 5천 명이나 머물러 있었다. 미국의 방침에 거스르면 추방되고, 잘 보이면 경제적으로 이득을 볼 수 있는 그때의 구도는 지금까지도 계속되고 있다.

재벌 해체와 함께 재계에 불어 닥친 친미파

점령정책의 큰 기둥 가운데 하나는 재벌 해체였다. 미쓰이, 미쓰비시, 스미토모, 야스다, 후지 등 5대 재벌이 해체되었고, 67개의 주요 회사와 3,658개의 자회사 및 손자회사가 정리되었다. 재벌회사가 대지주였던 395개 회사도 곧 해체되었다. 재벌 해체에는 다른 목적도 있었다. 구 재벌을 기반으로 한 전전 재계인의 힘을 무너뜨리는 한편, 미국과 협력하려는 사람들을 일본 재계의 중심에 앉히려는 의도 때문이기도 했다.

일본 경제단체연합회(게이단렌)나 일본상공회의소에 버금가는 경제 3단체 가운데 하나인 경제동우회가 대표적인 사례였다. 점령군이 재벌 인사를 추방하고, 각 기업의 경영진을 몰아낸 뒤 부장급 중견 간부를 자동 승진시켜 경영진에 합류케 했다. 그리고 1946년 4월, 미국 청년회의소 등을 모델로 한 경제동우회가 설립되었다.

당시 설립 멤버는 수십 년에 걸쳐서 일본 경제계의 중심이 되었고, 당연히 정계에서도 강한 영향력을 갖게 되었다. 2차 대전 전 재벌이 다수 추방된 것과 달리, 전후 재계인은 다수가 친미노선을 걷게 된다. 그중 몇몇을 대략 살펴보자.

- 사쿠라다 다케시: 닛신방적 사장, 경제단체연합회 회장, 고바야시 아타루, 미즈노 나루오, 나가노 시게오 등과 함께 이케다 내각을 지원한 재계 4인방 가운데 하나.
- 미즈노 시게오: 경제동우회 전 간사, 〈산케이신문〉 사장, 후지TV 초대사장.
- 나가노 시게오: 창립 직후 경제단체연합회 운영위원, 상임이사, 후지제철 사장, 도쿄상공회의소 회장과 일본상공회의소 회장에 취임, 이케다 하야토 수상 만들기에 노력하였음.
- 고바야시 아타루: 일본개발은행 전 총재, 아라비아석유 전 사장.

- 시카나이 노부오: 일본 경제연합회 초대 전무이사, 〈산케이신문〉 사장, 후지TV 회장, 후지산케이그룹에서 절대적인 권력을 휘두름.
- 후지이 헤이고: 신 일본제철 부사장.
- 홋타 쇼조: 스미토모은행 총재, 간사이계 기업 육성에 공헌함.
- 모모이 칸이치: 치치부시멘트 사장, 치치부철도 회장, 사이타마은행 회장 역임.
- 쇼다 에이사부로: 닛신제분그룹 본사 사장, 미치코 황후 친부.
- 아소 다카기치: 아소시멘트 회장, 부인 가즈코는 요시다 시게루 전 수상의 3녀, 장남 아소 타로는 일본 수상 역임.
- 나카야마 소헤이: 일본흥업은행 총재, 경제동우회 대표간사, 재계에서 대활약함.
- 이마자토 히로키: 나카야마의 친부, 일본정공 사장, 경제동우회 대표간사, 재계의 관방장관으로 불림.

이들은 요즘의 일본 세대는 잘 모르겠지만 기성세대들에게는 그야말로 쟁쟁한 재계 인사들이다. 1950년대부터 1970년대까지 일본 재계를 이끌어온 주역이라 해도 과언이 아니다. 미치코 황후의 친아버지인 쇼다 에이사부로도 그들 중 한명이었다. 고도 성장기 일본은 이들이 좌지우지했다.

노동계도 잠시 살펴보자. 점령 초기 GHQ는 노동운동을 점령정책의 일환으로 적극 지원했다. 1945년 10월 11일 맥아더와 시데하라 수상이 만난 첫 회견에서 노동운동을 도와주도록 지시한 바 있다. 그로부터 2개월 뒤, 노동조합법이 의회에서 가결되었고, 그로부터 1년 뒤에는 조합이 17,265개로, 조합원은 484만 9,329명으로 급증했다. 그 결과, 심각해진 인플레를 배경으로 임금 투쟁이나 해고반대 투쟁이 격화되었다. 1946년 국철, 전국노조, 신문방송을 포함한 10월 투쟁이 있었고, 1947년 전국공무원노조를 중심으로 2.1 파업 투쟁이 심화되었다.

노동운동을 우려한 맥아더는 1947년 1월 31일 2.1 파업을 금지한다. 전후 급격히 확대되었던 노조운동도 GHQ의 개입으로 약간 시들해졌다. 여기서 기억할 것은 일본 재계나 인텔리계층뿐 아니라 노동운동 또한 점령군이 육성했다는 사실이다.

원조액을 능가했던 경제 착취

미일전후사 편집위원회가 펴낸 『일본과 미국-파트너십 50년 日本と米国-パートナーシップの五十年』이라는 책이 있다. 집필진은 호소야 센히로, 이시이 오사무, 아리가 사다시, 혼마 나가요 등 굉장한 학자들로 구성되어 있다. 전후 일본의 국제정치학계를 주도해 온 사람들이다. 그중 첫 논문은 이쿠라 아키라의 "관대한 점령과 강화"로 미국의 대일 점령을 사상 유례 없이 관대한 것이라고 높이 평가한다.

이쿠라는 그 이유로 독일은 직접 통치인데 비해 일본은 간접 통치였고, 민주적인 개혁과 비군사화를 추진했다는 점을 들고 있다. 그는 나아가 "점령기 대일 원조-일본 부흥의 초석"이라는 글에서 "일본 국민을 위기에서 구한 점령 초기 미국의 원조" 또는 "일본인을 구한 인도 지원" 등 미국 원조 덕분에 일본 국민이 기아 상태에서 벗어났다고 주장한다. 서론에서 전 주미대사인 오가와라 요시오는 다음과 같이 적고 있다.

전쟁 직후 최악의 상태에 놓인 일본인은 심적으로 황폐해졌고, 경제 또한 피폐의 극에 달했다. 기아선상에 놓인 일본인을 구하고, 만연한 질병을 예방할 수 있었던 것은 미국의 가리오아 에로아GARIOA EROA 구호자금과 자선 넘치는 미국 민간기금의 구호물자였다.

미국의 일본 점령이 사상 보기 드문 관대한 점령이었다는 정설은 과연 사실일까? 첫째, 대일 점령이 간접 통치여서 관대하다는 말은 어떤가? 미국의 점령정책은 자신들의 목적을 더 효과적으로 달성하기 위해 세워진다. 예를 들면, 이라크전쟁 후 말리키 정권이나 전쟁 중인 아프가니스탄의 카루자이 정권을 보아도 미국은 기본적으로 간접 통치를 선택했다.

베트남전쟁 시 고딘디엠5) 정권도 마찬가지였다. 미국의 간접 통치는 기본적으로 그 나라에 미국식 체제를 구축하는 것이 목적이다. 일본에 대한 간접 통치 역시 그랬다. 그것은 결코 특별히 관대한 정책이 아니었고, 미국의 일반적인 점령 모델에 지나지 않는다.

관대한 점령이라고 말할 때 반드시 함께 따라오는 것이 가리오아 에로아 자금이다.6) 이는 미국 정부가 점령 행정을 원활히 하기 위해, 점

---

5) 고딘디엠(Ngô Đình Diệm, 吳廷琰): 1901-1963. 응오딘지엠이라고도 한다. 베트남의 정치가로 1954년 미국의 지원으로 총리가 되었다. 1956년 대통령에 취임하여 지주층과 군부, 경찰을 기반으로 강력한 반공정치를 펼쳤다. 군부 쿠데타로 실각하여 살해당했다.
6) GARIOA(Government Appropriation for Relief in Occupied Area Fund)는 점령 지역 구

령지 질병이나 기아에 따른 사회불안을 방지하는 목적으로 육군성 예산에서 지출한 원조자금을 말한다. 일반적으로 식료, 비료, 석유, 의약품 등 생활필요 물자를 긴급 수입한 형태였다.

미국이 일본에 원조한 액수는 1946년부터 1951년까지 누계가 18억 달러에 달한다. 일본은 미국과 교섭하면서 1962년 약 5억 달러를 갚았다. 총 18억 달러에서 5억 달러를 갚았으니 남은 빚은 13억 달러였다. 한편, 1948년부터 1951년까지 일본이 미군에 지불한 주둔경비는 약 5천억 엔에 달한다. 대충 달러로 환산해도 약 50억 달러다(1달러당 1946년 15엔, 1947년 50엔, 1948년 270엔, 그 이후는 360엔으로 계산).

즉, 일본이 미군 주둔경비로 지불한 금액이 가리오아 에로아 자금보다 훨씬 많았다는 말이다. 물론 가리오아 에로아 자금으로 일본인이 기아 상태에서 벗어난 것은 사실이다. 그러나 이시바시 대장대신이 미군 주둔경비 삭감을 요구했던 것은, 미군 주둔경비에 골프장이나 특별열차 운전 비용, 심지어는 꽃이나 금붕어 구입 비용까지 포함되었기 때문이다. 그 돈이면 일본 정부는 식량을 더 구입할 수 있었을 것이다. 가리오아 에로아 자금으로 일본 국민이 기아에서 해방되었다는 것은 정확한 표현이 아니다.

가리오아 자금이 중요했던 것은 일본의 엘리트들이 그 돈으로 유학했기 때문이다. 대학교수나 공무원 등 많은 사람들이 미국으로 유학했

제정부기금, EROA(Economic Rehabilitation in Occupied Area Fund)기금은 점령 지역 경제 부흥기금의 약칭이다. 둘 다 미국이 제2차 세계대전 후 점령 지역에서 사회적 위기를 구제하기 위하여 군사 예산 중에서 지출한 원조 자금이다.

고, 그중에는 풀브라이트⁷⁾ 장학금을 받은 사람도 많았다. 많은 유학생들이 귀국 후 일본 사회에서 미일 관계 강화를 위해서 움직였다는 것은 두말할 여지가 없다.

친미親美 학자들은 어떻게 양성되었나

앞에서 도요시타 나라히코 교수의 『쇼와 천황과 맥아더 회견』을 아주 뛰어난 책이라고 소개한 바 있다. 신도 에이이치 교수는 오키나와를 군사적으로 무제한 점령해도 좋다는 쇼와 천황의 글을 찾아내어, 1979년 「분할된 영토」라는 논문으로 『세계』에 발표했다.

일본에는 수많은 미국 연구자가 존재한다. 그런데 미국의 압력을 주제로 책을 쓴 연구자는 거의 없다. 왜 그럴까? 오랫동안 이 점이 궁금했던 나는 최근 그 해답을 찾았다. 마쓰다 다케시의 『전후 일본에 있어서 미국의 소프트파워-반영구적 대미 의존의 기원戦後日本におけるアメリカのソフトパワー-半永久的依存の起源』이 그 답을 알려주었다. 이 책은 일본 내 미국 연구자의 동향을 기록하고 있는데 점령기 미국과의 관계를 강화할 목적으로 일본에서 미국학회를 만든 사실이 있다고 한다.

---

7) 제임스 풀브라이트(James Fulbright): 1905-1995. 미국의 정치가로 아칸소대학 총장을 지냈고, 상원 및 하원의원으로 활동하였다. 15년간 상원 외교위원장을 맡아서 미국의 대외정책에 막강한 영향력을 행사하였다. 자신의 이름을 딴 풀브라이트 장학금으로 개발도상국의 지식인 120개국, 10만 여 명이 미국에 유학하였다.

1946년 6월 29일, 23명의 연구자가 릿쿄대학[8]에 있는 미국연구소에 모였다. 미국학회 창립준비가 그 목적이었다. 이 학회의 키워드는 미일 협력이었다. 미국학회는 맥아더에게 관심과 후원을 부탁하였다. 한편, GHQ는 학회지 「아메리카연구」에 반미적인 논문은 일체 허용하지 않았다.

일본에서 반미 경향이 일체 불허된 상황에서 미국학회가 창설된 것이다. 학회 치고는 정말 이례적인 일이었다. 미국은 이런 학회에 자금을 제공하고 지도를 하곤 하는데 도쿄대학과 교토대학이 거기에 포함되었다. 도쿄대학이나 교토대학에 친미 연구자가 많은 것은 역시 이 때문이다.

- 도쿄대학 내 미국 연구 세미나는 1950년부터 1956년까지 매년 초빙된 5명의 일류급 미국인 교수가 지도하였다. 7년간 세미나를 통해서 총 593명에 이르는 일본 연구자들이 참가하였다. 7년 동안 록펠러재단[9]은 도쿄대학에 20만 달러의 지원금을 후원하였다. 도쿄대학이 지원한 연구비는 매년 1천 달러에 지나지 않았다.
- 제1회 교토대학 세미나가 1951년 개최되었다. 록펠러재단이 지원한 도쿄회의의 연장이었다. 1952년 록펠러재단은 후원 대학인 일리노이대학

---

8) 릿쿄대학(立敎大學): 도쿄에 있는 유명 사립대학으로 1874년 미국인 성공회선교사인 윌리엄즈 주교가 설립하였다. 기독교계 대학이며 유치원부터 대학원까지 있다.
9) 록펠러재단(Rockefeller Foundation): 미국 실업가인 존 록펠러가 1909년 5천만 달러의 주식을 위탁하면서 설립된 재단. 인류 복지의 증진을 목적으로 카네기재단, 포드재단과 더불어 미국 최대 규모의 재단이다.

에 19,500달러, 교토그룹(교토대학과 도시샤대학)에 연구비로 3천 달러를 지급하였다.

그 후에도 일본의 미국 연구자가 미국에서 경제적 지원을 받는 구도는 계속되었다.

· 미국의 소프트 파워[10]는 미국에 대한 의존을 일본 연구자에게 정착시키는 역할을 하였다. 젊은 연구자는 해외 유학을 원했다. 유학에 필요한 경비는 일본 어디에도 없었기에 그들은 점차 미국재단의 관대함에 의존하게 되었다. 일본 내 미국 연구자가 외부 자금에 의존하는 심리는 너무나 강했다.
· 미국재단은 일본을 자유사회의 일원으로 붙잡아두려면 원조의 손길을 내밀어 미국에 의존시킬 필요가 있었다.

나는 한때, "외무성 관료가 미국 추종주의인 것은 알겠지만, 학자는 왜 자유롭게 발언하지 않느냐"고 따진 적이 있다. 그러자 한 교수가 "우리도 사정은 마찬가지다. 유학을 떠날 때 혹은 학회에서 미국대사관 브리핑을 받을 때 미국에 반항해서 좋은 일은 없다."고 대답했다.

지금도 일본의 미국 연구자들이 점령기와 똑같이 행동한다는 말을

---

10) 소프트 파워(soft power): 하드 파워(hard power)에 대응하는 개념. 군사력이나 경제제재 등 물리적으로 지배하는 힘과 반대되는 힘. 강제력보다는 매력을 통해, 명령이 아닌 자발적 동의에 의해 얻어지는 능력을 말한다 – 역주.

할 생각은 없다. 그러나 조직이 출범될 때 가졌던 한계가 나중에 극복되기는 몹시 어려운 일이다.

7
독립과 함께 밀려온
미국 종속의 파도

불평등조약을 맺은 일본의 최대 비극은, 점령기 수상인 요시다 시게루가 독립 후에도
수상 자리에 연연하면서 미국을 계속 추종한 데 있었다.
요시다 시게루는 1948년부터 1954년까지 약 6년간 정권을 유지했다.

7년간 계속된 미군 점령기

점령은 전쟁의 당사자인 국가끼리 강화조약(평화조약)을 맺어야 비로소 마무리된다. 일본은 강화조약을 언제부터 준비했을까? 에토 준은 다음과 같이 말하고 있다.

나는 당시 구 제도의 중학생이었다. 일본이 항복하여 미 점령군이 들어온 다는 이야기를 듣자, 이는 고전적인 보호점령(국제협정이 이행을 담보하는 점령)으로, 아마도 반년이나 1년, 길어도 2~3년이면 끝날 것으로 생각했다. 청일전쟁 후 시모노세키조약이 될지, 러일전쟁 후 포츠머스조약이 될

지, 아니면 베르사유조약이 될지 모르지만, 아무튼 전례에 따른 강화조약이 체결된 것으로 보았다. 그런데 미국의 점령은 한참이나 지속되어, 거의 7년 세월에 이르렀다.(『또 하나의 전후사』)

에토 준이 중학교 시절, 미국 점령이 아마도 반년이나 1년, 길어도 2~3년 이내에 끝날 것이라고 생각한 것은 베르사유조약이나 시모노세키조약, 혹은 포츠머스조약을 근거로 하고 있다. 중학 시절부터 그의 지식은 이미 상당한 수준이었음을 알 수 있다.

그러나 소년 에토 준의 예상은 빗나갔다. 미국의 일본 점령은 역사적으로 볼 때 매우 이례적인 일이었다. 미국이 그토록 장기간 일본을 점령하리라고 생각한 일본인은 많지 않았다. 미국의 방침은 분명했다. 일본을 무조건 항복시키고 개조한 다음, 목적을 달성할 때까지 계속 점령할 생각이었다.

한편, 일본 외무성은 언제부터 강화조약을 검토했을까? 놀랍게도 1945년 이미 연구를 시작하고 있었고, 이를 지시한 사람은 시게미쓰 마모루였다. 1945년 9월 미주리 함 선상에서 항복문서에 서명한 뒤 바로 쫓겨난 그 시게미쓰 말이다. 그는 아시다 히토시와 함께 외무성 후배들을 불러서 점령 종료 후 국가 형태를 검토하게 했다. 외무차관과 주미대사를 역임한 시모다 다케조는 다음과 같이 증언하고 있다.

패전한 그해 늦가을이었다. 나중에 주영대사가 된 정무국의 유카와 모리오와 조약국에 있던 나는 시게미쓰 마모루와 아시다 히토시, 이 두 명의 선배한테 불려갔다. 시게미쓰 외상이 항상 머무르던 마루노치 호텔을 찾아가 다음의 말을 듣고 감명을 받았다.

"지금 외무성은 GHQ와 절충하느라 정신이 없지만, 점령이 언제까지나 계속되는 것은 아니다. 완전히 무장 해제된 일본이 어떻게 나라를 지켜갈 것인지, 자네들은 생각해 본 적이 있는가?"

이것이 계기가 되어 그해 11월 21일, 외무성에 평화조약문제 연구회를 설치하였다.(『전후 일본 외교의 증언』)

미국에서도 맥아더는 점령의 조기 종료를 주장했다. 1947년 7월 미국은 대일평화조약 예비회의를 열자고 제안한다. 미국, 소련, 영국 등 11개국 극동위원회의 회원국이 참가할 예정이었다. 그로부터 두 달 전인 1947년 5월, 가타야마 내각이 세워지고 아시다 히토시가 외무대신이 되었다. 패전한 1945년, 시게미쓰 마모루는 아시다와 함께 외무성 후배들을 소집한 뒤 점령 후 외교정책을 검토하라는 지시를 내렸다. 폐부를 찌르는 명령이었다.

아시다 히토시가 외무대신에 취임하자, 강화 문제는 외무성뿐만 아니라 국가 수준에서 검토된다. 그해 8월, 외무차관을 위원장으로 하는 준비위원회가 발족했고 대장성, 내무성, 문부성 등이 참가하게 된다.

가타야마 내각은 일본 역사상 대단히 특별한 내각이었다. 가타야마는 일본 사회당 위원장으로 내각에서 국가공무원법을 제정하고 내무성을 해체했으며 노동성 설치 및 실업보험 창설 등의 성과를 이루었다. 가타야마 내각 시절 외무대신에 취임한 아시다 역시 연구에만 그치지 않았고, 8월 26일 애치슨 미국대사에게 일본 강화에 대한 탄원서를 제출한다.

이렇게 해서 일본이 독립할 날이 가까워진 것처럼 보였다. 그러나 미일 관계는 세계의 커다란 흐름에 좌우된다. 미국과 소련의 냉전 격화가 당시 세계의 커다란 흐름이었다. 맥아더 역시 처음엔 일본의 평화조약을 앞당기자고 주장했지만, 1948년 1월 초 당분간 강화조약을 추진할 수 없음을 기자회견에서 밝힌다.

> 일본과의 강화조약은 이미 체결됐어야 했다. 그러나 일본 탓이 아닌 다른 이유로 가까운 장래에 체결될 전망이 보이지 않는다.

모처럼 조성된 강화조약에 대한 분위기가 일시에 사그라진 것이다. 심지어 2년 후에는 한국전쟁마저 발발한다. 한반도에서 전쟁 중인 미군은 일본 내 기지를 포기할 수 없었고, 일본은 한국전쟁 때문에 강화조약이 멀어졌다고 실망한다.

그러던 중 뜻밖의 사건이 벌어졌다. 일본과의 강화조약을 둘러싸고 미국 내에서 갈등이 번진 것이다. 군부는 일본 점령이 이득이므로 당분간 강화를 연기하자고 주장하는 반면, 당시 국무성 고문이던 덜레스는 일본을 서둘러 독립시키고 자유세계의 일원으로 활용해야 한다고 반박한다.

덜레스의 조기 강화 주장은 일본에 은혜를 베풀자는 것이 아니었다. 냉전이 심화됐으므로 일본과 독일을 이용해서 소련과의 전쟁 방파제로 삼자는 것이다. 그래서 일본을 빨리 독립시키는 것이 유리하다고 본 것이다.

덜레스는 일본과의 강화조약에 대하여 3개의 기본 방침을 세운다.

첫째, 일본을 조기에 독립시킨다. 둘째, 경제력을 증강시켜 공산주의 방파제로 삼는다. 셋째, 일본 기지는 자유롭게 사용한다. 물론, 모두 미국의 국익을 우선한 판단이었다.

독립은 했지만 미군 주둔은 여전히…

트루먼 대통령은 1950년 9월 14일, 신문 기자와의 회견에서 대일 강화조약에 필요한 예비 교섭을 개시하도록 지시했다고 발표한다. 다음날 〈뉴욕타임스〉는 고위관계자 정보를 통해서 미국과 일본의 강화조약에 관한 방침을 다음과 같이 보도한다.

· 재군비를 제한하지 않는다.
· 경제와 통상의 자유를 최대한 인정한다.
· 유엔 가입 등 국제기구 참여를 촉진한다.
· 미군은 일본에 주둔할 수 있다.

즉, 미군 주둔이 일본 독립의 조건이 된 것이다. 독립 준비가 완료된 1951년 1월 25일, 덜레스 국무성 고문이 일본을 방문하여 미일 교섭이 시작된다. 덜레스가 어떤 자세로 일본과 교섭했는지 살펴보자.

1951년 1월 26일, 일본과 교섭하기 전 덜레스는 첫 회의에서 "미국이 원하는 만큼의 군대를 원하는 장소에, 원하는 기간만큼 주둔시킬 권리를 어떻게 확보하는가", 이것이 근본 문제라고 지적한다.(도요시타 나라히코,『안보조약의 성립安保条約の成立』)

　미국 역사학자 샬러도 『미일 관계는 무엇이었는가』에서 같은 말을 하고 있다. 즉, 덜레스 부하들이 거의 두 주 만에 해답을 얻어, 1951년 2월 미국은 일본으로부터 원하는 만큼의 군대를 원하는 장소에, 원하는 기간만큼 주둔시킬 권리를 확보했다는 것이다.
　우리는 지금, 역사를 되돌아보고 있다. E.H. 카의 말처럼 역사를 배우는 것은 현재를 이해하기 위함이다. 이런 의미에서 생각해볼 것이 있다.
　강화조약 당시 일본 국내에 미국이 원하는 규모의 군대를 원하는 장소에 원하는 기간만큼 주둔시킬 권리를 확보한다는 방침은 그 뒤 어떻게 되었을까? 지금까지 그 방침은 조금도 바뀌지 않았다. 일본이 그 방침을 바꾸고자 노력할 때마다 그 노력은 반드시 제거되었다. 1951년 이후 이미 60년이 지났다. 그러나 미군과 그것을 지지하는 일본 관계자들은 60년 전 덜레스가 결정한 방침에서 조금도 벗어나지 못했다.
　2009년 9월부터 2010년 5월까지 하토야마 유키오 수상이 오키나와 후텐마기지를 최소한 오키나와 현 밖으로 이전한다는 내용을 암시한 적이 있다. 일본 수상으로는 매우 이례적인 발언이었다. 일본 측에서 미군 기지 축소 계획을 제시한 사례는 과거 반세기 동안 거의 없다시피 했기 때문이다. 하토야마 유키오 수상의 주장은 미군이나 일본이 볼 때 반세기 이상에 걸친 기본 노선에 대한 근본적인 도전이었다. 그러나 하토야마 내각을 붕괴시키려는 움직임이 보기 좋게 성공했다.

주일미군에게 일본 방위의 의무는 없었다

1951년 9월 8일, 48개국 대표가 샌프란시스코 오페라하우스에 모여 일본과의 강화조약에 조인한다. 같은 날, 미국육군 제6군 기지에서 미일 관계에 가장 중요한 미일 안보조약 서명이 이루어졌다. 그 조문은 5개 항이고 이 가운데 미일 안보조약에 대해 결정한 것은 단 두 조항뿐으로 다음과 같다.

- **제1조** 미합중국의 육군과 공군 및 해군을 일본 국내와 그 부근에 배치할 권리를 일본국이 허가하고 미합중국은 이를 수락한다.
  미군은 극동에서 국제 평화와 안전 유지에 기여하고, 1개 또는 2개 이상 외국의 개입으로 야기된 대규모 내란이나 소요 사태를 진압하기 위한 일본국 정부의 명백한 요청에 따라 미군을 사용할 수 있다.
- **제2조** 미합중국 군대가 일본 국내나 인근 지역에 배치될 경우, 양국 간 행정협정에 따라 결정한다.

앞에서도 말했지만, 미일 안보조약은 매우 이상한 내용을 담고 있다. 게다가 미국은 애치슨 국무장관, 덜레스 국무성 고문, 와일리 상원의원, 브릿지스 상원의원 등 총 4명이 서명한 반면 일본 측은 요시다 수상 한 사람만 서명했다. 조약의 의미를 샬러는 이렇게 해설한다.

> 주일미군은 일본 방위의 의무가 없고 언제나 철수할 수 있으며 일본의 내란 진압에 사용할 수 있게 되었다.

주일미군은 일본 방위의 의무가 없으며 언제나 철수할 수 있다는 샬러의 말은 과연 사실일까? 조문을 다시 한 번 살펴보면, "주일미군은 일본국의 안전에 기여하기 위하여 사용할 수 있다."고 한다. 일반인은 그냥 지나칠지 모르겠지만, "사용할 수 있다."는 말은 법률상 의무가 없다는 말이다. 반드시 짚고 넘어가야 할 대목이다.

일본 국민은 거의 대다수가 미일 안보조약을 맺었기에 미국이 항상 일본을 지켜줄 것이라고 생각한다. 1951년 샌프란시스코 안보조약의 교섭 담당자인 덜레스도 그렇게 생각했을까? 전혀 그렇지 않다.

덜레스는 〈포린 어페어즈〉 1952년 1월호에서 "미국은 일본을 지킬 의무가 없다. 간접 침략에 대응할 권리는 있지만, 의무는 없다."고 적고 있다. 미국은 적어도 1960년까지 법적으로 일본을 방위할 의무가 없었다. 주일미군은 유지하면서 일본을 방위할 의무는 없다는 조약을 대체 누가 지지할까?

불평등조약을 맺은 일본의 최대 비극은, 점령기 수상인 요시다 시게루가 독립 후에도 수상 자리에 연연하면서 미국을 계속 추종한 데 있었다. 아시다 내각 붕괴 후 약 1년 반 만에 수상으로 복귀한 요시다 시게루는 1951년 강화조약 체결을 전후하여 1948년부터 1954년까지 약 6년간 정권을 유지했다(제2차~제5차 요시다 내각).

점령기에 일본 수상이 미국의 요구를 충실히 수용한 것은, 점령의 속성상 근본적으로 어쩔 수 없다고 생각한다. 그러나 점령에서 벗어난 뒤에는 문제가 달라진다. 새로운 지도자 아래서 새로운 출발을 해야 한다고 생각한다.

미국이 일본에 원하는 만큼의 군대를, 원하는 장소에, 원하는 기간만큼 주둔할 권리를 가진다는 조약을 독립 후에도 맺어서는 안 된다. 미일 안보조약은 독립국이 맺을 조약이 아님을 요시다 수상 자신이 잘 알고 있었다. 일본 측에서 요시다 한 명만 조인식에 참여한 이유도 거기에 있었다.

미일행정협정과 미국 종속노선의 강화

우리는 자주 미일 안보문제를 논한다. 이념을 주장하는 것도 좋지만, 먼저 현실을 정확히 볼 필요가 있다. 구 안보조약이 5개 항으로 구성된 것은 이미 보았다. 그러나 5개 항을 단지 읽는 것만으로는 별 의미가 없다. 미군이 어떤 조건으로 일본에 주둔했는지 행정협정을 이해하는 것이 훨씬 더 중요하다.

행정협정은 미일지위협정으로 그 모습을 달리 하여 오늘날까지 계속 이어지고 있다. 또한 전부 5개 항에 그치는 구 안보조약과 달리 전부 29개조로 되어 있어서 실태를 좀 더 구체적으로 파악할 수 있게 되었다.

조문의 내용을 살펴보자. 먼저 행정협정 제2조는, "일본은 미합중국에게 필요한 시설과 구역 사용을 허가한다."고 규정하고 있는데 여기서 시설과 구역이란 기지를 말한다. 이어서 "어느 한쪽의 요청이 있을 경우, 시설과 구역을 일본에 반환하는 데 합의할 수 있다."고 되어 있다. 덜레스가 말한 "미국이 원하는 규모의 군대를, 원하는 장소에, 원하는 기간만큼 주둔시킬 권리를 확보한다."는 조문은 없지만 그 목표만큼은 확실히 밝히고 있다.

"일본은 미합중국에 필요한 시설과 구역 사용에 동의한다. 어느 한쪽의 요청이 있으면, 시설과 구역을 일본국에 반환하는 데 합의할 수 있다."라는 조항에는 안보조약과 마찬가지로 "합의할 수 있다."는 문장이 들어 있다. 역시 의무가 아니기 때문에, 합의하지 못하면 현상을 유지한다는 말이다. 나만 이런 생각을 한 것이 아니다. 미국의 역사학자 샬러도 같은 말을 하고 있다.

> 행정협정의 경우, 일본 측이 현행 미군 기지 대여를 거부해도 미국의 권리는 자동 연장된다.(앞의 책)

현재의 미일지위협정은 어떤가? 지위협정 제2조는 "어느 일방의 요청이 있을 경우, 시설과 구역을 일본국에 반환하거나 새로 시설과 구역을 제공함에 있어 합의할 수 있다."라고 한다. 역시 "합의할 수 있다."는 문장이 나온다. 골격은 그대로다. 합의되지 않으면 미국이 언제까지나 기지를 사용할 수 있다는 사실은 예나 지금이나 변함이 없다.

왜 이렇게 공평하지 않은 협정이 체결되었을까? 그 이유는 요시다 수상의 극단적인 미국 추종노선과 더불어 은폐 공작이 있었기 때문이다. 미일행정협정 교섭을 담당한 대신은 오카자키 가쓰오였다. 패전 직후 시게미쓰와 함께 맥아더와 교섭하였고 그 후 요시다 시게루의 측근이 된 바로 그 사람이다.

오카자키 가쓰오는 당시 요시다 내각의 관방장관을 맡고 있다가 미일행정협정이 체결될 무렵 외무대신으로 임명된다. 전 수상인 미야자와 기이치[1]는 오카자키의 미일 간 행정협정 교섭을 비판했다. 아주 중요한 내용이므로 찬찬히 읽어보자.

> 당시 미일행정협정의 절충 과정을 보았는데, 미국은 기지 주둔에 대하여 강화조약 발효 뒤 90일 이내 일본과 협의하여 동의를 얻어야 한다. 단, 90일 이내 협의가 성립되지 않으면 잠정적으로 현 지점에 주둔해도 좋다는 규정이 있었다. (…) 90일 이내에 협의할 것, 합의가 도출되지 않으면 더 머물러도 된다는 것은 90일 제한의 의미가 전혀 없다. 이런 식이라면 독립해도 전혀 달라지지 않는다. 너무나 놀라서 이 규정을 삭제하도록 외무성에 요청했다. (…) 나중에 그 규정은 행정협정에서 삭제되었지만, 오카자키-러스크 교환공문에는 그대로 남아 있었다. 내가 그것을 알게 된 것은 이미 양국 간 행정협정 조인을 마친 뒤였다.(『도쿄-워싱턴의 밀담東京-ワシントンの密談』)

미국은 일본에서 자유롭게 기지를 사용할 것을 원했다. 그러나 미일안보조약에는 그 내용을 도저히 넣을 수가 없었다. 미야자와 전 수상이 말한 것처럼 독립해도 큰 의미가 없는 내용이기 때문이었다. 그래서 어쩔 수 없이 미일행정협정에 넣은 것이다. 더 가관인 것은 미일행정협정에서 삭제한 뒤 아무도 보지 않는 오카자-러스크 교환공문에 명기한 점이다. 교환공문이란 국가 간 합의 문서로 공개적으로 발표하

---

1) 미야자와 기이치(宮沢喜一): 제78대 수상으로 대장성 관료 출신. 이케다 하야토 대장대신의 비서관으로서 샌프란시스코 강화조약 준비 교섭 차 참가하였다. 친미파로 보수본류의 대표로 불리었지만, 73세로 수상이 되었을 때는 이미 빛나는 좋은 시절의 미국이 아니었다.

지는 않지만 협정과 거의 마찬가지의 효력을 지닌다. 미국 측 교섭담당자인 러스크는 나중에 국무장관으로 승진한다.

미야자와 기이치는 대표적인 친미파였다. 그런 그가 오카자키-러스크 간 교환공문을 비판한 것은 대단히 인상적이다. 어찌 보면 당연한 일이다. 미국이 주일미군 기지를 반영구적으로 사용할 법적 근거를 마련해준 셈이기 때문이다. 요시다와 오카자카의 행위는 그야말로 매국 행위가 아닐 수 없다.

요시다 수상은 미국의 요구에 따라 원하는 규모의 군대를, 원하는 장소에, 원하는 기간만큼 주둔시킬 권리를 강화조약에 명기하지 않고 행정협정에 몰래 집어넣었다. 그마저도 미야자와의 지적이 있자, 결국 오카자키를 시켜 교환공문 형태로 아무도 모르게 슬며시 그 권리를 인정해버렸다. 사실상 밀약과 다름없었다.

"국민만이 아니라 친미파 정치가마저도 불편한 내용은 일체 논의하지 않고 감춘다." 강화조약과 안보조약 때부터 요시다 외교의 전통이 그랬다. 그 후 오카자키는 외무대신으로 승진한다. 아마도 행정협정을 체결한 대가였을 것이다.

오카자키는 행정협정을 체결한 직후, 1952년 4월부터 1954년 12월까지 요시다 내각의 외무대신 자리에 있었다. 요시다의 수상 재임 기간은 총 7년이었으니, 처음 4년 반은 자신이 외무대신을 겸임하고, 나머지 2년 반은 오카자키에게 맡긴 것이다.

일본 외교의 극단적인 미국 종속은 거의 이 두 사람에 의해 결정되었다고 해도 과언이 아니다. 이들은 때로 밀실도 마다하지 않았다. 유감스럽게도 시게미쓰에서 요시다로 외무대신이 교체된 것과 더불어,

외무차관과 내각관방장관에 이어 외무대신으로 눈부시게 출세한 오카자키의 인생은 그 후 일본 외무성의 모델이 되어 버렸다. 다시 행정협정으로 돌아와 제3조의 내용을 보자.

"미군과 군속, 미군 가족의 일본 국내 범죄에 대하여 전적으로 미국이 재판권을 가지고 있다."는 내용이다. 군인만이 아니라 미군 관계자나 가족 범죄 재판권이 미국에 있다는 말이다. 실질적인 치외법권이다. 결과는 어땠을까? 역사학자 샬러는 이렇게 말하고 있다.

> 미국인이 일본법정 재판에 회부되어야 할 사건은 1만 4천 건이었지만, 이 가운데 1만 3,642건은 일본 스스로 재판권을 포기하였다.

미군에 대한 재판권은 과거사에 그치지 않는다. 2011년 1월 28일 〈아사히신문〉은 주일미군이 2008년 1월부터 2011년 9월까지 일본 국내에서 일으킨 공무 중 교통사고 28건(사망 또는 전치 4주 이상 부상) 가운데 군법회의에 넘긴 사례는 단 한 건도 없었다고 보도했다.

만일 군인이 개인적으로 차량을 운전하여 사망사고를 일으켰다고 하자. 그러나 공무 중 사고라고 한다면, 일본 법률상 처벌을 할 수 없다. 미군 내 군법회의에서 재판을 받는다 해도, 〈아사히신문〉 기사에 따르면 아무 일도 없었다는 것을 알 수 있다.

결국, 미국은 요시다-오카자키 콤비가 교섭하여 "미국이 원하는 만큼의 군대를 원하는 장소에 원하는 기간만큼 주둔시킬 권리를 법적으로 확보하고," 미군 관계자 전원에게 사실상 치외법권을 부여하는 데 성공했다. 수상이 아무리 바뀌어도 오키나와 미군 기지 문제가 전혀 해결되지 않는 것은 이런 근본적인 문제 때문이다.

데라사키 타로가 미일행정협정이 가장 중요하다고 지적한 이유 또한 바로 이 때문이었다. 외무성 관료들은 미일행정협정을 어떻게 보았을까? 1948년 외무성 차관이던 요시자와 세이지로吉沢清次郎는 다음과 같이 적고 있다.

> 일본 정부는 가능한 한 NATO 가맹국 간에 조인된 외국 군대 지위협정 수준을 원했지만 미국이 들어주지 않았다.(『일본 외교사 29: 강화 후의 외교日本外交史 29: 講和後の外交』)

미군은 독일이나 이탈리아에서 기본적으로 상대국 법률을 존중하는 태도를 보였다. 그러나 일본의 행정협정에서는 그렇지 않았다. 미군은 일본 법률을 지킬 필요가 없었고, 기지 운영상 원하면 뭐든지 할 수 있었다. 외무성 관료들은 협정을 유럽 수준으로 하기 원했지만 쉽지 않았다.

일본 정부의 정치적 의지가 강했다면 충분히 가능했다고 본다. 그러나 극단적인 미국 종속노선을 취하는 요시다 수상이나, 오로지 지시만 따랐던 오카자키 두 사람 모두 그런 의지가 없었던 것이다.

미군 유사시 주둔 안을 주장한 수상들의 잇단 실각

구 안보조약의 체결 과정에서 중요한 일은 아시다 히토시가 외무대신이던 1947년 7월 9일, 미국 측에 주일미군의 상시 주둔이 아닌 유사시 주둔 안을 제안했다는 것이다. 현재까지 주일미군은 일본에 상시 주둔하고 있다. 유사시 주둔이란 비상사태가 발생한 때만 미군이 일본에 있는 기지를 사용할 수 있다는 말이다.

그러나 유사시 주둔 안은 덜레스나 미국 군부가 생각한 방침에 크게 어긋났다. 원하는 만큼의 군대를 원하는 장소에 원하는 기간만큼 주둔시킬 권리를 법적으로 확보한다는 미국의 입장과는 매우 달랐다. 가타야마 내각이 붕괴된 후 수상과 외상을 겸임하여 내각을 조직한 아시다 히토시는 G2와 GS가 관여한 스캔들에 휩싸여 겨우 7개월 만에 실각한다. 그리고 약 60년 뒤, 역시 미군의 유사시 주둔을 주장한 하토야마 유키오 수상이 미일 양국의 총공격을 받아 9개월 만에 중도 사임하고 만다.

1950년 4월 이케다 하야토 대장대신은 미야자와 기이치 비서관을 데리고 점령 하 일본 각료로서 처음으로 미국 출장길에 나섰다. 국가 재정을 책임지는 대장대신의 첫 미국 출장은 화려할 것이라고 생각할지 모르겠으나 실제로는 너무나 소박했다. 하루 7달러짜리 호텔방은 트윈룸이었고, 침대만으로 방이 꽉 차 두 사람은 침대 위에서 술을 마셨다고 한다.

미국을 방문한 공식 목적은 미국의 재정과 경제 시찰이었다. 실제로는 요시다 수상으로부터 강화에 대한 미국 생각을 살피라는 밀명이 있었다. 그러나 이와 관련해 상담할 사람이 아무도 없었다. 미야자와 비서관의 말을 빌리자면 두 사람은 생각 끝에 1950년 5월 3일, 육군성 사무실에 있는 닷지를 만나 부탁했다.

요시다 수상의 제안인데, 일본 정부는 서둘러 강화조약을 맺기를 희망한다. 강화조약 후에도 미군을 일본에 주둔시킬 필요가 있을 것이다. 미국이 원한다면 미군 주둔을 일본이 요청하는 방식으로 대응할 수 있다.(『전후정치의 증언戰後政治の証言』)

당시 일본 외무성은 이런 사실을 전혀 몰랐다. 외무성은 일단 점령군을 완전히 철수시키고, 주일미군에 관한 조약을 새로 체결하자고 주장하던 터였다. 이케다와 미야자와에게 비밀 메시지를 부탁한 요시다 수상의 논리는 다음과 같았다.

① 서둘러 독립하고 싶다. 강화조약을 체결하고 싶다.
② 주일미군 주둔 조건은 점령과 마찬가지 방식으로 가능하다.

주일미군을 인정하지 않았다면 일본은 독립이 불가능했던 것일까? 점령정책 전환은 냉전이 격화된 세계정세와 깊은 관계가 있었다.

조지 케넌은 반공의 보루로 서독과 일본을 충분히 활용해야 한다고 생각했다. 국방성 초대장관인 포레스탈 역시 소련과 대항하는 일에 일본 및 독일에게 다시 한 번 임무를 주어야 한다고 했다. 일본에서 주일미군을 점령기와 마찬가지로 인정해야만 강화조약을 앞당길 수 있다는 요시다 수상의 판단은 틀린 것이다.

미국의 미움을 산 지도자들이 미스터리한 죽음으로

요시다 정권의 최후에 대하여 이케다 하야토가 흥미로운 이야기를 했다.

> 1953년 여름 도쿄를 방문한 덜레스는 일본의 재군비 거부를 미국의회가 강한 어조로 비난한 것을 상기시켰다. 그는 요시다 수상의 결심을 촉구했지만 여전히 답변은 똑같았다.
> 이런 요시다 수상의 기분을 염두에 두고 나는 워싱턴을 방문하여, 로버트슨 국무차관보와 회담 중에 격론을 벌였다. 그 뒤 미국은 재군비 이야기를 전혀 언급하지 않았다. 미국은 요시다 수상이 외국에서 재군비를 거부하는 늙은 여우라고 비난하면서 오랜 수상직을 마치게 했다.

주목할 점은, 워싱턴 정부가 적극적인 재군비를 주장한 하토야마나 시게미쓰에게 기대를 걸었다는 내용이다. 1954년 12월, 요시다 내각이 총사직하고 하토야마 내각이 탄생한다. 이케다 수상의 발언은 요시다 정권이 미국 손에 매장당한 것을 암시하고 있다. 미국 역사학자 샬러도 "1954년 요시다 퇴진에 미국이 한몫했지만, 그것은 요시다가 재군비에 반대했기 때문"이라고 적고 있다.

일본 전후사를 살펴보면, 한때 미국의 총애를 받았던 인물이 정세가 바뀌면서 이용가치가 사라지는 경우가 종종 있다. 새로운 변화를 따라

잡지 못한 정치인은 미국에 의해 퇴진당한다. 이란의 팔레비 국왕[2]도 그랬다. 1950년대부터 1960년대 냉전이 심각한 때, 미국은 팔레비를 중시했다. 그러나 팔레비가 점차 강대국 대통령처럼 행동하자 미국은 그를 추방해버린다. 미국이 배후 지원하여 이란혁명을 일으킨 것이다.

미국이 독재자를 처분할 때는 종종 인권문제나 NGO 활동을 이용한다. 반정부파를 재정적으로 지원하고 민중 데모를 선동하여 정권을 전복한다. 2011년 이집트와 튀니지 독재자를 무너뜨린 '아랍의 봄'[3]도 그런 경우였다.

아시아에서는 한국의 독재자 박정희 대통령의 경우를 꼽을 수 있다. 1963년 대통령에 취임한 박정희는 당초 미국의 요청에 따라 베트남전쟁에 군대를 파병한다. 그러나 점차 민족주의 경향이 짙어져서 독자적으로 핵무기 개발 계획 등을 추진한다. 내가 해외근무 중에 만난 한국의 고위관료가 이런 말을 들려준 적이 있다.

> 박 대통령은 암살되던 당시 미국과의 관계가 매우 좋지 않았다. 미국의 카터 대통령이 한국을 방문했을 때 한국의 민주화를 요구하자 박 대통령은 미국에는 흑인문제가 있지 않느냐고 따졌다. 화가 난 카터 대통령은 회담

---

2) 팔레비 국왕(Mohammad Reza Pahlavi): 1919-1980. 이란 팔레비왕조의 제2대 황제. 비밀경찰을 설치하고, 미국과 협력하여 아랍 지역에 영향력을 행사하면서 석유 이권을 넘기기도 하였다. 백색혁명을 추진하여 성과를 거두었으나, 반정부데모로 이집트로 망명 후 사망했다.
3) 아랍의 봄: 2010년 말 튀니지에서 시작되어 아랍 중동국가와 북아프리카로 확산된 반정부 시위를 말한다. 2011년 1월 재스민혁명으로 커지면서 리비아, 예멘 등지에서 민주화에 성공했다.

을 중단하고 대통령 관저를 뛰쳐나왔다.

당시 미국은 청와대에 도청기를 설치하였고, 이에 화가 난 한국도 덩달아 미국대사관에 도청기를 설치한 사건이 있었다. 따라서 주한 미국대사관이 도청될 우려가 있자, 카터 대통령은 주한 미국대사를 데리고 오랫동안 자동차로 드라이브하면서 대화를 나눴다.

박정희 대통령은 그 후 측근인 중앙정보부 김재규 부장에 의하여 암살되었다. 왜 박정희 대통령을 암살했는지 확실한 배경은 모른다. 다만, 김재규가 자신이 박 대통령을 암살하면 미국으로부터 환영받을 것으로 판단했을 가능성은 있다. 박 대통령 암살은 CIA음모라고 주장하는 외교관도 더러 있었다.

패망한 월남 고딘디엠 대통령도 마찬가지였다. 베트남전쟁이 한창일 때 미국은 고딘디엠을 지지했다. 그가 민중을 탄압하자 미국은 고딘디엠을 배제할 것을 결정하고, 휘하 장군을 시켜 고딘디엠을 살해하도록 한다.

이라크 사담 후세인 대통령도 같은 경우다. 이란·이라크전쟁 시 미국은 이란의 영향력을 확대할 것을 두려워하여 이라크를 지원한다. 미국의 지원을 과신한 후세인은 쿠웨이트를 침공하고, 결국 이라크전쟁에서 미국과 전쟁을 벌이다 체포되어 처형된다.

요시다 수상도 같은 경우일 것이다. 점령기 그처럼 미국에 협력한 인물은 없었다. 따라서 미국이 항상 자신을 높게 평가해줄 것으로 생각했으나 냉전으로 인해 동아시아전략이 바뀌자 요시다 수상은 이를 따라가지 못한 것이다.

8
자주노선의 기치를 내건 정권들

> 현재, 일본은 미군의 완전 철수나 유사시 주둔을 옹호하기는커녕,
> 후텐마기지 하나를 해외로 이전하는 것조차 어처구니없는 주장이라고 폄하하고 있다.
> 그러나 과거 사례를 보면 이런 태도는 편견에 불과하다.

미군의 완전 철수를 요구하다

1951년 미일 안보조약은 미국이 원하는 규모의 군대를, 원하는 장소에, 원하는 기간만큼 주둔시킬 권리를 확보하는 것이 미국의 목표라는 덜레스의 방침 하에 추진되었다. 그 후, 미군 철수를 요구한 사람이 있는데 그는 바로 시게미쓰 마모루였다.

1945년 9월 2일 이후 약 10년간 일본 외교는 그야말로 요시다 시게루 vs 시게미쓰 마모루의 노선투쟁이라고 해도 과언이 아니다. 요시다 시게루는 미국 추종의 대표이고, 시게미쓰 마모루는 자주노선의 대표이다. 시게미쓰가 외무대신 겸 부총리로 활약하던 하토야마 내각(1954. 12~1956. 12)의 시기를 둘러보기로 하자. 1955년 7월, 시게미쓰 외상은

앨리슨 주일대사와의 회담에서 미군 철수에 대한 놀라운 요청을 한다.

1955년 7월 21일, 앨리슨 대사는 덜레스 장관에게 기밀로 취급된 전보를 보내어 시게미쓰가 비공식 루트를 통하여 개인적인 안보교섭 제안을 해왔다고 보고한다. 시게미쓰의 제안은 정보를 취합하여 장점과 단점을 설명한 국무성 내 메모로 알 수 있다.

1. 미 지상군을 6년 이내에 철수시키기 위한 과도 조치를 취한다.
   (미군 측 코멘트: 긴급 시 미군을 재 주둔시킬 권리를 유지할 것)
2. 미 해·공군 철수는 상호간 교섭하여 결정한다. 단 늦어도 지상군 철수로부터 6년 이내로 한다.
   (미군 측 코멘트: 미 해·공군은 일본에 무기한 주둔할 예정이다. 일본 측 제안에 맞추지 말고 좀 더 유리한 결정을 내려야 한다.)
3. 일본 내 미군 기지와 미군은 NATO식과 동일한 조약을 맺고 상호방위에만 한정한다.
   (미군 측 코멘트: 기지 사용을 명시적으로 제한할 필요가 없다.)
4. 주일미군 지원을 위한 방위분담금은 폐지한다.

시게미쓰 외상은 미군 지상군을 6년 이내, 해·공군을 지상군 철수 후 6년 이내, 합계 12년 이내에 미군을 완전 철수할 것을 제안하였다.(사카모토 가즈야, 「시게미쓰 방미와 안보조약 개정의 좌절」)

놀랍게도 당시 약소국에 불과했던 일본이 12년 이내 주일미군 완전 철수를 주장한 것이다. 후텐마기지 이전을 비현실적이라고 우기면서 전혀 검토조차 하지 않는 요즘 외교관이나 평론가들은 이런 역사를 알고 있을지 의문이다.

일본의 매스컴이나 평론가들은 하토야마 유키오 수상에게 후텐마기지 문제로 미국이 격노했다고 협박했다. 시게미쓰의 제안에 미국은 과연 격노했을까? 적어도 앨리슨 주일 미국대사는 그렇지 않았다. 미국 측 코멘트를 보면, 지상군 철수는 긴급 시 미군의 재 주둔 권리 유지를 목적으로 하고 있다. 최소한 유사시 미군 주둔을 인정받고자 기대한 것이다.

12년 이내 완전 철수 요구에 대하여 미국은 미 해군과 공군의 무기한 주둔을 전제로, 미국에 유리한 교섭을 추진해야 한다고 한다. 다만, 어디까지나 교섭의 여지는 남겨두고 있었다. 시게미쓰는 또한 주일미군 방위분담금 폐지도 주장했다. 미국이 국익 차원에서 일본에 주둔한다는 것을 잘 알았던 것이다.

현재, 일본은 미군의 완전 철수나 유사시 주둔을 옹호하기는커녕, 후텐마기지 하나를 해외로 이전하는 것조차 어처구니없는 주장이라고 폄하하고 있다. 그러나 과거 사례를 보면 이런 태도는 편견에 불과하다. 일본 측의 다양한 요청을 신중히 검토하는 자세는 과거 미국에도 있었다. 대체 누가 제대로 된 논의를 평가 절하하는 것일까? 당당했던 시게미쓰 외상의 인품을 비서관은 이렇게 전한다.

> 역시 지도자다. 국가만을 생각하고 돈은 생각하지 않는다. 가족 문제는 다음이고, 아무튼 아침부터 밤까지 국제정세와 일본의 장래만을 고민한다.

모든 행동은 거기서 나온다. 유권자가 찾아와도 만나주지 않는다. 지금 국가의 대사를 위해 일하고 있다면서 (…) 그때 그는 정말 중요한 전보를 읽고 있었다.(『야나기야 겐스케 오럴 히스토리柳谷謙介オーラルヒストリー』)

방위비 감액과 안보조약 개정을 둘러싼 자주의 움직임

1954년 12월 10일, 하토야마 이치로[1]정권이 탄생한다. 하토야마 수상은 소련과 국교 회복을 가장 중요한 국책으로 설정했다. 미일 간 중요 과제로는 방위분담금 문제가 있었다. 당시 일본의 예산은 1조 엔이 채 안 되었는데 주일미군 유지비에 매년 550억 엔을 쓰고 있었다. 하토야마 내각은 방위분담금을 200억 엔 감액하여 주택건설비에 할당하기로 앨리슨 주일대사와 합의했다.

하토야마 정권은 다음해인 1955년 2월 27일 총선거를 치러 3월 19일 내각을 구성한 다음, 6일 뒤인 3월 25일부터 방위분담금 교섭을 시작한다. 이때 일본 대표는 시게미쓰 외무대신이었고, 미국 대표는 앨리슨 대사였다. 4월 15일, 방위분담금을 178억 엔 줄이고, 그만큼 일본의 방위비 증액에 돌리기로 미일 간 합의가 이루어진다.

요시다 수상 시절에는 미국의 요구를 그대로 들어주었다. 대표적인 사례가 분담금이었다. 그러나 시게미쓰 외상은 미국과 분담금을 교섭

---

1) 하토야마 이치로(鳩山一郎): 제52, 53, 54대 수상으로 대미 자주노선의 대표적인 정치가. 1946년, 전후 첫 총선거에서 승리했지만 내각 구성 직전에 GHQ에 의하여 공직에서 추방되었다. 그 뒤 수상이 바로 요시다 시게루였다.

한 끝에 국가예산 2%를 감액하는 데 성공한다. 하토야마 정권은 소련과 국교 회복을 추진하였다. 시게미쓰 외상은 미군 철수에 관한 교섭까지 생각하고 있었다. 두 가지 난제를 안고서, 시게미쓰는 8월말 미국을 방문한다. 미군경비 삭감을 정면에서 돌파하려는 목적으로 미국을 방문한 시게미쓰의 각오는 매우 비장했을 것이다.

하토야마 수상은 시게미쓰 외상의 강경한 자세에 일말의 불안을 느꼈다. 심복인 고노 이치로 농림대신을 붙여서 동행하게 한 것은 그래서였다. 이것이 중차대한 임무임을 간파한 고노 농림대신은 다시 기시 노부스케 민주당 간사장에게 동행할 것을 요청한다. 이렇게 시게미쓰 외상 겸 부총리와 기시 노부스케 민주당 간사장, 그리고 고노 농림대신이라는 일본 정계의 초 거물급들이 미국을 방문하게 되었다.

회담은 1955년 8월 29일부터 31일까지 미국 국무성에서 진행되었다. 그 내용은 공동 코뮤니케[2] 외에는 발표되지 않았다. 따라서 여러 참석자들의 기록을 보면서 추측할 수밖에 없다. 먼저, 공동 코뮤니케를 살펴보기로 하자.

> 서태평양 지역의 안전과 평화를 확립하고자 노력하는 데 일치하였다. 가능하다면, 현행 안보조약보다 상호적인 조약으로 변경하자는 데 의견 일치를 보았다.

---

2) 코뮤니케(communiqué) : 문서로 국가 간 의사표시를 하는 방법. 정부 회담 내용을 요약하여 언론에 알리기 위한 목적에서 발표되는 공식성명을 지칭한다. 코뮤니케 내용은 정부간 법적 구속력이 없다.

"현행 안보조약을 상호적인 조약으로 바꾸는 것이 적당하다."는 구절을 보면 앞으로 안보조약을 개정할 가능성을 남겼다는 점에서 높이 평가할 수 있다. 미국은 조약 변경의 조건으로 "서태평양 지역의 평화와 안전을 확립하기 위한 노력이 실현되었을 때"를 내걸었다. 시게미쓰와 덜레스 간 격렬한 공방이 있었지만 결국 일본의 완패로 끝난다. 미일 외교사에서 매우 중요한 장면이므로 몇 명의 증언을 들어보기로 하자. 기시 노부스케는 『기시 노부스케 증언록』에서 다음과 같이 적고 있다.

> 덜레스와의 회담에서 안보조약 개정을 제안하였다. 덜레스가 예상치 못한 제안이었고 대부분 들어주지 않았다. 현재 일본은 미국과 대등한 안보조약을 맺을 국력이 없는 나라가 아니냐며 쏘아붙였다. 한마디로 말도 안 되는 소리라고 일축해버렸다.

기시 노부스케는 덜레스의 입장에서 시게미쓰의 제안이 의외였다고 증언한다. 그러나 시게미쓰와 앨리슨 주일대사 간 사전 협의 내용이 덜레스에게 보고되었기 때문에 기시의 판단은 잘못되었다. 다만 덜레스가 시게미쓰의 제안을 대부분 거부했다는 것은 맞아 보인다.

> 안보조약 개정에 대한 국무장관의 답변은 한마디로 시기상조라는 것이었다. 새로운 조약을 검토하려면 일본 내 여론의 지지가 있어야 하는데 전혀 없다는 이유였다. (…) 덜레스가 "시게미쓰, 당신 뭐 대단한 것처럼 이야기하는데 일본에 미국과 대등한 국력이 있는가?"라고 면전에서 구박한 것이

현실이었다.(『기시 노부스케의 회상岸信介の回想』)

역사가인 사카모토 가즈야는 다음과 같이 적고 있다.

> 미국 측 회의록과 메모를 분석해보면, 덜레스의 안보개정 조건은 매우 까다롭다는 것을 알 수 있다. 덜레스는 제2차 회담에서 만일 괌이 공격당하면 일본은 미국을 도우러 올 것인가라는 상호방위조약에 대해 물었다. 시게미쓰가 자위 차원에서 군대를 파견할 수 있다는 취지의 답변을 하자, 덜레스는 그런 해석은 이해할 수 없다고 반박하였다.(「시게미쓰 방미와 안보개정 구상의 좌절」)

또 한 명, 동행했던 고노 이치로 농림대신의 증언을 들어보기로 하자.

> 덜레스가 말한 취지는 이런 것이다. 일본은 안보조약을 개정하자고 말하지만, 일본의 공동방위는 현행 헌법으로 불가능하다. 일본은 해외 파병이 안 되니까 공동방위 책임을 질 수 없다. 구조적으로 불가능한데 무슨 안보조약 개정인가? 이해하기 힘들다.
> 그런데 여기서 시게미쓰에게 감동한 점이 있다. 덜레스에게 면전 구박을 당했지만 바로 당당히 일어나서, "어떤 나라 헌법이 처음부터 침략적인 해외 파병을 용인하는 조항을 넣겠는가? 미국 헌법이나 일본 헌법이나 둘 다 마찬가지다."라고 주장했다. 긴장은 됐겠지만 시게미쓰의 태도는 당당했음을 알 수 있다. 역시 전전 외교관은 식견이 있다고 느꼈다. (고노 이치로, 『지금이니까 말할 수 있다今だから話そう』).

시게미쓰는 회담에 임하기 전 쇼와 천황에게 국정보고를 했다. 그는 『시게미쓰 마모루 일기(속편)』에 당시 천황의 발언을 소개하고 있다.

> 8월 20일, 미국출장 전 임무를 자세히 말씀드리자 천황께서 미군 철수는 안 된다고 했고 진심 어린 안부를 전하라는 명을 받았다.

쇼와 천황은 주일미군 철수는 안 된다고 강조했다. 전후사에서 쇼와 천황은 결코 단순한 상징이 아니었다. 쇼와 천황과 맥아더 간 11회에 걸친 회담을 상세히 분석한 도요시타 나라히코는 요시다 수상이 미군기지 문제로 극단적인 대미 종속을 취한 배경에는, 쇼와 천황의 의도가 반영되었을 가능성이 높다고 본다.

전후 외교에서 시게미쓰 마모루는 대미 자주노선을 가장 강조한 인물이다. 시게미쓰 외상은 하토야마 내각이 붕괴되자, 덜레스와 교섭을 한 다음해인 1956년 12월 23일 사임한다. 그리고 겨우 1개월 뒤 1957년 1월 26일 급사한다.

> 저녁 7시경, 평소 좋아하던 전골과 떡을 먹은 뒤 9시경 잠자리에 들었다. 새벽 1시경 화장실에 다녀오고 나서 고통을 호소하다가 배를 움켜쥐며 앉아 있었다. "의사를 부를까요?" 했더니 필요 없다며 바로 앞으로 쓰러져 숨을 거두었다. (〈아사히신문〉 1957년 1월 26일자)

하토야마 이치로 내각과 북방영토 문제

오랫동안 계속된 요시다 시대를 끝내고 외상 겸 부총리 자리에 시게미쓰를 기용하여 자주노선을 지향한 하토야마 내각은 무엇을 남겼을까?

1955년 2월 총선거에서 하토야마 이치로를 당수로 하는 일본 민주당이 제1당이 된다. 새로운 정권은 먼저 헌법 개정과 자주외교를 외쳤다. 특히 이들이 중시한 것은 일본-소련 간 국교 정상화였다.

하토야마 수상의 등장을 미국은 어떻게 보았을까? 앞서도 말했듯 미국은 일본의 재군비 문제로 하토야마와 시게미쓰에게 기대를 걸었다. 일-소 국교 회복을 둘러싸고 앨리슨 주일대사는 다음과 같이 말한다.

> 신 정권은 미국의 이익을 무시하고 공산권에 양보만 하고 있다. 미일 관계 현상에 불만이라는 사실을 알려주고 싶다.

하루나 미키오의 『비밀파일-CIA 대일 공작秘密のファイル—CIAの対日工作』은 다음과 같이 쓰고 있다.

> 아이젠하워 정권, 특히 CIA는 동서냉전 최전선인 일본이 요시다 정권에서 하토야마 정권으로 바뀌는 것을 우려하였다.

그럼에도 하토야마 정권은 소련과의 국교 회복에 매진했다. 여기서

8장_ 자주노선의 기치를 내건 정권들 201

중요한 것은 북방영토[3] 문제다. 이에 관해 대부분의 일본인이 모르는 사실이 있다. 일본인 중에는 미국은 오키나와를 반환했는데 소련(러시아)은 북방영토를 돌려주지 않는다며 나쁜 나라라고 생각하는 사람도 많을 것이다. 그러나 놀라운 사실이 있다. 실은 북방영토 가운데 에토로후와 구나시리라는 2개 섬은 제2차 세계대전 말기에 일본 전쟁에 참여한 대가로 미국이 소련에 준 영토이다. 미국은 냉전 이후 소련이 구나시리와 에토로후를 일본에 양도하려고 하자 양자 관계에 간섭을 해왔다. 일본과 소련 간 분쟁의 여지를 남겨서 우호관계를 훼방하려는 미국의 속셈인 것이다.

더 확실한 증거를 위하여 포츠담선언과 샌프란시스코 강화조약이라는 두 가지 기본 문서를 통하여 정리해보자. 1945년 8월 15일, 일본은 포츠담선언을 수락했다. 포츠담선언은 일본 영토에 대하여 다음과 같이 기록하고 있다.

> 일본국 주권은 혼슈, 홋카이도, 규슈와 시코쿠를 포함하여 우리가 정하는 작은 섬에 국한된다.

즉, 일본 영토는 혼슈, 홋카이도, 규슈, 시코쿠와 연합국이 결정하는 작은 섬으로 한정된다. 북방영토가 연합국이 결정하는 작은 섬에 포함되는지 여부에 문제를 제기하면서 일본은 마술에 걸린 것이다.

---

[3] 북방영토: 러시아와 일본 간 분쟁지역인 쿠릴 열도 4개 섬을 일본에서 가리키는 용어이다. 에토로후, 구나시리, 시코탄, 하보마이 4개 섬으로 이루어져 있다.

북방영토라는 개념이 처음부터 있었던 것은 아니다. 북방영토는 크게 보아서 홋카이도 일부인 하보마이 섬과 시코탄 섬, 그리고 쿠릴 열도 남부에 있는 구나시리와 에토로후 섬으로 나뉜다. 나중의 2개 섬은 제2차 세계대전이 끝나기 전부터 미국이 소련에 양도하겠다고 약속한 것이다.

그 경위를 따지자면, 제2차 대전 때 미소 간 협력관계를 살펴봐야 한다. 미국은 전쟁 말기 소련에게 대일전에 참가하도록 요구했다. 일본의 패전이 농후해지면서 루스벨트 대통령의 최대 관심은 미국인 희생자를 줄이는 것과 일본의 무조건 항복에 초점이 맞추어진다. 1945년 4월 루스벨트 사망 뒤, 대통령이 된 트루먼도 마찬가지였다.

> 일본 본토 진입 시, 일본군 대부대를 아시아와 중국대륙에 붙잡아두어도 최소한 50만 명의 미국인 사상자가 나오게 된다. 소련의 대일 참전은 우리에게 매우 중요한 일이었다. (『트루먼 회고록』)

루스벨트 대통령은 1943년 11월 테헤란회담에서 소련의 대일 참전을 요구한다. 그리고 1945년 2월 얄타회담에서 쿠릴 열도가 소비에트 연방에 양도될 것이라는 내용을 포함한 얄타협정에 서명한다. 트루먼 대통령 또한 제2차 세계대전 막바지에 소련이 쿠릴 열도를 요구한 것을 인정하고 있다.

> 일반지령 1호, 즉 쿠릴 열도 전부를 소련군 극동군 총사령부에 양도하도록 수정하는데 동의한다. (〈트루먼 발 스탈린통신〉 8월 18일 수신)

1951년 9월 8일 샌프란시스코 강화조약에서 일본은 쿠릴 열도에 대한 모든 권리와 청구권을 포기한다고 되어 있다. 요시다 수상은 조인 직후 9월 7일, 에토로후와 구나시리 2개 섬이 쿠릴 남부라는 것을 인정한다. 그리고 10월 19일, 니시무라 조약국장은 중의원 국회답변에서 조약 내 쿠릴의 범위는 북 쿠릴, 남 쿠릴 모두 포함하는 것으로 본다고 답한다.

1956년 일소 교섭에서 시게미쓰 외상은 일소 국교 회복을 위해 에토로후와 구나시리를 포기해야 한다고 판단한다. 홋카이도의 일부인 하보마이와 시코탄은 양보하지 않는 대신 쿠릴 열도에 포함된 에토로후와 구나시리를 포기한 것이다. 샌프란시스코 강화조약에서 이미 포기한 섬이기에 타당한 판단이었다고 본다.

미국 국무장관이던 덜레스가 시게미쓰 외상에게 별안간 압력을 가한 일이 있었다. 만일 일본이 구나시리와 에토로후를 소련에 넘긴다면, 오키나와를 미국 영토로 해버리겠다고 맹렬하게 협박한 것이다. 다니 주미대사에게 구나시리와 에토로후가 소련에 넘어간다면 샌프란시스코 강화조약 체결국은 일본과의 조약을 모두 부정할 것이라고 압박한다. 왜 덜레스는 압력을 가해야 했을까? 그것은 일본-소련 간 분쟁의 소지를 박아두기 위한 것이었다.

> 미국 정부는 쿠릴 열도에 대한 소련의 주장에 이의를 제기하며 일소 간 갈등을 조장하고자 했다. 1947년 조지 케넌과 부하들은 영토문제를 분쟁의 씨앗으로 만들고자 검토하고 있었다. 아마도 북방영토 갈등이 수년간 일소 관계를 악화시킬 것이라고 생각한 것 같다.(마이클 샬러, 앞의 책)

이런 해석에 의문을 제기할 사람들도 있을 것이다. 미국이 그런 심한 짓을 할 바보는 아니라고 생각하는 것이다. 그러나 국제정치 세계에서 이런 일은 상식이다. 영국 등은 식민지에서 철수할 때, 대부분 분쟁의 여지를 남겨두고 물러난다. 식민지가 단결하여 영국의 반대 세력이 되면 곤란하기 때문이다.

영국은 인도에서 철수할 때 인도-파키스탄 간에 캐시미르 분쟁을 남겨두었다. 아랍에미리트에서 철수할 때는 부족 갈등을 일으키도록 국경을 얼키설키 설정한다. 파키스탄이 분리 독립하고 방글라데시까지 만든 것 또한 영국의 전통적인 분할통치 방식이다.

일본도 마찬가지다. 미국은 일본에서 철수하면서 주변국과의 해결 불가능한 문제들을 남겨두었다. 러시아와는 북방영토 문제, 한국과는 독도 문제, 중국과는 센카쿠 열도(중국명 댜오위다오) 문제가 그것이다. 그야말로 감탄할 일이 아닌가? 이것은 결코 우연이 아니다. 어떤 나라도 국경을 둘러싼 대립이나 분쟁은 있게 마련이지만, 일본만큼 정부의 해결 의지가 없는 경우도 찾기 힘들다. 이는 모두 미국의 의도적인 조작 때문이다.

하토야마 수상은 1956년 10월 12일 모스크바에 도착하여 교섭한 결과 10월 19일 일소 공동선언에 서명한다. 앞으로 평화조약이 체결될 때 하보마이 군도와 시코탄 섬을 일본국에 양도한다는 내용이었다. 전후 소련은 에토로후와 구나시리는 물론 하보마이와 시코탄까지 점거하고 모두 자국의 영토라고 주장했었다. 그러나 일본과 국교 회복을 열망하던 후르시초프 소련공산당 제1서기가 일본에 한 발 양보한 것이다. 하토야마 수상은 소련과의 국교 회복을 업적으로 남기고 퇴진한다. 그는 왜 일소 국교 회복에 집념을 불태운 것일까?

첫째, 소련은 일본과 강화조약 서명을 거부하여 법적으로 일본과 전쟁 중이었다.

둘째, 억류 일본인 문제가 있었다. 약 1,500명의 일본인이 소련에 억류되어 있었다.

셋째, 소련은 유엔 안보리에서 거부권을 지니고 있었다. 일소 간 국교가 없었고, 소련이 반대하면 일본은 유엔에 가맹할 수 없었다. 이는 일본이 다른 국제기구에 가맹할 수 없다는 것을 의미한다.

제5 후쿠류마루 호 사건과 원자력 개발

2011년 3월 11일, 동일본 대지진[4]이 발생하여 후쿠시마 원자력발전소에서 사고가 일어났다. 방사선이 누출되어 한때 도쿄를 포함한 동일본 전 지역이 거주 불가능할지 모른다는 우려까지 퍼져 있었다. 이렇게 위험한 원자력발전이 지진 대국인 일본에 총 54기나 존재한다. 대체 어떻게 이런 일이 생겨난 것일까?

일본에 원자력발전소를 건설하고자 한 움직임은 1950년대에 본격화된다. 일본 경제는 아직 고도 성장 이전 단계로 값싼 석유를 손쉽게 수입하던 시절이다. 그런데 1955년 12월 원자력기본법이 만들어지고,

---

4) 동일본 대지진: 2011년 3월 11일 오후 14시 46분, 일본 도호쿠 지방에서 발생한 대지진으로 지진 관측상 최고 수치인 리히터 9.0을 기록했다. 약 2만 명의 일본인이 실종하거나 사망했다. 후쿠시마 원자로 폭발로 대부분 원자로는 정지되었고, 현재 가동중인 원자로는 1~2기에 불과하다.

이듬해 1956년 1월 원자력위원회가 설치된다. 원자력발전이 궤도에 오르게 된 것이다. 대체 어찌된 일일까?

이 또한 미국의 의도가 반영된 것이다. 1950년대 원자력 개발에 적극적으로 관여한 인물로 나카소네 야스히로[5]와 쇼리키 마쓰타로[6]가 있다. 두 사람 모두 미국과 강한 우호 관계를 맺고 있었다. CIA는 쇼리키에게 '포담PODAM'이라는 암호명까지 주고 적절히 이용했다.

1954년 3월 1일, 미국은 마셜군도 비키니 섬에서 수소폭탄 실험을 한다. 이때 제5 후쿠류마루 호가 실험지역 내 85마일 지점에서 참치 조업을 하고 있었는데 오염된 재와 비가 선상 위로 떨어지면서 선원들이 방사능에 노출되는 사건이 벌어졌다. 3월 14일 제5 후쿠류마루 호는 귀항한다. 이미 선원들에게 피폭 증상이 나타났고, 신문은 죽음의 재를 뒤집어썼다는 보도를 내놓은 뒤였다. 9월 23일, 구보야마 무선기장이 사망한다.

이 피폭 사건에서 미국은 몇 가지 논란거리를 남겼다. 피폭 선원들의 치료를 위해 죽음의 재 성분을 알아내야 했지만, 미국은 알려주지 않았다. 또한 미국이 의사를 파견했지만 이는 치료가 아닌 조사 목적

---

5) 나카소네 야스히로(中曽根康弘): 1918년 군마 현 출생으로 제71, 72, 73대 일본 총리 역임. 도쿄대학을 졸업하고 내무성 관료로 시작하여 전후 정치가로 변신. 행정 개혁과 미일 동맹 복구에 성공하였다. 레이건 대통령과 친밀한 관계를 구축하여, 국제사회에서 일본의 존재감을 높였다. 그러나 미일 양국 간 안보와 경제면에서 둘 다 비싼 대가를 치러야 했다.
6) 쇼리키 마쓰타로(正力松太郎): 1885-1969. 일본의 경찰 관료이자 실업가. 전 〈요미우리신문〉 사주. 신문 판매량 확대에 성공하여 〈요미우리신문〉 중흥의 아버지로 불린다. A급 전범이자 장기간 미국 CIA에 협력한 인물로 알려져 있다.

에 그쳤다. 미국은 피폭 후 증상을 인정하지 않았고, 보상액도 지극히 미미한 수준이었다.

　요시다 수상은 미국에 제대로 항의조차 하지 않았다. 제5 후쿠류마루 사건이 요시다 정권의 기반을 뒤흔들기 시작했고, 미국에 대한 비난이 봇물 터지듯 밀려나왔다. 이때 움직인 사람이 바로 쇼리키 마쓰타로였다.

　앞에서 시바타 히데토시라는 인물을 언급한 적이 있다. 그는 GHQ 담당 〈요미우리신문〉 기자로 가타야마 내각 발족 시 수상 면전에서 "점령 하 일본 정부는 있거나 말거나 한 존재"라고 강연을 한 적이 있다. 그는 그 후, 쇼리키 마쓰타로의 심복으로 활약한다. 그의 저서 『전후 매스컴 회상기』에는 다음과 같은 내용이 실려 있다.

　　제5 후쿠류마루 선원들이 비키니 섬 수폭 실험으로 피폭되었다. 도쿄, 스기나미구에 사는 한 여성에 의해 시작된 수소폭탄 실험 반대 서명은 순식간에 3천만 명의 동의를 받았다. 이 운동은 불길처럼 전국으로 파급되었다. 이대로 가면 미일 관계는 완전히 파탄이 날 지경이었다.
　　워싱턴도 이를 심각하게 우려하면서, 밤낮으로 대책을 고민했다. 그때 미국을 대표해서 파견된 왓슨이라는 정체불명의 남자가 있었다. 며칠 뒤, 나는 결론을 내렸다. "일본에는 예전부터 독은 독으로 해결한다는 말이 있다. 원자력은 양날의 칼이다. 원폭 반대를 제압하자면 원자력의 평화적 이용을 대대적으로 홍보해야 한다. 그렇게 해서 위대한 산업혁명의 내일에 희망을 던지는 수밖에 없다."고 열변을 토했다. 이때 왓슨의 눈동자가 반짝였다. "좋습니다. 시바타, 그걸로 갑시다." 왓슨은 내 어깨를 두들기더니 나를 와락 끌어안았다. 정부가 아닌, 어디까지나 민간 수준에서 미국의 원자력 평화 이용 사절단을 보내도록 그에게 수차례 당부하였다.

1955년 새해 첫날 원자력 광고를 전국에 내보냈다. 〈요미우리신문〉이 중심이 되어 일본 국내에 원자력의 평화적 이용 움직임이 확산된다. 쇼리키 마쓰타로는 그 후 내각에 들어가 초대 원자력 위원장이 된다.

1955년 말 원자력의 평화적 이용 박람회가 11월 1일부터 12월 12일까지 총 6주간에 걸쳐서 대성공을 거둔다. 42일간 박람회 기간이 끝났을 때, 총 입장객 숫자는 〈요미우리신문〉 발표에 따르면 약 37만 명이나 되었다.

1956년 새해 첫날 원자력위원회가 발족하여 유가와 히데키[7], 이시카와 이치로(전 게이단렌 회장), 후지오카 요시오, 아리사와 히로미 등이 위원이 되었다. 쇼리키 마쓰타로가 만들어간 원자력발전으로의 선택은 대성공을 거두었다. 시바타가 중요한 역할을 한 것이다.

시바타는 1985년 12월 자서전을 출판했다. 그는 점령 하 약 40년간, 미국과의 밀접한 관계를 이용하여 일본의 정재계와 교류를 하던 인물이었다. 그는 자서전 출판 다음해인 1986년 10월 미국을 여행하다가, 11월 골프를 하던 도중 사망했다.

---

7) 유가와 히데키(湯川秀樹): 1907-1981. 교토 출신의 이론물리학자. 원자핵 내부에 양자나 중성자를 잇는 중간자의 존재를 예견하였다. 1949년 일본인으로서 처음으로 노벨상을 수상하였다.

1945. 2. 16. 일본을 급습한 태스크 포스 58함 ⓒ U.S.National Archives

원자력발전소의 기초를 닦은 사람들

일본에서 원자력의 평화적 이용을 추진한 또 한 명의 핵심인물이 있었으니 그는 바로 나카소네 야스히로였다. 1953년 12월 아이젠하워 대통령이 유엔에서 다음 연설을 발표함으로써 세계에 원자력의 평화적 이용이 확산되는 계기가 되었다.

> 미국은 공포스러운 원자력의 딜레마를 해결하여, 기적 같은 인류의 발명품이 인류 멸망을 초래하지 않고 인류 생명에 공헌할 길을 전력을 다해 찾아낼 것을 여러분 앞에서 다짐하는 바입니다.

원자력을 핵무기가 아니라 평화적으로 이용한다는 선언은 무척 매력적으로 들린다. 이를 적극적으로 활용한 사람이 나카소네 야스히로였다. 나카소네의 저서 『천지유정天地有情』에 따르면 1954년 3월 3일, 나카소네 야스히로, 사이토 켄조(초대 과학기술청 정무관), 이나바 오사무, 가와사키 슈지를 제안자로 한 첫 번째 원자력 예산이 중의원에 제출되었다. 원자력의 평화적 이용을 위한 연구 보조금은 2억3,500만 엔으로 책정되었는데, 그 금액은 우라늄-235(Uranium-235, U235 원자로와 핵무기에 쓰이는 우라늄의 방사성 동위 원소다)를 기준으로 결정되었다고 한다.

그 후, 나카소네가 중심이 되어 원자력위원회 설치법과 과학기술청 설치법 등 약 8개의 법안이 의원입법으로 국회에 제출되어, 과학기술청과 원자력위원회가 발족하게 되었다.

제3부

일본의 정권 교체와 미국의 음모

신 안보조약이 성립되기 전날인 1960년 6월 18일, 정점에 달한 신 안보조약 반대 투쟁. 사진은 국회를 포위한 학생과 노동자 시위대의 모습이다. 안보투쟁에는 야당과 학생, 노조 등 혁신 세력 외에도 학자나 예술인이 참가하여 전국적으로 전개되었다. ⓒ교도통신

9
보수 합동과
안보조약 개정

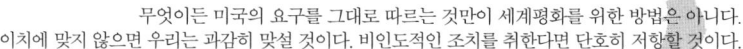
무엇이든 미국의 요구를 그대로 따르는 것만이 세계평화를 위한 방법은 아니다. 이치에 맞지 않으면 우리는 과감히 맞설 것이다. 비인도적인 조치를 취한다면 단호히 저항할 것이다.

자주노선의 이시바시 내각, 안타까운 조기 사퇴

1955년 11월 15일, 자유당과 일본민주당이라는 두 개의 보수정당이 합당하여 자유민주당, 즉 자민당이 탄생한다. 이를 보수 합동이라고 한다. 그로부터 한 달 전인 10월 13일에는 좌우로 분열된 사회당이 재통일하여 40년 가까이 계속된 55년 체제가 성립되었다.

미국 저널리스트인 팀 와이너에 따르면, 덜레스 국무장관은 자민당이 결성되기 3개월 전 기시 노부스케 일본민주당 간사장과 만나서 이런 발언을 한다.

만일 일본의 보수정당이 하나로 뭉쳐 미국이 주도하는 공산주의자와의 대결에 참가한다면 경제적 지원을 할 수도 있다.(「CIA 비망록」)

그 후 1960년대까지 CIA를 통하여 자민당에 정치자금을 제공한 사실은 미국 측 문서로 분명히 알 수 있다. 자민당은 당초 총재직을 두지 않았다. 그러나 1956년 4월 5일 총재 선거에서 수상이던 하토야마 이치로가 초대 총재로 선출된다. 그리고 연말에는 하토야마 수상이 퇴진하면서 12월 14일 이시바시 단잔1)이 자민당 총재이자 수상에 오른다.

총재 선거 제1회 투표에서 기시 노부스케가 1위로 올랐으나 과반수 미달로 2회 투표가 실시된다. 이때 2, 3위 후보 연합으로 올라온 이시바시가 역전승을 거두었다. 점령기 대장대신이던 이시바시 단잔이 미군의 주둔경비를 삭감할 것을 요구하여 공직에서 추방된 사실은 앞에서 보았다. 그는 미국의 요구에 그대로 따르는 정치가는 아니었다.

이시바시가 대미 자주노선을 어떻게 취할지 다들 그를 주목했다. 야당인 사회당 당수였던 아사누마 이나지로 역시 "대미 의존 수정과 일중 관계 개선을 희망한다."는 담화를 발표하였다.

1956년 4월 14일, 이시바시는 방위문제를 비롯하여 미국과 진지한 대화를 추진하겠다고 말한다. 다음날 15일 〈아사히신문〉은 현재 대미 관계는 불평등하므로 개선하여 대등한 관계로 하겠다는 내용이라고 해설한다.

---

1) 이시바시 단잔(石橋湛山): 제55대 수상으로 전전 언론인으로서 군부를 비판하였다. 수상이 되고 나서는 대미 자주노선을 취하지만, 병으로 불과 2개월 만에 퇴진하였다.

이시바시는 자주독립 노선을 잇달아 발표했다. 4월 23일 내각 개편 후 자주외교 확립을 기한다고 발언한 데 이어, 4월 24일 첫 기자회견에서는 미국의 요구를 그대로 따르는 것은 미일 양국을 위해서도 좋지 않다는 발언과 함께, 미일 관계도 중요하지만, 대미 일변도는 안 된다고 말한다. 1957년 1월 8일 전국 유세에서는 5개 약속을 발표한다.

> 무엇이든 미국의 요구를 그대로 따르는 것만이 세계 평화를 위한 방법은 아니다. 이치에 맞지 않으면 우리는 과감히 맞설 것이다. (청중의 박수) 비인도적인 조치를 취한다면 단호히 저항할 것이다.

분명 미국을 의식한 발언이었다. 미국의 꼭두각시가 아니라는 이시바시의 태도는 구체적으로 어떤 가능성을 의미할까?

하나는 주일미군 문제를 생각해볼 수 있다. 1947년 점령기 대장대신이던 이시바시는 미군 주둔경비 삭감을 요청한 바 있다. 다른 하나는 중국 문제다. 로버트슨 국무차관보가 도쿄를 방문했을 때, 이시바시는 "미국의 요청을 그대로 수용만 하던 시대는 지났다."고 발언한다. 주일미군과 중국 문제는 일본이 넘어서는 안 되는 마지노선이지만 이시바시는 당당하게 두 문제에 대하여 의견을 진술한다.

전후 자주노선을 표명한 인물은 기시 노부스케나 시게미쓰 마모루처럼 전전 일본에서 활약한 사람이었고, 또는 아시다 히토시나 이시바시 단잔처럼 군부 압력에 당당히 저항했던 사람들이다. 이들이 갑작스레 자주노선을 주창한 것은 아니었다.

이시바시 단잔은 전전 군부에게 강력한 경고를 보낸 바 있다. 전전 일본 군부가 폭주한 배경에는 통수권 문제[2]가 있었는데, 천황이 육해군을 통수한다는 조항이 있는 메이지헌법이 문제였다. 군사권은 모두 천황과 군부가 쥐고 있었고 내각은 이를 간섭할 수 없었다. 군부는 통수권을 방패로 하여 폭주를 거듭했다. 런던해군군축회의[3]에서 정부 대표가 해군 삭감에 합의한 것을 두고 군부는 통수권 위반이라고 항의했다. 이시바시 단잔은 1930년 「동양경제신보」 사설에서 "통수권은 오늘날 용서할 수 없는 괴물"이라고 당당히 군부를 비난했다. 미국은 자주노선을 강조하는 이시바시를 경계했다. 하루나 미키오의 『비밀파일』에는 다음 같은 내용이 있었다.

> 미국은 자민당 제2대 총재로 유망주인 기시 노부스케가 선출될 것으로 믿었다. 이시바시가 당선되자 미국은 크게 곤혹스러운 모습이었다.

1956년 12월, 미 국무성 동북아시아 담당 차관보인 파슨스는 영국 외교관 앞으로 비밀 전보를 보내면서 속내를 털어놓았다.

> 앞으로 미일 간 상당한 분쟁이 발생할 것이다. 이시바시는 유능하지만 고

---

2) 통수권 문제: 구 메이지헌법 제11조에 규정한 천황의 육군과 해군에 대한 군사통수권을 말한다. 수상과 내각의 외교정책이 육해군의 침략을 제어하고자 한 경우, 군부는 이를 두고 천황대권을 침범한 것으로 비난했다. 군부의 대외팽창을 억제하지 못한 일본은 전쟁을 확대하였고 결국 패전하였다.
3) 런던해군군축회의: 1930년 1월 미·영·불·이탈리아·일본의 주요 5대 강국이 참가한 해군 군축회의이다. 제1차 대전 후 군비를 축소하고자 개최되었으나 탈퇴를 거듭하면서 유명무실해졌다.

집이 세고, 점령 중 추방당한 개인적인 굴욕을 잊지 못하고 있다. 중일 무역과 오키나와 기지 문제가 불안정 요인이다. 기시가 이시바시를 견제할 수 있을까? 아무튼, 결국에는 기시가 수상이 될 것이다. 우리에게 운이 따른다면, 이시바시 정권은 오래가지 못할 것이다.

모교인 와세다대학에서 열린 총리 취임 축하모임에 참석했던 이시바시 단잔은 갑자기 폐렴에 걸려 수상직을 내려놓게 된다. 결정타가 된 것은 의사의 진단이었다. 1957년 2월 23일, 4명의 의사진이 다음과 같은 진단결과를 발표했다. "약 2개월간 치료와 요양이 필요하다." 주치의는 "폐렴 증상은 사라져 회복단계에 있다. 폐렴 외는 걱정할 게 없다. 체중이 갑자기 줄었지만 폐렴이 원인은 아니다."는 결과를 발표한다. 체중이 갑자기 줄었지만, 폐렴이 원인은 아니라고 한 주치의의 발언에 주목하기 바란다.

이시바시 단잔은 "새 내각의 수상으로 가장 중요한 예산심의에 단 하루도 출석할 수 없는 이상 사퇴를 결심하였다."고 말하면서 1957년 2월 25일 사임한다. 겨우 2개월짜리 단명 내각이었고, 포기하기 아까운 수상이었다.

만일, 이시바시 정권이 장기 집권했다면 미일 관계에 새로운 시대가 찾아왔을지 모른다. 이시바시는 1973년 4월 25일 사망했다. 병으로 수상직을 물러나고 나서 15년 후의 일이다. 1957년 그의 병이 도대체 무엇이었는지 궁금하다.

기시 내각, 또 다시 좌절된 자주노선의 길

왜 지금에 와서 50년 전의 기시 노부스케[4]를 연구하느냐고 의문을 제기할지 모른다. 예를 들어, 대학에서 "1905년 러일전쟁과 1941년 일본 진주만공격의 관계를 서술하라."는 문제를 출제하면 모두가 깜짝 놀란다. 시간적으로 너무나 멀리 떨어져 있는 두 사건은 거의 관련이 없어 보이기 때문이다. 그러나 1905년 러일전쟁에서 막대한 부채를 지게 된 일본이 그 후 이권을 요구하면서 만주나 중국에 진출한 만큼 두 사건의 관련성은 결코 적지 않다.

1963년 케네디 암살 사건과 오늘날 미국 현실과의 관련성을 조사하라는 문제도 마찬가지다. 50년 전 사건이 오늘날 미국 현실과 관련이 있다고 생각하는 사람은 없을지 모른다. 그러나 대통령 암살이라는 중대한 사건의 진실을 숨긴 미국의 어두운 역사는 현재까지 미국 정치에 커다란 영향을 미치고 있다.

다시 처음 질문으로 돌아가, 왜 지금에 와서 50년 전의 기시 노부스케를 연구해야 하는지 생각해보자. 그것은 기시 노부스케가 체결한 신안보조약이 현재 미일 관계의 기초를 이루고 있을 뿐만 아니라, 기시 수상을 끝으로 안보조약에 대한 근본적인 개정 움직임이 단 한 번도 일어나지 않았기 때문이다. 즉, 현재의 미일 관계를 알고자 한다면 신

---

4) 기시 노부스케(岸信介): 제56, 57대 수상으로 미국 CIA로부터 거액의 정치자금을 받아서 자민당 창당비로 사용하였다. 수상 취임 후에는 자주노선을 선택했다가 1960년 안보투쟁 시위가 격렬해지면서 결국 실각하였다.

안보조약이 체결된 시대를 반드시 알아야 한다.

기시 노부스케는, 1960년 신 안보조약 체결을 강행한 인물이다. 당시는 CIA가 많은 정치자금을 뿌린 시절이었다. 따라서 기시에겐 미국 추종 일변도였다는 이미지가 강하게 박혀 있다. 그러나 좀 더 세밀하게 추적해 보면, 그는 놀라울 정도로 자주노선을 모색했던 사람임을 알 수 있다.

기시 노부스케는 1956년 12월, 이시바시 내각에서 외상을 지냈다. 그의 의식 속에는 "구 안보조약은 미국에만 일방적으로 유리하다. 형식상 연합국 점령은 끝났지만 아직도 미군이 일본을 점령하고 있는 상태"라는 생각이 있었다. 그러던 차 이시바시 수상이 갑자기 2개월 만에 사퇴한다.

1957년 2월, 수상이 된 기시 노부스케는 총력을 기울여서 안보조약을 개정하려고 한다. 훗날 회고록에서 그는 다음과 같이 말한다.

질문 3년 5개월에 걸친 기시 내각이지만 재직 중 모든 업무를 10으로 한다면, 안보조약 개정에 얼마나 에너지를 사용했습니까?

답변 글쎄. 아마 7이나 8정도는 되겠지요. 2년 전, 시게미쓰와 덜레스 회담에서 미국 측은 안보개정 제안에 콧방귀도 뀌지 않았어요. 조약을 바꾸는 일은 여간한 결단과 파워가 없으면 안 되었지요. 당내 의견을 정리할 필요가 있었어요. 국회는 어차피 야당이 반대하니까. 시위를 해도 일부 목소리에 그쳤고 별 대단한 것은 아니었어요."(『기시 노부스케 증언록』)

마지막 문장에 언급한 것처럼 적은 규모의 시위대를 너무나 안이하게 생각한 나머지 결국은 퇴진으로 이어졌지만, 기시 수상은 인터뷰 가운데 당내 대책이 가장 힘들었다고 말한다. 요컨대, 자민당 내 대미 추종파와의 대결에서 너무 많은 에너지를 소모한 것이다. 요시노 도시히코의 『기시 노부스케 정권과 고도 성장岸信介政権と高度成長』은 기시의 증언과 거의 일치한다.

> 기시는 경제 전문가이지만, 요시다가 맺은 강화조약 자체가 불명예라고 생각하고 있었다. 자주적인 안보조약으로 개정하고, 재군비를 추진하며, 헌법 또한 개정해야 한다고 생각했다. 게다가 오키나와 반환은 물론이고, 대미 외교에 가장 큰 에너지를 쏟았다. 경제는 직접 개입하지 않았을 것으로 본다.

기시 수상은 대미 종속에서 벗어나고자 했다. 불평등한 안보조약을 개정하고자 전력투구한 것이다. 그는 1957년 4월 19일 참의원 내각위원회에서 "안보조약과 행정협정을 전면적으로 개정해야 할 시기"라고 답변한다. 여기서 안보조약뿐만이 아니고 굳이 행정협정까지 언급한 것에 주목할 필요가 있다. 기시는 행정협정의 중요성을 잘 알고 있었다.

기시 수상은 안보조약 개정을 미국과 교섭하고자 시도한다. 먼저 기시는 더글러스 맥아더 2세[5] 주일대사와 회담하여 자신의 생각을 전한

---

5) 더글러스 맥아더 2세: 맥아더 원수의 조카. 1957년부터 1961년까지 주일 미국대사를 지냈다. 일본의 반미주의를 우려하여 안보조약을 개정하도록 뒤에서 지원했다. 또한 1959년 도쿄지방재판소가 일본에 미군이 주둔하는 것은 일본 헌법에 위배된다는 위헌판결을 내리자, 다음날 후지야마 외상과 만나 대책을 지시하는 등 일본 정부를 통제했다.

다. 이때 기시는 미국 측에 정확히 전달되도록 아예 자료를 준비해와 읽었다. 그중 다음과 같은 내용이 있었다.

> 주일미군을 철수시키고, 긴급 사용 시 필요한 미군 기지만 제공할 것을 제안하였다. 10년 후 오키나와와 오가사와라 군도 내 권리와 권익을 일본에게 반환하도록 원대한 제안도 하였다.(『기시 노부스케 회상록』)

기시 수상은 주일미군을 최대한 철수시키라고 미국에 요구한다. 솔직히 의외로 대담한 주장이었다. 1957년 6월, 기시는 미국 방문 시 다음과 같은 심정으로 임했다.

> 일본은 샌프란시스코 조약에서 정치적으로 독립했지만 불평등 관계였다. 즉 점령기에 남은 일종의 응어리가 있었다. 점령은 형식적으로 끝났지만 실질적으로 그 잔재라고 할까, 남은 찌꺼기가 일본인들 머릿속에 있었다. 이것을 완전히 제거해야 미일 관계가 대등한 것이 된다.

기시는 덜레스 국무장관에게 다음과 같은 내용을 주장한다.

> 말로만 대등한 미일 관계라고 하면서 현행 안보조약은 너무나 미국에 유리하다. 미군이 점령한 상태나 진배없다. 쌍무적인 계약도 아니다.

결국, 미일정상은 구 안보조약을 다시 재검토하기로 합의를 본다.

CIA 자금으로 미국을 교묘히 역이용한 기시 노부스케

전후 기시 노부스케 주변에는 미국의 그림자가 배회한다. 그는 『기시 노부스케 증언록』에서 "콤프턴 파케남 〈뉴스위크〉 도쿄지국장이 내가 간사장 시절에 영어강습 차 주1회 집을 방문하였다."고 이야기한다. 미국은 이전부터 기시를 주목한 것이다. 기시는 전전 조셉 그루Joseph Grew 주일대사(1932~1942 재직)와도 친구이자 골프를 같이 치는 막역한 사이였다.

냉전이 시작되면서, 미국은 일본을 공산주의에 대항하는 방파제로 삼고자 결심했을 때 기시 노부스케 등 제2차 세계대전에 전범을 이용하고자 한다. 팀 와이너Tim Weiner의 저서 『CIA 비밀록』에는 다음과 같은 내용이 있었다.

> 미국은 7년간 인내심을 가지고 기시를 전범에서 수상으로 변신시켰다. 기시는 〈뉴스위크〉 도쿄지국장 파케남의 영어레슨을 받으면서 외신부장인 해리 칸을 통해서 미국 정치가와 만나게 된다. 해리 칸은 안보투쟁 시 CIA 장관이던 알렌 덜레스와 친구로 나중에 CIA 중개역을 맡았다. 기시는 미국 대사관 당국자와의 관계를, 마치 난초를 키우는 일처럼 소중히 생각했다.

스가모 감옥에서 석방된 기시를 미국은 바로 접촉한다. 그의 유럽여행이나 미국 여행을 도와주기도 한다. 1955년 8월, 존 덜레스는 기시와의 회담에서 보수정당을 통합하여 새로운 정당인 자민당을 만든다면 미국이 재정적으로 지원하겠다는 이야기를 나눈다. 미국 역사학자 샬러는 이렇게 말한다.

> 정보 담당 미 국무차관보인 로저 힐즈먼에 따르면, 1960년대 초까지 CIA에서 일본 정당과 정치가에게 제공된 자금은, 매년 200만 달러에서 1천만 달러였다.

그런 거액을 받은 핵심인물은 기시가 틀림이 없다. 미국에게 가장 바람직한 일본 수상은 기시였던 것이다. 자민당이 창당되었을 때 미국이 원한 수상은 하토야마나 이시바시가 아니라 분명 기시였다.

기시 노부스케에게 주1회 영어를 가르친 파케남이라는 인물도 단순한 기자가 아니었다. 그가 소속된 미국 대일협의회ACG는 미국이 일본을 공산주의로부터 방파제로 삼는 방침을 실천하고자 설립되었다. 조셉 그루가 명예회장이고, 회원 중에 파케남이나 〈뉴스위크〉 외신부장인 해리 칸 등이 있었다. 그들은 분명 기시 노부스케를 수상으로 만들 생각이 있었다.

문제는 기시 자신이 미국과의 관계를 어떻게 생각했는지에 있다. 앞서 보았지만 그는 옥중에서 냉전을 예측한 사람이다. 기시는 1946년에 "냉전은 유일한 희망이었다. 냉전이 격화되면 교수형당하지 않고 살 수 있다."고 생각했다.

즉, 기시 노부스케는 전후에 말 그대로 살아남기 위하여 미국에 이용당하는 선택을 한 것이 틀림없다. 다만 차이가 있다면, 거기서 주저앉지 않고 미국의 파워를 이용하여 국익을 우선시했던 것이다. 수상이 된 기시는 1957년 6월 미국을 방문한다. 기시는 그때를 다음과 같이 회고하고 있다.

> 도착한 날, 백악관에서 드와이트 아이젠하워[6] 대통령을 예방하였다. 긴장한 채 인사하자, 아이크(아이젠하워의 애칭)가 오후에 별일 없으면, 골프를 치자고 제안했다. 덜레스는 골프를 하지 않았다.
> 워싱턴 버닝트리라는 남성 전용 골프장에 갔다. 플레이가 끝나고 로커에서 옷을 갈아입으면서 둘 다 나체가 되었다. 홀러덩 벗고 샤워하며 이야기를 나눴다. 이것이야말로 진정한 남자들의 만남이라는 생각이 들었다.(『기시 노부스케의 회상』)

벌거벗은 회담은 중요한 의미가 있다. 그때만 해도 미국의 대일 관계는 거의 덜레스가 좌지우지하고 있었다. 두뇌가 명석했고 변호사 출신인 덜레스는 항상 미일 교섭의 주도권을 쥐고 있었고, 아이젠하워 대통령에게 절대 복종한 심복이었다. 기시 수상이 워싱턴에 도착한 후 바로 골프를 치게 되면서 덜레스 없이 아이젠하워 대통령과 둘만의 독대의 시간이 있었다.

이때 두 사람이 무슨 이야기를 했는지는 모른다. 공식석상에서 아이젠하워는 덜레스에게 기시 수상이 모처럼 멀리서 왔으니 의견을 잘 들어주라고 부탁한다. 덜레스는 불과 2년 전 시게미쓰 외상을 하대했던

---

6) 드와이트 아이젠하워(Dwight Eisenhower): 제34대 미국 대통령으로 제2차 세계대전에서 유럽전선 연합국 최고사령관이었다. 군산복합체의 위험성에 경종을 울리는 퇴임 연설로 유명하다.

인물이다. 그러나 대통령과 단둘이서 골프를 쳤기 때문인지 덜레스는 기시를 쉽게 다루지 못했다. 현실 외교에서는 이처럼 인간적인 관계가 지극히 중요한 변수가 되는 법이다.

기시는 방미 중 양키즈 스타디움에서 열린 프로야구의 시구행사에 참여한다. 경기는 뉴욕 양키즈와 시카고 화이트삭스의 대결이었다. 아이젠하워 대통령과의 골프도 그랬지만 이 아이디어는 일본 외무성이나 주일 미국대사관에서 내놓은 것이 아니었다. 아마도 파케남이나 해리 칸이 준비했을 가능성이 높다.

그 일이 있던 1957년 8월 파케남은 갑자기 쓰러져 뇌경색으로 사망한다. 덜레스도 2년 후인 1959년 5월 암으로 죽었다. 한편, 기시는 30년 후인 1987년에 사망하여 무려 아흔 해를 살았다.

기시 노부스케와 CIA 사이에 분명 뒷거래가 있었을 것이다. 그러나 기시는 미국을 거꾸로 이용했다. 아마도 그런 재주는 전쟁 전 만주국을 경영하는 등 험난한 세상을 살아온 인생 경험에서 나왔을 것이다. 만주 시절을 회고하는 자리에서 그는 다음과 같이 말한다.

> 정치란 아무리 동기가 좋아도 결과가 나쁘면 안 된다. 때로 동기가 나빠도 결과가 좋다면 좋다. 이것이 정치의 본질이 아닌가 생각한다.(『기시 노부스케 증언록』)

CIA로부터 거액의 정치자금을 받으면서 안보조약 개정에 집념을 불태웠던 기시의 발언은 일말의 거짓도 없는 진심이었을 것이다.

실패로 돌아간 주일미군 감축안

1957년 6월 21일, 기시 수상의 방미 결과 공동성명이 발표되었다. 그 내용은 다음과 같다.

- 안보조약을 검토할 미일 정부 간 위원회를 설치한다.
- 안보조약에 기초한 모든 조치가 유엔헌장 원칙에 합치하도록 한다.
- 1951년 구 안보조약은 잠정적인 초안이며, 영구히 존속할 것은 아니다.
- 미군 지상군은 신속히 철수하는 등 대폭 삭감한다.

두 번째 안보조약에 기초한 모든 조치가 유엔헌장 원칙에 합치하도록 한다는 항목은 매우 중요하다. 미군이 일본 기지를 사용하는 것은 상관없지만, 어디까지나 유엔헌장 원칙 내에서만 가능하다는 이야기다. 기시가 앨리슨 대사에게 제안한 주일미군의 최대 감축 문제는 대체 무엇이었을까?

덜레스는 안보조약을 새로 재검토한다는 점에 찬성한다. 기시의 제안에 정면으로 반대하지는 않았다. 다만, 협의회를 설치하자고 제안한다. 소위 우회책을 쓴 것이다.

정치적 판단만으로 결정하는 것은 위험한 일이다. 목숨이 달린 군부의 의견 또한 충분히 존중해야 한다. 정상회담에서 미일 안보위원회를 설치하기로 하였다.(『기시 노부스케 증언록』)

그러나 미일 안보위원회는 1957년 9월 14일, 보고서를 제출한 것을 끝으로 역사 속으로 사라졌다. 역사에서 만일을 가정하는 것은 금물이지만, '만일' 기시 정권이 1960년 7월, 안보소동으로 붕괴하지 않았다면 주일미군을 최대한 감축했을까? 만일 성공했다면, 기시 정권에 대한 평가는 완전히 달라졌을 것이다.

2009년, 하토야마 유키오 수상이 후텐마기지를 오키나와 현 외부로 이전시키겠다고 하자 여기저기서 공격이 빗발쳤고, 결국엔 수상직에서 물러나야 했다. 겨우 기지 하나를 옮기는 문제인데도 이런 사태가 발생한다. 만일 기시 수상이 주일미군 감축을 요구할 것으로 미국이 판단했다면 어땠을까? 또 하나, 1951년 강화조약과 안보조약을 체결할 때, 데라사키 타로 전 외무차관이 말한 내용을 생각해보자.

> 샌프란시스코 강화체제는 시간상 평화조약→안보조약→행정협정 순서로 만들어졌다. 그러나 진짜 내용은 거꾸로였다. 행정협정을 위한 안보조약이었고, 안보조약을 위한 평화조약에 지나지 않았다. 오늘날 그것이 분명히 밝혀졌다.

행정협정은 점령 종결 후, 미군이 주일미군 기지를 자유롭게 사용하고자 정한 것이다. 미국에게는 이것이 가장 중요했다. 안보조약 개정에 미국은 일단 응할 자세를 보인다. 그러나 행정협정 개정만은 격렬하게 반대한다. "안보조약은 바꾸어도 좋다. 그러나 행정협정만은 안 된다."는 것이 미국의 방침이었다.

행정협정 개정에 난항을 겪다가 무너진 기시 내각

1952년 체결된 행정협정의 내용은 앞에서 이미 보았다. 미국에게 행정협정이 중요한 것은, 1951년 미국이 원하는 규모의 군대를, 원하는 장소에 원하는 기간만큼 주둔시킨다는 권리를 획득하는 것을 목적으로 체결된 미일 안보조약을 실현하기 위함이었다. 행정협정에는 다음과 같은 내용이 있다.

> 일본국은 미합중국에 대하여 안보조약 제1조의 목적 수행에 필요한 시설과 구역(기지를 말함) 사용을 허가한다.

미군은 원하는 만큼의 기지를 일본 국내에 얻을 권리가 있다. 또 이런 내용도 있다.

> 일본국과 미합중국은 시설과 구역을 일본국에 반환할 수 있고, 또는 새로운 시설과 구역을 제공할 수 있다.

"그럴 수 있다", 즉 가능하다는 이야기는 미국이 원하지 않으면 합의 없이 반환하지 않아도 된다는 말이다. 즉, 미국은 원하는 기간만큼 미군을 주둔시킬 권리를 획득한 상태였고, 오카자키와 러스크 간 교환공문으로 이것이 확정되었다는 사실은 앞에서 언급했다.

주일미군의 권리를 정한 행정협정은 미국 측에 일방적으로 유리한 결정이다. 기시 수상은 행정협정을 전면 개정할 시기가 왔다고 보고 2단계

1945. 2. 23. 일본의 이오섬을 점령한 미군들의 모습 ⓒ U.S.National Archives

이론의 개정 방침을 생각하고 있었다. 즉, 안보조약을 개정하고 나서 행정협정을 개정할 방침이었다. 행정협정의 조항이 많으므로 이는 일리 있는 생각이었다. 그렇다면 주일미군을 최대한 감축하도록 천천히 협의할 수도 있었다.

그런데 이케다 하야토 부수상과 고노 이치로 총무회장, 그리고 미키 다케오 경제기획청 장관 등 쟁쟁한 실력자들은 모두 완전한 개정을 요구했다. 애당초 실현 불가능한 요구를 한 것이다.

왜 이케다 하야토, 고노 이치로, 미키 다케오가 동시에 완전한 개정을 주장했을까? 이케다 하야토는 기시를 이어 수상이 되지만, 행정협정(1960년 신 안보조약 체결 후에는 지위협정이라고 부름)을 개정하자는 주장은 전혀 하지 않았다. 단지 기시 정권을 무너뜨리려는 의도로 전면 개정을 주장했을 가능성이 높다.

이케다 하야토를 비롯한 정치 실력자들은 안보조약 개정에 난항을 거듭하다가 정권이 붕괴되기를 기대했다. 만일 난장판 상태에서 안보조약이 통과되면, 기시는 자민당 총재로 3선되면서 당내 기반이 더욱 강고해질 것이 분명했다. 이케다와 공동으로 기시에 대항한 미키 다케오는 원래 강력한 미국통이었다.

신 안보조약 비준은 문제없이 추진될 터였다. 자민당은 당시 중의원에서 288석이라는 압도적인 다수를 차지하고 있었기 때문이다. 반면 사회당은 128석, 민사당은 37석이었다. 민사당은 아예 기시 수상에게 협력할 태세였다. 객관적으로 보아도, 자민당은 압도적인 다수였고 안보조약을 비준할 여건이 충분했다. 안보 소동을 일으킨 것은 자민당 내부의 지연 술책이 만들어낸 결과였다.

10
진보 세력을 이용했던
미국의 과감한 획책

> 전학련 사람들은 청년다운 순수함이 있었다. 그러나 국제정치라는 관점에서 볼 때 미국이 유명 대학의 학생운동이나 인권단체, NGO 등에 자금이나 노하우를 제공함으로써 반미 정권을 무너뜨리는 계기를 만드는 것은 자주 있는 일이다.

역사상 전례 없이 뜨거웠던 안보투쟁

1960년 6월 15일 안보투쟁[1]은 정점을 치달았다. 6월 16일 〈아사히신문〉은 다음과 같이 보도했다.

> 전학련(전 일본학생자치회총연합의 약칭), 국회 내부로 난입
>
> 도쿄대학 여학생 사망

---

1) 안보투쟁: 1960년 미국 주도의 미일 안보조약 개정을 반대하는 일본 시민의 대규모 평화운동. 그해 5월 19일 자유민주당이 국회에 경찰을 배치하여 신 안보조약 승인을 강행하려 하자 자민당의 비민주주의적인 행위를 규탄하는 시위로 번졌다 – 역주.

부상 4백 명, 경관 최루탄 사용

6.15 행동일 저녁, 국회 데모에 나선 전학련 주류파 약 7천 명은 중의원 뒷문으로 몰려갔다. 국회 구내에서 경찰관과 부딪쳐 난투극을 벌였다. 전학련 주류파 약 4천 명은 국회 정원을 점거하여 항의집회를 계속했다.

사망한 여학생의 이름은 시라카바 미치코였다. 경찰병원 검시에서 사인은 흉부 압박과 머리 뇌출혈로 판명되었다. 희생자는 사망 1명, 중경상 712명, 체포 167명을 기록했다.

여대생 미치코가 사망하자, 그동안 시위에 참가하지 않던 많은 사람들이 시위대에 들어갔다. 6월 15일, 노조인 총평(일본노동조합 총평의회의 약칭)이 580만 명을 동원하여 신 안보조약 저지와 기시 정권 퇴진을 요구했다. 3일 뒤인 18일에는 일본 정치 사상 최대 규모의 시위가 국회와 수상 관저를 둘러쌌다. 50만 명이 넘는 노동자와 비슷한 규모의 시민들이 참여했다. 학생만 해도 5만 명을 넘었다.

어쩌면 1960년 6월 18일은 전후 사상 커다란 변혁의 날이었을지 모른다. 그러나 바로 전날인 17일, 대부분의 신문들이 시위대의 폭력적인 수단을 비판하는 성명을 발표한다. 경찰 측이 방어의 강도를 높이자 노조는 과격 행동을 자제하는 분위기였다. 전학련을 지도한 분트(조직, 연대를 의미하는 독일어 Bund로 일본에서 전후 설립된 공산주의자 동맹을 말함) 조직은 주요 인물이 대부분 체포된 상태였다. 결국 데모는 폭동으로 발전하지 않았고, 이 날로 안보 소동은 사실상 종료되었다.

신 안보조약은 참의원 의결이 없는 채로 6월 19일 자동 성립된다. 한편, 예정되었던 아이젠하워 대통령의 일본 방문은 연기가 아닌 사실상 중지되었다. 6월 23일, 기시 수상은 사의를 표명한다. 전학련이나 총평 시위대가 요구한 기시 내각 타도가 달성된 것이다. 그러나 투쟁의 최대 목표인 안보조약은 50년이 지난 오늘까지 단 한 글자도 바뀌지 않은 채 계속되고 있다.

안보투쟁의 당초 목적은 전혀 이루지 못했다. 전학련운동의 중추였던 분트 역시 분열되었다. 전학련운동의 핵심인물 가운데, 모리타 미노루[2)는 『전후 좌익의 비밀戰後左翼の秘密』에서 다음과 같이 말하고 있다.

> 1960년 안보투쟁의 최대 고비는 4월부터 6월에 걸친 국회비준 저지 운동이었다. 6월 19일 새벽, 신 안보조약이 국회에서 자동 성립되면서 안보투쟁은 사실상 끝났다고 봐야 한다.

표적이 되었던 안보조약은 그대로 남았다. 그런데 왜 투쟁은 사실상 끝났다고 한 것일까?

전학련운동 중심인물이던 니시베 스스무[3)는 『60년 안보-감성적인 여행60年安保-センチメンタル·ジャーニー』에서 다음과 같이 적고 있다.

> 전체적으로 본다면, 60년 안보투쟁은 안보반대 투쟁이 아니었다. 투쟁 참

---

2) 모리타 미노루(森田実): 1932년 일본 시즈오카 현 출신. 도쿄대학 재학 중 일본공산당에 입당. 전학련의 핵심인물이었다. 일본평론사 출판부장을 거쳐서, 1973년부터 정치평론가로 활동해 오고 있다.
3) 니시베 스스무(西部邁): 1939년 홋카이도 출신으로 일본의 평론가. 도쿄대학 교양학부 교수. 한때 진보적인 학생운동가였으나, 그 뒤 우익 논객으로 변신하였다. 우익 교과서 단체인 새로운 역사를 만드는 모임에 참가했다가 탈퇴하였다.

가자 대부분이 국제정치나 군사정세를 모르거나 관심이 없었다.

정말 놀랍지 않은가? 60년 안보투쟁은 대체 무엇이었을까? 초기에 많은 신문들은 투쟁을 지지했다. 그러나 6월 17일, 7개 신문사(산케이, 마이니치, 도쿄, 요미우리, 도쿄타임스, 아사히, 니혼게이자이신문) 공동선언이 나온다. 이유 여하를 불문하고, 폭력으로 문제를 해결하려는 것은 단호히 반대한다는 내용이었다. 이 선언을 계기로 투쟁의 움직임은 잦아들기 시작했다. 대체 안보투쟁이란 무엇이었는지 되묻고 싶다.

미국이 전학련을 통해 안보투쟁을 지원한 까닭

1960년 안보투쟁을 주도한 조직은 전학련이다. 그 중심에는 분트라는 조직이 있었는데, 1958년 전학련에서 활동하던 학생들이 일본공산당[4]과 결별하면서 만든 조직이었다. 당연히 자금 사정이 좋지 않았다.

당시 전학련 재정 상황을 상징하는 일화가 있다. 지금은 생각조차 할 수 없지만, 서기국에는 전화기가 한 대뿐이어서, 도쿄의 모든 대학에서 전국을 연결하였다. 전화세가 반 년 치나 밀려서 고이시카와 전화국과 가끔 다투곤 하였다.(도바라 요시노부 전 전학련 서기국 차장의 이야기, 『60년 안보와 분트를 읽는다』)

---

4) 일본공산당: 1922년 설립되어 대미 종속과 대기업 지배 타파를 목표로 하고 있다. 2013년 1월 현재 중의원 8석, 참의원 6석을 차지하고 있다.

안보투쟁이 활활 타올랐을 때 이런 일이 일어났다면 어떻게 되었을까?

안보조약 개정 저지 투쟁과 기시 내각 타도 움직임이 활발해지자, 사람이나 돈의 움직임도 따라서 복잡해졌다. 철도역 앞에서 기금을 모으거나 가맹 대학의 상납금을 징수하는 것은 당연했지만 이것은 어디까지나 대외용이었다.

와세다대학 차고에서 국회의사당까지 전차 임대료 1대당 5천 엔, 버스 7천 엔인 시절이었다. 와세다대학에서 동원한 숫자는 1회 20~30대로 이것은 각 대학에겐 큰 부담이었다.

전학련 서기국이 전화기 한 대 요금조차 지불하지 못하던 상황에 버스나 전차를 수십 대나 임대할 돈이 들어올 리 만무했다.

어떤 식으로든 돈은 돈이다. 출처가 어찌됐건 자금을 조달하는 것이 중요하다. (…) 보석금이 간부급으로 3만 엔, 기타 1만 엔으로 알고 있다. 체포된 사람만 연 인원 수십 명, 수백 명이 되면 곤란하다. 아무리 생각해도 전학련 경비는 모금만으로는 감당할 수 없었다.(고지마 히로시, 『60년 안보 6명의 증언60年安保6人の証言』)

도바라나 시마 시게오(안보투쟁 당시 분트계 공산주의자동맹 전학련 서기장)는 우익활동가인 다나카 키요하루와 접촉하여 자금을 제공받았다. 다나카는 전력 업계의 큰손인 마쓰나가를 비롯하여 제철, 제지, 신문 등 많은 업계의 후원자들을 소개해준다.

다나카 키요하루는 점령기, 미국의 정보 관계자가 적극적으로 접촉하려 했던 인물이다. 그는 전학련에 자금을 제공한 이유로, 좌익 세력이 공산당 주도하에 뭉치면 큰일이므로 내부 대립을 조장하거나, 혹은 기시 내각을 무너뜨리기 위해서였다고 말한다.(다나카 키요하루, 『다나카 키요하루 자서전田中淸玄自伝』)

여기서 중요한 것은 그 자금이 다나카에서 나온 것이 아니라, 재계 총수에게서 나왔다는 점이다. 당시 재계에서 돈을 받은 인물로 시노하라 고이치로(전학련 중앙집행위원)가 있는데 그의 말을 들어보자.

> 재계 비밀그룹이 있었는데, 일본정공 회장인 이마자토 히로키 등은 기시를 반대하고 있었다. 안보투쟁이 시작되자 그들은 기시를 밀어내고자 반대 시위를 이용하려 했다. 그 역할을 다나카 키요하루가 맡았다. 그는 재계의 이마자토나 나카야마 소헤이 일본흥업은행 부회장 등과 같이 일했다. 역시 기시에게 맡기면 큰일 난다는 생각이 젊은 재계인들 사이에 강하게 있었다.(『60년 안보 6인의 증언』)

출처를 따지지 않고 돈을 받은 배경에는 그런 일이 있었다. 전학련의 움직임과 재계의 생각은 일치하고 있었다.

전학련 사람들에게 자금을 제공한 측의 생각은 약간 엇갈린다. 180도 다르다고 말해도 좋을 정도다. 전학련 사람들은 청년다운 순수함이 있었다. 그러나 국제정치라는 관점에서 볼 때 미국이 유명 대학의 학생운동이나 인권단체, NGO 등에 자금이나 노하우를 제공함으로써 반미 정권을 무너뜨리는 계기를 만드는 것은 자주 있는 일이다.

이렇게 대규모 시위의 경우, 먼저 CIA가 개입했는지 의심할 필요가 있다. 1979년 이란혁명도 그랬고, 2000년경부터 구 공산권에서 활동하던 혁명지도자 청년들이 미국으로 건너가 SNS 사용법이나 운동조직 방법 등 지식을 전하면서 일으킨 아랍의 봄(2010~2011) 등 그 예는 수도 없이 많다.

전학련에 자금을 제공한 재계의 비밀그룹 가운데 나는 나카야마 소헤이와 이마자토 히로키가 있다는 점에 주목한다. 이 두 사람은 경제동우회 창설 초기부터 핵심 멤버였기 때문이다. 경제동우회는 전후 1946년 설립된 친미노선을 따르는 젊은 경영자 그룹이다. 1961년부터 일본흥업은행 은행장이 된 나카야마 소헤이는 안보투쟁 당시, 경제계에서 가장 유력한 인물 가운데 하나였다. 게다가 그는 흥업은행의 조사부장과 부흥금융부장이던 시절에 GHQ가 은행을 없애려고 하자 수차례 찾아가 은행을 존속시킨, 미국과 관계가 깊은 인물이다.

왜 경제동우회 등 재계는 하필 이 시기에 기시 정권을 무너뜨리려고 했을까? 먼저 기시 내각 시절은 진무경기[5]가 끝나고 이와토경기[6]가 시작된 시점으로 경기가 최고조에 있었다. 경제계에서 기시 내각을 반대할 이유는 전혀 없었다. 기시가 우익 인사로 전전 일본의 군국주의에 관련되어 이를 우려했다는 설도 있다. 그러나 일본사나 세계사를 보면, 군국화에는 반드시 산업계의 배후세력이 있다. 산업계가 자위대

---

5) 진무(神武)경기: 1954-1957. 일본 고도 성장기의 최대 호황기를 말한다. 일본 진무천황 즉위 후 최대 호황이어서 붙인 이름이다.
6) 이와토(岩戸)경기: 1958-1961. 고도 성장기의 호경기. 설비 투자가 주도하면서 호황이 이어졌다.

강화를 반대할 까닭이 없다. 물론 확증은 없지만, 가장 가능성이 높은 시나리오를 생각해보면 다음과 같다.

① 기시 수상의 자주독립 노선을 우려한 미군과 CIA 관계자가 공작하여 기시 정권을 무너뜨리려고 했다.
② 그런데 기시가 당내 기반이나 관료 장악력이 강하여, 정권 내부에서 붕괴시키는 통상적인 수법은 통하지 않았다.
③ 따라서 경제동우회 등에서 자금을 제공하여, 독재국가에서 자주 이용되는 반정부 시위의 수법을 사용하려고 했다.
④ 그러나 6월 15일 시위로 도쿄대학 여학생이 사망하자 안보투쟁이 폭발적으로 격렬해지면서 기시 수상 퇴진 가능성이 한층 높아졌다. 그러자 다음날 16일부터 재계가 시위대를 후원하는 방식으로 바뀌었다.

당시 알려진 재계의 움직임을 살펴보자. 6월 9일, 게이단렌(경제단체연합회)은 이시자카 회장 등이 모여서 신 안보조약을 승인해야 했고, 기시 수상은 적당한 시기에 퇴진해야 한다는 방침을 세웠다. 당시 상황을 나카소네 야스히로의 저서 『천지유정』에서 살펴보자.

> 이케다는 재계 수뇌부의 지지를 확실히 확보했다. 마쓰나가가 "나카소네, 자네가 정치가로 성장하고 싶다면 재계와 관계를 맺어야 해."라고 충고했다. 이케다는 그런 면에서 재계와 깊숙이 연계되어 있었다.

안보투쟁을 둘러싸고 놀라운 사실은 이케다가 경찰을 총동원해서라도 철저히 진압하라고 강경한 입장을 취했던 사실이다. 도쿄대학 여학생 시라카바 미치코가 사망한 다음엔 국회에서, "국제공산주의의 음모이므로 자위대를 투입하고 경찰관을 전국적으로 동원하라."고 발언한 적도 있다. 이케다는 왜 이런 강경론을 취했을까?

곰곰이 생각해 보면, 이케다는 기시 수상의 정치생명을 끊으려 했던 것 같다. 이케다 내각은 성립하자마자 인내와 관용을 내세웠고 헌법을 개정하지 않는다는 태도로 180도 바뀌었다.

진보적인 언론과 지식인층이 우경화된 사건

신문사의 논조는 안보 반대와 기시 정권 타도, 두 가지로 나눌 수 있다. 그런데 안보투쟁이 격렬해지면서 신문의 논조는 기시 정권 타도로 기운다. 일반적으로 안보 소동은 신문보도로 조장되어 과격 시위로 커졌다는 인상이 있다. 신문보도를 보면 과연 그랬다. 그러나 사설은 이야기가 달라진다. 1960년 5월은 국회에서 안보 심의가 한창인 때였다. 그러나 예상 외로 〈아사히신문〉 사설은 안보 자체에는 전혀 시비를 걸지 않았다.

"최종 단계에 들어간 안보심의를 기대한다."(5월 13일자), "회기 연장밖에는 없다."(5월 17일자) 등 오직 국회의 절차만을 다뤘다. 반면, 시위대에 대해서는 비판을 가했다. "지나친 데모는 경계해야 한다."(5월 22일자), "절도 있는 대중 행동을 바란다."(5월 26일자), "다시 한 번 절도 있는 데모를 요구한다."(5월 28일자) 등이다. 동시에 "기시 내각이 퇴진하라."는 주장도 있었다. 5월 21일자 사설은 기시 퇴진과 총선거를 요구한다.

안보 소동이 정점이던 6월 17일, 매우 이례적인 7개 신문사 공동선언이 나온다. 폭력을 배제하고 의회주의를 사수하라는 표제 하에 신문 7개사가 일제히 "민주주의는 여론으로 경쟁해야 한다. 이유 여하를 불문하고 폭력으로 해결하려는 것은 결코 용납될 수 없다."고 주장한다.

당시, 안보 소동에 관여했던 이들은 한결같이 6월 17일 7개사 공동선언으로 투쟁의 흐름이 완전히 바뀌었다고 말한다. 주요 신문이 일제히 이유 여하를 불문하고 폭력 해결은 결코 용납될 수 없다고 비판한 것이다. 그렇다면, 7개사 공동선언은 신문사가 독자적으로 작성한 것일까? 아니면 이번에도 미국이 개입했던 것일까?

7개사 공동선언문을 작성한 핵심 인물은 〈아사히신문〉 논설주간인 류 신타로였다. 그는 다음과 같은 경력을 지닌 사람이었다.

① 〈아사히신문〉 유럽 특파원으로 독일로 건너갔음. 1943년 10월 스위스로 이동하여, 베른에 체재하고 거기서 머물던 미국 정보기관 OSS(미국 전략정보국, CIA 전신) 유럽 총국장이던 알렌 덜레스(안보투쟁 시에 미국 CIA 장관. 존 덜레스 국무장관의 동생)와 협력하여, 대미 종전 공작을 하였음.
② 전후, 1948년 2월 귀국하여 같은 해 5월 논설위원, 12월 도쿄 본사 논설주간이 되었음.

미국이 냉전 후 일본을 공산주의에 대항하는 방파제로 만들고자 했던 1948년 시점, 류 신타로는 도쿄로 돌아와서 1962년까지 14년간, 〈아사히신문〉 논설주간을 맡았다. 귀국 당시, 점령 하 검열도 있었다. 미국과 관계가 밀접하지 않았다면, 그런 자리에 앉을 수 없었다. 사실상, CIA 장관이던 알렌 덜레스 전기를 쓴 아리마 데쓰오 와세다대학 교수는 베른에서 있었던 대미 종전 공작에서 알렌 덜레스의 대일 채널은 훗날 알렌이 CIA 부장관 및 장관이 되는 데 크게 기여했다고 말한다(『알렌 덜레스ｱﾚﾝﾀﾞﾚｽ』). 샬러의 『미일 관계란 무엇이었는가』를 살펴보자.

> 맥아더 주일 미국대사는 일본의 신문주필에게 아이젠하워 대통령 방일을 훼방한 것은 공산주의의 성공으로 본다는 경고를 날렸다. (…) CIA는 주요 보도기관에 안보 반대를 비판하도록 지시하고, 미일 동맹의 중요성을 강조하도록 하였다. (…) 3대 신문에서 정치부 기자들이 인사 이동하면서 이케다나 안보조약에 대한 비판이 자취를 감추었다. 7월 4일 〈마이니치신문〉은 미국의 원조가 일본을 지탱한다는 제목을 달았다. 일본의 기적적인 전후 부흥은 거대한 미국의 원조 때문이고, 이를 잊어서는 안 된다고 썼다.

따라서 〈아사히신문〉의 류 신타로 등 각 신문주필이나 논설주간들이 맥아더 주일대사나 CIA 의향대로 안보투쟁을 비판하기로 돌아선 것을 알 수 있다. 나는 최근, 당시 각 신문 동향을 잘 알고 있던 사람과 이야기를 나눴다. 그는 이렇게 말했다.

> 7개사 공동선언 후 안보 반대를 주장했던 〈아사히신문〉의 기자들이 하나같이 지방으로 전출되었다. 〈마이니치신문〉도 마찬가지 상황이었다.

안보 소동 초기에 〈아사히신문〉은 안보조약을 비판하여 여론을 안보 반대로 돌리는 데 큰 역할을 했다. 그러나 결국엔 그 반대 운동의 막을 내리는 역할 또한 〈아사히신문〉이 맡았다. 〈아사히신문〉이나 〈마이니치신문〉은 전후 진보 세력의 중심에 있었다. 그러나 6월 17일, 매우 이례적인 7개사 공동선언을 경계로 이 두 신문사는 성격이 완전히 바뀌었다. 더 유감스런 일은 그것이 미국의 압력에 의한 것이라는 점이다. 〈아사히신문〉이나 〈마이니치신문〉이 변하면서, 소위 지식인층에도 큰 변화가 찾아와 지식인 사이에 우경화 흐름이 강해진다.

안보투쟁은 전후 일본을 가르는 큰 분기점이었다. 안보투쟁의 중심에 섰던 인물들은 그 뒤 어떤 길을 걸었을까? 많은 이들은 안보조약이 자동성립한 날이 안보투쟁의 핵심세력, 즉 분트가 끝난 날이라고 보고 있다.

시마 시게오라는 사람이 있었다. 그는 안보투쟁 당시 전학련 서기장으로 안보투쟁의 중심인물이었다. 엄청난 패배를 맛본 그는 안보투쟁 후, 1963년 학원을 운영하면서 간신히 생활고를 해결한다. 그 후 대학으로 복귀하여 1964년 도쿄대학 의학부를 졸업한다. 홋카이도나 오키나와 지역의료에 종사하다가 2000년 오키나와 나고시에서 결국 암으로 사망했다. 시마 시게오는 저서 『분트 개인사ブント私史』에서 다음과 같이 말한다.

> 내 마음속부터 황폐해진 것은 나를 성장시켰던 기본 원리에 대한 확신이 흔들리면서부터였다.

다음으로 도바라 요시노부라는 사람을 보자. 그는 전학련 차장과 재정부장으로 자금을 담당했다. 안보투쟁 후 몸을 감추고자 야쿠자 조직인 야마구치구미⁷⁾로 잠시 도피했다가 나중에 아프리카에서 11년을 살았다.

이들 가운데, 사회에서 가장 주목을 받은 사람은 전학련위원장이던 가로지 겐타로였다. 그는 안보투쟁 후, 다나카 키요하루가 경영하는 회사에 취업하였고, 여기저기를 전전하다가 1984년 직장암으로 사망했다.

시마 시게오가 남긴 다음의 문장이 가로지와 전학련을 가장 정확하게 표현한 글이 아닌가 한다.

> 가로지를 보고 정말 마음 아팠던 것은 겨우 스무 살밖에 안 된 젊은 친구가 도쿄에 올라와서 술주정뱅이로 나날을 보내다가 데모로 날을 새고 몇 번 철창 신세를 진 것이 전부인데, 그것이 1년 만에 전후 최대의 정치투쟁 주역인 전학련위원장이라는 상징이 되어버렸다는 것을 느낀 시점이었다.(앞의 책)

시마 시게오의 부인 시마 히로코 역시 같은 책에서 분트를 지도한 전학련은 평균 나이가 스물한 살에 불과한 어린 나이였음을 강조했다.

---

7) 야마구치구미(山口組): 고베 시에 거점을 둔 일본 최대의 야쿠자 조직. 2010년경 약 2만 명을 회원으로 두었다. 이 수치는 전체 폭력단의 거의 절반을 차지하며 전국적인 조직망을 거느리고 있다.

1960년 안보투쟁과 신 안보조약에 대한 단상

안보투쟁의 핵심인물 가운데 하나인 니시베 스스무는 "전체적으로 평가하자면, 60년 안보투쟁은 안보반대 투쟁이 아니었다. 투쟁 참가자 대부분이 국제정치와 군사정세에 무지하거나 무관심했다."고 밝힌다. 안보투쟁이 단숨에 국민적인 규모로 커진 것은, 여대생 시라카바 미치코가 죽은 다음이었다. 이 사건으로 국민들은 기시 정권에 분노를 쏟아내게 된다.

일본을 제2차 세계대전으로 끌고 갔던 시절의 각료이면서, 도쿄 재판에서 A급 전범 용의자였던 기시 수상에게 정국을 맡기다가는 자칫 일본은 다시 전전 체제로 돌아갈지 모른다는 우려가 컸다. 경찰 권력으로 국민을 억압하거나 의회민주주의를 붕괴시킬 수도 있고, 아니면 미국과 하나가 되어 해외에 군대를 파병할지도 모른다는 공포가 국민들 사이에 있었던 것 같다. 1960년 안보투쟁의 시작은 미국 혹은 미국의 뜻을 반영한 재계의 정치공작에서 비롯되었지만, 나중에 가서는 일본사에 전례 없는 대중투쟁으로 발전했다. 모리타 미노루는 다음과 같이 설명한다.

> 기시가 추진하는 미일 안보조약을 개정하면 평화국가 일본의 입장이 훼손된다는 생각이었다. 기시 노부스케에 대한 반감이 높아지면서, 60년 안보투쟁이 더 커졌다.(『전후 좌익의 비밀』)

"아무튼 기시 노부스케는 안 돼No!" 이것이 마지막 단계의 대중 투쟁을 이끈 원동력이었다. 불행한 것은 기시가 추진했던 대미 자주노선 또한 이와 동시에 사라졌다는 사실이다. 이 때문에 신 안보조약도 정당한 평가를 받지 못했다. 신 안보조약이 구 안보조약과 비교해서 얼마나 뛰어난 것인지 2005년 이후 미일 안보관계가 크게 변질되면서 분명히 드러난다. 신 안보조약이 구 안보조약보다 높이 평가받는 점을 몇 가지 설명하면 다음과 같다.

① 제1조에서 무력에 의한 위협, 또는 무력 행사는 영토 보전 또는 정치적 독립을 위한 것일지라도, 국제연합의 목적과 일치하지 않는 어떤 방법도 사용하지 않는다는 것, 즉 무력 행사에 있어서 국제연합의 목적을 전제로 하고 있다.
② 제5조에서 일본 시정권 지역에서 어느 일방에서 무력 행사가 자국의 평화와 안전을 위협하는 일이라는 점을 인정하면, 헌법상의 규정과 절차에 따라 공동 위험에 대처한다는 것이다.

여기서 일본은 미군이 공격을 받을 경우, 함께 행동에 나설 것을 약속하고 있다. 물론, 제한은 있다. 일본 시정권 지역에서 공격을 받거나 상대방이 공격할 때로 한정된다. 미국은 처음에 일본 시정권에 있는 지역보다 더 넓은 지역, 즉 태평양을 범위로 하고자 했다.

미국은 자국의 헌법에 따른다는 조건을 전제로 일본을 지킬 의무를 명기해 두었다. 이것은 구 안보조약에 없던 부분이다.

나가사키 국기 사건과 중국과의 경제 교류

우리는 지금 미국의 압력에 대한 일본의 자주노선과 추종노선이라는 비교 관점에서 일본 전후사를 재검토하고 있다. 자주노선과 추종노선의 경쟁 속에서 가장 중요한 문제는 주일미군 문제이고, 그 다음은 중국과의 관계이다. 일본은 중국의 이웃국가다. 당연히, 일본 국내에는 중국과 관계를 개선하려는 움직임이 항상 있어 왔다. 그러나 미국은 중국을 잠재적인 라이벌로 간주하고 있어서, 중국이 공산주의 색채가 강할 때에는 봉쇄정책을 쓰고 군사력이 강해지면 대항하려고 한다. 이 때문에 중국을 둘러싸고 항상 미일 간 갈등이 발생한다.

중국을 둘러싼 미일 관계를 간략히 살펴보자. 철저한 대미 추종노선을 취하고 공산주의에 반대해 온 요시다 수상조차, 1951년 국회 답변에서 일본은 언젠가는 소련이나 중국과 강화를 맺어야 한다고 했다. 참의원 특별위원회에서도 중국과 교역 관계를 맺기를 원한다고 말했다. 그러나 미국의 의회는 중국과 대결 상태인 타이완 지지자가 많다. 또한 미국 정부는 일본이 중국과 무역을 확대하면 공산주의에 대한 방파제 역할을 포기하지 않을까 우려하고 있었다.

1951년 12월 덜레스가 도쿄를 방문한다. 덜레스는 일본의 중국정책은 일본에서 필리핀에 이르는 방어선을 지키고 있는 미국정책과 일치할 필요가 있음을 강조한다. 덜레스의 발언을 들은 요시다 수상은 어떤 반응을 보였을까? 1951년 12월 24일 요시다 수상은 덜레스에게 편지를 보낸다. 1952년 1월 16일 〈마이니치신문〉 석간이 그 내용을 1면 톱으로 전했다.

중국과 강화조약은 맺지 않는다고 덜레스에게 편지, 타이완과 우호관계 회복

요시다 수상은 편지에서 일본이 중국 공산당과 조약을 체결할 의향은 전혀 없다고 말한다. 심지어 1952년에는 중국과의 무역을 규제하기 위한 중국위원회CHINCOM를 설치한다. 이는 중국 군사력 강화에 도움이 되는 품목의 리스트를 만들어서 수출을 금지하는 기관이다. 미국의 압력은 그 뒤에도 계속되었다. 그러나 일본 민간기업은 압력에 굴하지 않았고 중국과 독자적인 통로를 확대시켜 간다.

1954년 12월, 하토야마 이치로 정권이 탄생하여 중국과 관계를 개선해 나간다. 1955년 5월 15일, 하토야마 수상은 일본-중국 간 외교 승인 외에 영사관 대리를 설치하자고 한다. 그러나 하토야마 수상이 소련과 공동선언을 한 뒤 사임하자, 중일 관계는 더 이상 진전되지 않았다.

뒤를 이은 이시바시 수상은 중국과의 관계 개선에 더욱 적극적이었다. 그러나 그 역시 지병으로 수상이 된 지 불과 2개월 만에 사임하자, 중일 관계는 다시 제자리걸음이었다. 그 자리에 기시 수상이 등장했다. 중국은 일본 수상 가운데 기시를 가장 많이 공격했다. 그것은 당연한 일이다. 기시 노부스케는 만주국을 경영한 적이 있었고, 게다가 중국과 전쟁 시에는 각료이기도 했다. 중국이 기시를 공격하지 않을 이유가 없었다.

기시 수상은 타이완 총통인 장제스[8]와도 두터운 친분이 있었다. 장제스는 국민당을 이끌고 한때 중국을 지배했지만, 공산당과의 전투에서 패배하여 1949년 타이완으로 피신한다. 기시 수상은 장제스 총통과 반공을 공통분모로 친교를 맺은 것이다.

기시는 중국정책에서 정경분리를 원칙으로 삼았다. 정치에서는 중국에 엄격한 자세로 임했지만, 경제 관계는 발전시킨다는 생각이었다. 물론 미국은 일본이 민간 수준에서 중국과 경제 관계를 발전시키는 것에 반대했다. 이런 미국과 기시는 어떻게 교섭했을까? 1957년 6월 기시 수상은 미국을 방문했다. 안보조약이 가장 큰 현안이었다. 중국 문제 또한 심도 있게 다뤘다.

> 아이젠하워는 기시에게 중일 무역을 늘리도록 권유했지만, 덜레스는 중국을 언급하는 대신 일본이 세계와 무역을 확대할 필요성을 인정한다며 에둘러서 표현했다.(마이클 샬러, 앞의 책)

기시 수상은 미국이 중일 무역을 인정하도록 설득하면서, 적어도 아이젠하워의 지지를 얻는 데까지는 성공한다. 덜레스의 반대가 있었지만 아이젠하워의 승낙을 얻었으니까 강한 자세로 나올 수가 있었다. 남자끼리 벌거벗고 회담한 사이가 아닌가.

---

8) 장제스(蔣介石): 1887-1975. 중국의 정치가로 일본 침략에 대항하기보다 중국 공산당 토벌에 집중하였다. 시안사변으로 공산당과 합작하여 대일 항전하였다. 중국 공산당에 쫓기어 대만으로 피난, 정부를 수립한 후 총통을 지냈다.

1957년 7월, 일본 정부는 대중무역을 규제하는 중국 특별조치를 준수할 수 없다고 표명한다. 그리고 1958년 3월, 제4차 중일 민간무역협정을 체결하고 민간통상대표부 설치에 합의한다. 한발 더 나아간 것이다. 그러던 중 나가사키 국기 사건(나가사키에 있는 중국통상대표부에 걸린 중국 국기를 끌어내린 사건)이 발생하여 중일 간 모든 교류가 순식간에 중단된다. 그때까지만 해도 중일 관계는 대단히 진전된 상태였다.

나가사키 국기 사건은 흥미로운 점이 있다. 중국의 국기를 끌어내린 이는 우익에 속한 사람이었는데, 많은 사람들이 기시 노부스케가 우익과 연결되었다고 생각했던 것이다. 전후, 친미 우익이 세력을 확장하고 있었기 때문이다.

CIA 지지를 업고 탄생한 이케다 정권

기시 수상이 아이젠하워 대통령의 지지를 받은 것은 확실하다. 그러나 미국 전체의 지지를 얻은 것은 아니었다. 기시 수상은 새로운 노선을 모색하고 있었다. 미국에 대한 종속적인 자세를 바꾸어, 주일미군 철수를 고려하고 있었다. 중국정책 또한 독자노선을 모색 중이었다. 미군 철수나 중국과의 관계 개선은 둘 다 미국이 싫어하는 일이었다. 안보투쟁에서 기시 퇴진에 이르는 경위에 대해 샬러는 저서(『미일 관계는 무엇이었는가』)에서 다음과 같이 말하고 있다.

일본의 안보소동 문제로 1960년 5월 13일 백악관 국가안보회의가 열렸다. CIA 대표 에모리는 "일본 국민은 이미 기시를 불신하고 있다. 야당도 기시의 퇴진을 원한다. 그들은 본래 안보조약에 반대하지 않는다."고 했다. 미 국방성과 합동참모본부는 일본에게 태평양에서 군사 협력을 강화하도록 요구했다. 아이젠하워 대통령은 일본 상황을 고려하면 지금 일본의 군사적 역할에 기대할 시점이 아니라고 답변했다.

6월 6일 안보회의에서 CIA 장관은 기시가 사임하고, 가능하면 요시다가 복귀해야 한다고 말했다. CIA는 자민당에 대한 재정적 영향력을 이용하여, 기시를 대신해 좀 더 온건한 보수당 정치가로 서둘러 바꾸고자 하였다. 6월 20일, 요시다가 맥아더 대사와 만났을 때, 잠정적으로 기시를 대신해 수상을 맡는 것이 어떤가라고 제안하자, 그는 본인대신 이케다와 사토를 추천하였다. 6월 21일, 이케다는 맥아더 대사에게 요시다의 승낙을 얻어 가까운 시일 내에 기시의 뒤를 잇고 싶다고 말했다. 맥아더 주일대사는 이케다를 미일 협력의 충실한 신봉자이며, 가장 뛰어난 후계자라고 평가하였다.

6월 23일, 기시 수상은 사의를 표명했다. 그리고 7월 19일, 이케다 내각이 탄생한다. 이케다로 수상이 바뀐 것은 미국의 의도를 확인한 뒤였다. 샬러의 책에서 가장 중요한 것은, 먼저 CIA 장관인 알렌 덜레스가 기시를 몰아내야 한다고 판단한 사실이다. 그는 미국의 암묵적인 영향력을 활용하여 기시 타도를 주도하였다.

또한 주목할 점은, CIA 장관과 맥아더 주일대사가 한목소리로 기시 후임에 요시다가 좋다고 말한 사실이다. 아직 1960년까지는 CIA와 미국대사에게 가장 바람직한 일본 수상은 역시 요시다였던 것이다.

끝으로 식민지배 이야기를 잠시 하자. 유럽은 식민통치를 할 때, 피통치 지역의 소수파와 손을 잡는 일이 종종 있다. 이것이 정석이다. 주류파는 따로 외국인과 손잡지 않아도 손쉽게 지배 세력이 될 수 있다. 그러나 소수파는 다르다. 외국과 손을 잡아야만 비로소 중심에 진출할 수 있다.

미국이 기시 수상을 제거하고 이케다로 바꾼 이유는 분명하다. 기시는 전후, A급 전범 용의자라는 큰 부담을 안고 출발했지만, 본래는 누구나 인정하는 각료이자 수상 후보로 손색이 없었다. 한편, 이케다는 대장성에 들어간 뒤, 엘리트 코스와 전혀 상관없는 완전한 비주류였다. 실은 요시다 수상도 마찬가지였다. 외무성 후배로 9살이나 어린 시게미쓰가 요시다보다 먼저 외무대신이 된 것만 보아도 짐작하겠지만, 요시다는 항상 엘리트코스만 밟아온 사람은 아니었다.

요시다가 이케다를 추천한 결과, 강화조약 이후에도 철두철미하게 대미 추종노선이 이어졌다. 이케다 정권이 내세운 고도 성장 노선이 대성공을 거두면서, 일본의 대미 추종노선은 50년 이상 더 이어진다.

11
자민당과 경제성장의 시대

안보투쟁 후 1960년대 미일 관계는 황금기를 맞이한다.
고도 성장이 시작되면서 안보문제는 잠시 보류되었다.

이케다 수상과 함께 시작된 일본의 황금기

60년 안보투쟁이 있은 후 반세기 동안, 미일 관계를 근본적으로 바꾸려는 움직임은 전혀 일어나지 않았다. 미국의 압력과 정권 붕괴라는 기본 패턴이 현재까지 계속 이어지고 있다. 다른 것은 그 응용에 지나지 않는다. 그렇게 보면 전후사의 구도가 아주 명확하게 보인다.

기시의 뒤를 이은 이케다 하야토 수상은 안보 문제를 보류하고 경제에 전력을 기울인다. 민주당 하토야마 정권이 기지 문제로 무너진 후, 간 나오토菅直人 정권과 노다 요시히코 정권이 완전히 안보문제를 보류한 채, 오로지 경제 문제에 힘을 쏟은 것과 매우 유사하다.

1950년대 이후 일본 경제는 고도로 성장한다. 1956년 〈경제백서〉는 이미 전후가 아니라고 밝히면서 전후 부흥의 종료를 선언한다. 1950년대 후반, 흑백 TV, 세탁기, 냉장고 등 3대 가전이 세 가지 종류의 신기神器로 불렸다. 공단주택이 도시노동자에게 제공되고 소비의 붐이 일어났다.

이케다 수상은 1960년 12월, 소득배증계획[1]을 발표했다. 전 대장관료인 시모무라 오사무를 경제고문으로 앉히고, 10년 내 국민소득을 2배로 증가시킨다는 목표를 내건다. 이케다 수상은 운이 좋았다. 이케다의 시대는 일본인의 목소리에 성실히 귀를 기울인 라이샤워 대사[2]의 시대이기도 했다.

2010년, 하토야마 유키오 수상은 후텐마기지를 오키나와 현 내 헤노코가 아니고, 최소한 현 외부로 한다는 제안을 해서 미일 양국 관계자로부터 총공격을 받았다. 나는 그때 민주당 곤도 쇼이치 의원과 가와우치 히로시 의원과 함께 하토야마 수상을 만나, 후텐마기지를 오키나와 현 바깥으로 옮기는 선택을 지지했다.

그때 라이샤워 주일대사의 보좌관을 지낸 팩커드 씨가 일본을 찾아와 민주당 의원들과 만난 자리에 동석한 적이 있다. 그때 팩커드 씨는 이렇게 말했다.

---

1) 소득배증계획: 1961년 이케다 내각이 내세운 경제개발계획. 매년 7% 성장, 10년간 2배 경제성장을 목표로 하였다. 그러나 실제로 매년 10.6% 성장률을 보이면서 6.5년 만에 목표를 달성하였다.
2) 에드윈 라이샤워(Edwin O. Reischauer): 주일 미국대사(1961-1966). 도쿄에서 태어났고, 메이지시대의 원로인 마쓰가타 마사요시의 손녀인 하루와 재혼했다. 일본 국민으로부터 인기가 높았고 다양한 사회계층과 적극적으로 교류했다. 일본 측 요청을 잘 수렴하여 미일 관계의 밀월시대를 연출했다.

미일 관계는 정치가가 주도해야 한다. 라이샤워 주일대사는 미일 관계를 정하는 것은 정치가이지 군인이 아니라는 입장을 항상 견지했다. 유감스럽게도, 요즘 후텐마기지 문제는 해병대 논리가 국방성의 논리가 되고, 국방성 논리가 백악관 논리가 되고 있다. 이런 상황은 타파할 필요가 있다.

이 말을 들었을 때 뇌리를 스친 기억이 있었다. 나는 1980년, 모스크바 일본대사관 주재를 마치고 일본에 돌아왔다. 당시, 주 소련 대사는 우오모토 토기치로魚本藤吉郎였다. 외무성에서는 부처님이라는 별명이 붙을 정도로 온화한 인물이었다. 그는 귀국이 결정된 내게 먼저 회식을 제안했다. 회식 자리에서 우오모토 대사는 "마고사키, 자네는 도쿄에 가면 곧 과장이 될 것이네. 그럼 자네가 옳다고 생각하는 길을 걸어가게. 외무성은 그것을 인정해주는 관청이야."라고 말한 다음에 라이샤워 대사에 관한 에피소드를 들려주었다.

도쿄올림픽[3]에서 나(우오모토 대사)는 외무성 북미국 안보과장이었다. 그때 올림픽선수촌은 아사카라는 곳에 있었다. 나는 이건 곤란하다고 생각했다. 선수들이 아사카에서 국립경기장까지 오는 데 시간이 많이 걸리기 때문이다. 게다가 경기장 옆에 요요기 미군 기지가 있었다. 국내외 여론이 왜 미군을 도쿄 중심에 두었냐고 비판할 게 뻔했다. 미군은 요요기 캠프 밖으로 나가야 하고, 선수촌을 아사카에서 요요기로 옮겨야 한다고 생각했다.

---

3) 도쿄올림픽: 1964년 도쿄에서 개최된 하계올림픽이다. 원래 전전에 예정되어 있었으나 전쟁이 확대되면서 무산되었다. 이 올림픽을 계기로 일본은 전후 부흥을 자랑하면서 서방 선진국으로 올라섰다.

외무성 고위직들은 나의 이런 생각을 지지해 주었다. 나는 다나카 북미국 참사관과 함께 라이샤워 대사에게 달려갔다. 라이샤워 대사는 열심히 들어준 다음에 "알았습니다. 미국은 그대로 실행하도록 하지요."라고 약속했다. 그런데 문제는 여기서 끝나지 않았다. 라이샤워 대사의 승낙을 얻어서 문부성에 갔는데 담당국장이 절대 오케이 사인을 내지 않았다. 선수촌은 아사카로 결정되었다. 이제 와서 주무관청이 아닌 외무성이 간섭하는 것은 부당하다는 투였다.

그래서 나는 관방부장관에게 달려가서 어떻게든 힘을 써달라고 부탁했다. 그는 승낙하면서 힌트를 주었다. 당시 중요 안건은 모두 각의에 제출하기 전에 사무차관 회의를 거치는 관행이 있었다. 만일 사무차관 회의에 제출하면, 당연히 문부성차관은 반대할 것이므로, 관방부장관은 다음과 같이 지시해 주었다. "라이샤워 대사가 올림픽 선수촌을 아사카에서 요요기로 이전할 것을 승낙했다는 것, 사무차관 회의를 거치지 말고 외무성에서 바로 내각에 보고할 것. 아마도 문부대신은 설명을 받지 않은 상태일 것이므로 묵묵히 지나갈 것. 나머지는 내가 처리한다."

우오모토 대사는 그 후 문부성이 굉장히 화를 냈으면서도, 자신이 옳다고 생각한 일은 실천했다고 말했다. 이런 에피소드에서도 알 수 있듯, 라이샤워 대사는 일본의 요구에 성실히 귀기울여준 대사였다.

일본의 황금기를 지탱해준 라이샤워 대사

라이샤워 대사는 1960년대라는 일본의 황금기를 지탱해준 미국 측

인사다. 그가 대사를 지낸 1960년대 전반은 오랜 미일 관계 역사 가운데 이채로운 시기였다. 그는 대등한 파트너십을 좋아했다.

　1960년대 미일 간 국력 차이는 엄청났다. 국력 상 대등한 국가관계는 없다. 라이샤워 대사가 말한 대등한 파트너십에는 두 가지 의미가 있었는데, 하나는 미국이 점령군 심리를 제거해야 한다는 것이다. 라이샤워는 길게 보면, 주일미군 기지는 모두 일본 기지여야 하며, 미국은 그것을 잠시 사용하고 있을 뿐이라고 생각했다.

　또 하나는, 일본인에게 대등한 파트너십이라는 긍지를 가지라는 격려의 의미가 있었다. 국력이 천양지차만큼이나 차이 나던 시절에 라이샤워의 대등한 파트너십은 일본인을 격려하는 데 중점이 있었다. 라이샤워는 자신이 만일 일본인이라면 어떻게 미국에 요구할 것인지를 생각했고, 그 요구가 공정한 것이라면 지원하겠다는 의지가 있었다.

　미국 외교는 자국이 옳다고 생각한 점을 상대국에게 반드시 적용하려는 특징이 있다. 미국은 세계에서 가장 훌륭한 국가다. 그러니까 세계가 미국의 가치관을 수용한다면 미국처럼 좋은 나라가 될 수 있다는 선의의 신념이 있다.

　일본 입장에서 생각한다는 라이샤워 대사는 매우 독특한 이력의 소유자다. 그는 종종 "두 개의 조국"이라는 말을 사용했는데, 그것도 당연한 것이 그는 도쿄시 시바구 시로가네다이에서 태어난 미국인이기 때문이다.

　1905년, 러일전쟁이 끝나던 해, 아버지 어거스트가 메이지학원에 선교사로 부임했다. 1910년 태어난 에드윈 라이샤워 대사는 16세까지 일본에서 살았다. 그 뒤 하버드대학에서 수학하였고, 1935년부터

1938년까지 도쿄대학에 특별연구원으로 재직했다. 1941년 여름부터 9월까지 미국 국무성 극동과에 근무하는 동안 일본을 전쟁으로 몰고 간 석유수출금지 정책에 반대한 바 있다.

당시 라이샤워는 〈워싱턴 포스트〉지에 기고한 글에서 전쟁이 이상적인 대안이 아니라고 주장한 적이 있다. 전쟁 직전까지, 미국이 일본을 좀 더 나은 방향으로 유도한다면, 전쟁을 피할 가능성이 있다고 생각한 것이다. 미국의 대일 외교에 대해 라이샤워가 말하고 싶었던 것은 전쟁이 끝나고 15년 후, 안보투쟁 당시인 1960년 10월 〈포린 어페어스〉에 기고한 「일본과의 대화 단절」이라는 소논문에 잘 담겨 있다.

1960년 안보소동은 일본만의 문제가 아니라, 미국에도 골칫거리였다. 1951년 일본 독립 후 일본은 미국에서 뉴스거리조차 되지 못했다. 그러나 안보투쟁이 아이젠하워 대통령 방일을 연기시키는 사태로 발전하자, 많은 미국인들은 미국이 일본을 지켜주고 있는데 왜 일본인은 미국에 반대하느냐며 분노했다.

동시에 국무성이나 주일 미국대사관에 대한 비판의 목소리가 커졌다. 이런 분위기 속에서 라이샤워는 "일본과 손해 본 대화"라는 논문을 발표하게 된다. 라이샤워는 당시 미일 관계에 대하여 다음과 같이 적고 있다.

> 미국과 일본은 전례 없이 진정한 의사소통이 결여되어 있다. 미국 정부와 미국 대사관이 일본 정세를 제대로 파악하지 못한 잘못된 현실은 일본 내 야당과의 대화가 얼마나 부족했는지를 말해준다.

논문에서 라이샤워는 현명하고 공정하며, 또한 균형 있는 처신을 당부한다. 또 일본 보수파만 만나지 말고 지식인 등을 포함한 여러 사회 계층과 접촉할 필요가 있다고 주장한다. 그 외에는 달리 해결할 방법이 없다고 생각한 것이다. 오랜 일본 외교사 가운데 이렇게 신념 있고 실천적인 미국인은 아주 드물다고 생각한다.

오키나와 반환의 실마리가 풀리다

라이샤워 대사의 최대 공적은 1960년 안보투쟁으로 긴장된 미일 관계에 안정을 회복했다는 점일 것이다. 그는 더 나아가 오키나와 반환의 실마리를 제공했다. 장기적으로 본다면, 미국의 국익에 맞는다는 확신이 있었던 것이다. 그로부터 10년 뒤인 1970년, 안보조약 연장 시에 일어난 안보투쟁이 국민적인 운동이 되지 않았던 것은 미일 간 오키나와 반환이 합의된 때문이었다.

일본 국내에서 오키나와 문제를 대응하는 방식은 크게 두 가지로 나뉘었다. 반정부파들은 오키나와 반환을 요구했다. 그러나 일본 정부 내 주요 인사들은 오키나와 반환을 요구하면 정치적으로 말살된다고 생각했다. 미군이 원하는 기지를 원하는 기간만큼 미국이 이용할 수 있다는 생각 때문이었다.

라이샤워 대사는 먼저 미국의 정부와 군부를 설득한다. 대사의 임무는 자국의 방침을 상대국이 수용하도록 노력하는 것만이 아니다. 장기적으로 안정된 관계를 유지하기 위하여, 상대국의 사정을 자국의 정부에 설명하고 적절한 대책을 제안하는 것 역시 대사의 중요한 역할이다.

라이샤워 대사가 오키나와 문제에 대하여 누구를 설득하고자 했는지 살펴보자.(다음은 라이샤워의 『일본에 보내는 자서전』을 정리한 내용이다.)

라이샤워 대사가 가장 신뢰한 사람은 로버트 케네디였다. 그는 존 F. 케네디 대통령[4]의 동생으로 당시 사법장관이었다. 1962년 1월에는 일본 와세다대학의 오쿠마 강당에서 강연을 한 적도 있다. 라이샤워는 로버트 케네디를 줄곧 동행하며 긴밀한 친분을 만드는 데 성공했다.

로버트 케네디가 일본을 방문했을 때 라이샤워는 오키나와 반환을 제안했다. 그 후에도 긴밀하게 연락을 주고받으며 형인 존 F. 케네디 대통령과의 채널을 트기 시작했다. 워싱턴에 일시 귀국할 때는 항상 케네디 대통령과 로버트 케네디를 방문했고, 국방성도 자주 찾아가곤 했다.

라이샤워는 오키나와 반환 문제로, 후츄에 있는 주일미군 사령관을 설득했고, 하와이 태평양 사령부의 미군 펠트 장군을 설득하기도 했다. 오키나와 캘러웨이 고등변무관도 마찬가지였다. 그 결과, 1966년 미국에서 국방성과 국무성 간에 합동위원회가 설치되었고, 곧 오키나와 반환을 검토하기 시작했다. 이런 일이 벌어지고 있는지 일본 측은 전혀 모르는 상태였다.

다음으로 라이샤워 대사는 일본 측과 접촉을 시작한다. 이때 일본의 지도자는 흔쾌히 라이샤워 대사의 구상을 찬성했을까? 사토 에이사쿠

---

[4] 존 F. 케네디(John F. Kennedy): 제35대 미국 대통령으로서 43세에 취임하였다. 미국 국민의 큰 기대를 받았지만, 임기 도중에 암살되었다. 그 진상은 아직도 밝혀지지 않고 있다.

수상은 매우 신중한 사람으로 오키나와 반환 요청에 대해서는 입에 담지조차 못했다. 보수파 사람들은 미국의 감정을 상하게 하는 것을 두려워했다. 기시 노부스케도 이 문제에 대해서는 매우 신중했다.

라이샤워 대사가 열심히 움직였는데도 불구하고, 일본 측의 신중한 자세에다 미국 대통령이 케네디에서 존슨으로 바뀌면서 대사 재임 중에 오키나와 반환 문제는 여전히 오리무중이었다. 그러나 오키나와 반환에 대한 라이샤워의 노력은 1966년 대사를 사임한 뒤에도 계속된다.

> 주일대사를 그만두고 자유롭게 의견을 개진하였다. 나는 일본인들에게 오키나와 반환을 요청하도록 권유했다. 당신들이 요구하지 않는다면, 미국이 돌려줄 이유가 없다. 미군이 오키나와가 필요하다고 주장하는 이상 일본의 요구가 없는데 굳이 돌려줄 필요가 없기 때문이다. 결국엔 사토 수상에게 의욕이 있었다. 그러나 결심하기까지 상당한 시간이 걸렸다.

오키나와 반환을 주장한 사람들은 많았다. 그러나 이 문제로 미일 양국 정부가 공식 협의하게 된 것은 역시 라이샤워 대사 덕택이다. 유감스럽게도 일본 외무성이나 일본 정치가에 의해 오키나와 반환 문제가 나오지 못했다.

사토 수상 시절, 오키나와 반환 요구는 외무성 루트에 의해 이루어지지 않았고, 젊은 정치학자인 와카이즈미 케이[5] 등이 사적인 채널을

---

5) 와카이즈미 케이(若泉敬): 1930-1996. 도쿄대학 법학부 졸업. 일본의 국제정치학자로 오키나와 반환 시 사토 수상의 밀사로 활약하였다.

통해 활약한 결과였다. 그 배경은 라이샤워 대사의 설명을 들으면 알 수 있다. 일본 외무성이 주도권을 쥐게 된다면, 수상은 외무성과 밀접하게 접촉하면서 추진해야 한다. 그러나 처음부터 미국 측이 주도권을 가진다면 미국이 지명하는 인사가 중요한 역할을 맡는다.

라이샤워, 좌파 세력을 미국의 협력자로 만들다

미국 국무성도 안보소동에 상당히 놀랐던 모양이다. 당시까지 미 국무성은 일본 문제는 자민당과 경제계, 관료에게 맡기면 된다는 생각이었다. 일본 사회의 중추세력 외에 어느 누구의 발언에도 상대할 필요를 느끼지 못했다. 그러나 안보소동이 벌어지자 미국은 일본의 폭넓은 사회계층과 접촉할 필요성을 느꼈고, 라이샤워 대사 역시 적극적으로 사회당이나 노동조합과 접촉하게 된다. 그리고 일본의 많은 학자와 문화인, 노동조합 사람들을 미국에 초대한다.

일본 내 좌파와 만난 것은 라이샤워 대사만이 아니었다. CIA 또한 이전부터 노동계와 접촉하고 있었다. 그러나 중요한 것은 주일대사가 노동계와 접촉한 것과 CIA가 접촉한 것은 성격이 다르다는 점이다. 대사의 임무는 상호 이해이지만, CIA의 목적은 배후공작이다. 자금 제공이나 협박 등 다양한 수법으로 이용할 사람을 찾아내는 것이 CIA의 일이다. CIA가 사회당 관계자 등을 적당한 명목을 만들어 미국으로 초대하고, 1개월 정도 원하는 일정대로 미국 여행을 시키는 일이 종종 있었다.

라이샤워 대사는 미국의 얼굴이었다. 그러나 미국은 그 외에도 CIA로 대표되는 배후공작 부대가 있었다. 샬러는 야당에 대한 CIA공작을 다음과 같이 쓰고 있다.

> CIA 관계자가 말한 것처럼, 사회당 내 첩자를 확보하는 것은 중요한 일이었다. 안보소동 시 CIA는 민주당 니시오 스에히로西尾末広나 다른 온건 사회주의자에 대한 지원을 늘렸다.(『미일 관계는 무엇이었는가』)

미국은 안보소동에서 노동계나 야당에 대해 공작의 필요성을 느꼈다. 또한 점차 공작의 효과를 거두면서 미국에 반발하던 총평總評 대신, 중립적인 노조인 연합이 힘을 얻게 된다. 2009년 자민당에서 민주당으로 정권이 교체됐으나 당초 미국에 중립적이던 하토야마 유키오나 오자와 이치로 대신, 노다 요시히코, 마에하라 세이지 등 친미적인 마쓰시타 정경숙[6] 출신자가 성장한다. 미국이 얼마나 장기 전략을 가지고 일본을 조종하는가를 실감하게 된다.

중국 무역을 둘러싼 미일 외교 갈등

일본 정부는 일관되게 중국과의 무역을 확대하고자 했다. 요시다 수상은 물론, 하토야마와 이시바시, 기시에 이르는 모든 정권이 그랬다. 이케다 수상 또한 마찬가지였다. 그는 취임 후 기자회견에서 "대 중국

---

6) 마쓰시타 정경숙(松下政経塾): 일본 경영의 신으로 불리우는 마쓰시타 고노스케가 1979년 70억 엔을 들여서 가나가와 현 치가사키에 설립한 정치지도자 양성 학교. 노다 전 수상 등 다수의 정치가들이 배출되었다.

정책은 미국과 같을 필요가 없다."고 이야기한다. 그러나 1961년 6월, 케네디 대통령은 이케다 수상이 첫 미국을 방문한 자리에서 중국에 대해 거침없는 비난을 퍼부었다.

중국 문제에 대하여 라이샤워 대사는 미묘한 입장이었다. 국무장관이 출석한 회의에서 중국 공산당 정권을 승인해도 좋다는 발언이 큰 문제로 비화하여, 상원에서 대사 승인을 둘러싸고 청문회가 열릴 정도로 소동이 벌어진 일이 있었다.

미야자와 기이치에 대해서도 이런 이야기가 있다. 1954년 11월, 요시다 수상의 마지막 방미 직전에 아이치 통산대신이 다케우치 외무성 유럽아주국장 등과 함께 미일 수뇌회담의 공동성명 초안을 작성한 일이 있었다. 적절한 규제 하에 중국과 교류한다는 생각을 미국 측에 제시한 것이다.

그러자 미국 국무성은 "대중對中 정책은 어떤 조치도 취할 수 없다. 의회나 정부에게 중국이라는 단어는 당분간 금기에 가깝다."라고 했다(『도쿄-워싱턴의 밀담』). 결국 덜레스는 중국 관련 내용을 문안에서 삭제해 버린다.

1962년 5월, 이케다 정권에서 중일 무역 확대 방침이 결정된다. 1962년 9월, 중국을 방문한 마쓰무라 겐조[7]와 저우언라이周恩來[8] 수상

---

7) 마쓰무라 겐조(松村謙三): 1883-1971. 도야마 현, 와세다대학 출신의 일본 정치가. 자민당 출신으로 중의원의원 13회 당선. 후생대신, 문부대신, 농림대신 등을 지냈다.
8) 저우언라이(周恩來): 1898-1976. 중국의 정치가. 강소성 출신으로 일본 유학을 거쳐 파리에 유학함. 공산당에 입당 후 혁명 대열에 참가. 1949년 이래 중국의 수상 등을 역임. 중일 국교 정상화를 실현한 것으로 유명하다.

간에 중일 무역 확대를 위한 논의가 진행된다. 같은 해 11월 일본 측 대표인 다카사키 다쓰노스케와 중국 대표인 랴오첸지 간에 장기 무역에 관한 합의가 이루어진다.

미국은 불쾌감을 표시한다. 1962년 9월 26일, 해리먼 국무차관보는 자유세계와 무역을 발전시킬 많은 기회가 일본과 서구 각국 간에 존재하고 있다. 그러나 중국과의 교류는 이를 위험에 빠트린다고 말했다. 케네디 대통령도 같은 해 12월 3일, 미일경제합동회의 석상에서 오늘 우리가 직면한 핵심 사안은 중국 내 공산군이 증가하는 것인데, 일본은 동맹국으로서 무엇을 할 수 있느냐고 따진 바 있다.

당시 일본의 중국 무역 비중은 겨우 0.8%로 아주 낮은 수준이었다. 그럼에도 불구하고, 케네디 대통령이 중일 관계 개선을 경계한 점은 주목할 필요가 있다. 일본이 중국 문제로 한 발짝 미국보다 앞서가면 미국 대통령이 경계할 수준의 큰 문제가 되는 것이다. 결국, 이케다 내각이 내건 소득배증계획은 엄청난 성과를 거두면서 사토 정권기인 1969년에 목표를 달성하였다. 일본은 안보문제를 보류하고 오로지 경제성장에 매진하자는 노선이 정착된다.

이케다 수상은 도쿄올림픽 개막을 한 달 앞둔 1964년 9월 9일, 후두암 치료 차 입원하였고 폐회식 다음날인 10월 25일 사퇴했다.

베트남전쟁 지원 요청에 단호히 대처한 사토 수상

1964년 11월 9일, 사토 에이사쿠佐藤栄作[9]가 수상에 오른다. 이듬해인 1965년 1월, 사토 수상은 미국을 방문하여 1월 11일부터 14일까지 미국에 머물렀지만 존슨 대통령과의 회담은 단 두 시간에 그쳤다. 아이젠하워 대통령과 기시 수상이 함께 골프를 즐긴 것과 비교하면 분위기는 완전히 달랐다. 그것은 베트남전쟁에 대한 일본의 태도 때문이었다. 일본의 소극적인 자세에 존슨은 불만이 컸다. 미국의 동맹국들은 베트남에 자국의 군대를 파견했다. 한국도 1964년 군대 파병을 단행했고 1965년, 맹호부대라는 육군수도사단이 만여 명을 추가로 파병했다. 타이, 필리핀, 호주, 뉴질랜드 역시 베트남 파병을 단행했다. 샬러는 당시 미일수뇌회담에 대하여 이렇게 쓰고 있다.

> 존슨 대통령은 베트남전쟁의 원조를 요청하는데도 동맹국은 다리 밑으로 도망가거나 동굴 안에 숨어 있다고 비난하였다. 미국은 베트남전쟁에 40~50억 달러를 투입했지만, 오히려 고립된 상태라고 언급했다. 존슨은 사토 수상에게 기치를 선명히 할 것을 강조하였다. 일본이 곤경에 처하면 미국은 비행기와 폭탄을 보낼 것이다. 미국은 베트남전쟁으로 힘든 상태이다. 일본은 우리를 도와줄 것인가 물었다.(앞의 책)

---

[9] 사토 에이사쿠佐藤栄作: 제61, 62, 63대 수상으로 미국 추종노선을 취하지 않고 장기 정권을 구축한 유일한 정치가였다. 베트남전쟁이 격렬해지면서 주일미군 기지의 중요성이 높아지는 가운데 오키나와 반환을 실현시켰다.

존슨 대통령의 발언은 흥미로운 데가 있다. "기치를 선명히 해야 한다show the flag"는 말은 1991년 걸프전에서 일본의 적극적인 참전을 요구한 미국의 압력과 같은 맥락이었다. 미국은 일본을 지켜주는데 대체 일본은 무엇을 해줄 것이냐는 문장도 의미심장하다. 그런 미국의 압력에도 불구하고 당시 사토 수상은 의연한 태도를 취했다.

핵무기 비 보유국 안전보장을 주도하던 시절

제2차 세계대전 후 핵무기 관리가 가장 중요한 이슈로 떠올랐다. 기존의 핵무기 보유국은 신생 보유국과 심한 갈등을 겪는다. 핵보유국의 숫자를 제한하는 것이 평화유지라고 본다. 이것은 올바른 선택이다. 그러나 동시에 핵보유국은 비 보유국에 대하여 핵공격을 하지 않겠다는 약속을 해야 한다. 핵보유국이 비 보유국을 공격할 권리가 있다면, 핵무기를 보유하지 않을 나라가 없기 때문이다.

핵무기 보유국과 비 보유국의 이해관계는 대립된다. 핵보유국은 가능한 한 규제 받기를 원하지 않는다. 비 보유국은 가능하면 규제를 가하려고 한다. 그럼 오늘날 일본의 입장은 어떤 것일까?

일본은 핵무기 보유국을 제한하는 정책을 지지한다. 이는 바람직하다고 생각한다. 그렇다면 핵무기 보유국에 규제를 요구하고 있을까? 그렇지는 않다. 그러나 원래부터 그런 입장은 아니었다. 핵보유국은 1950년대부터 핵무기가 확산될 것을 우려하고 있었다. 미국은 1965년 8월 17일, 군축회의에서 핵무기 비확산 조약안을 제시했다. 소련, 영국 등 핵보유국은 미국의 의견에 동조했다. 그럼 일본은 어떠했을까?

요즘 일본은 미일 관계를 최우선시하기 때문에 미국과 다른 입장을 취한다는 것은 상상하기 어려운 일이다. 그러나 1960년대 외무성은 달랐다. 1966년 2월 18일, 〈아사히신문〉은 시모다 외무차관의 발언을 다음과 같이 보도하고 있다.

> 핵보유국이 자기 나라는 규제하지 않고, 비 보유국만 규제하려는 것은 말이 안 된다. 강대국 위주의 조약에 찬성할 수 없다. 강대국의 핵우산에 들어가거나 강대국의 자비에 기대면서 안보를 확신할 수 없다. 현재 일본은 미국과 안보조약을 맺고 있지만, 아직 핵우산 속에 들어가지 않고 있다.

당시 외무차관은 일본이 핵우산 밖에 있다고 말하고, 강대국의 핵우산에 들어가거나, 강대국에 자비를 기대면서 안보를 확신할 수 없다는 발언을 하고 있다. 오늘로서는 도저히 상상할 수 없는 용감한 발언이다. 당시 일본은 다음과 같이 주장했다.

① 핵보유국의 군축 의무
② 비 보유국의 안전보장을 약속할 것
③ 원자력의 평화적 이용을 방해하지 않고 적극적으로 추진할 것

일본의 이런 발언은 드디어 1968년 6월 19일, "핵무기가 없는 국가의 안전보장에 대한 유엔안보리 결의"로 결실을 맺는다. 핵보유국이 비 보유국에 핵무기를 사용하거나 위협을 가해서는 안 된다는 내용이다. 이는 훌륭한 정책이라고 생각한다. 일본은 핵무기가 없는 대표국

가로서 핵보유국에 신중한 행동을 요구했다. 그야말로 자주노선을 취한 것이다. 한때 일본 외무성은 세계를 주도한 정책을 입안한 시절이 있었다. 지금 그러한 자주노선은 완전히 사라져버렸다.

전후, 미일 간 경제력 차이가 엄청났을 때조차 일본은 미국을 향해서 당당히 이견을 내놓곤 했다. 100% 미국 종속의 길을 걷는 요즘, 이것이 과연 괜찮은 일인지 다시 한 번 성찰할 필요가 있다.

오키나와 반환을 강력히 주장하다

1965년 8월 19일, 사토 수상은 오키나와를 방문했다. 당시, 미군 점령 하에 있던 오키나와 나하 공항에 도착한 사토 수상은 바로 성명서를 읽었다.

> 저는 오키나와가 조국에 복귀하지 않는 한, 일본의 전후는 아직 끝나지 않은 것임을 잘 알고 있습니다. 이번 오키나와 방문을 결심한 것도 본토 동포를 대표해서 그 마음을 전달하고 싶었기 때문입니다.

외무성은 전혀 사전 조율이 없던 사토 수상의 성명을 듣고는 허를 찔린 심정이었다. 당시 국제정세를 살펴보기로 하자. 미국은 소련과 대결 상태였다. 또한 1965년 3월에는 북베트남에 폭격을 개시했는데 오키나와 기지에서 B52기를 날렸다. 1964년 10월에는 중국 핵실험이 성공했다고 전해졌다. 따라서 당시는 오키나와 기지의 전략적인 가치가 매우 중요했다. 사토 수상 자신도 서둘러 오키나와 반환을 요구하지는 않았다. "1965년 오키나와가 조국에 복귀하지 않는 한 일본의 전후는 아직 끝나지 않았다."는 그의 유명한 발언은 오키나와 반환을 위한 사토 수상의 결의 표명에 지나지 않는다.

사토 수상이 본격적으로 오키나와 반환을 위하여 움직이기 시작한 것은 아마도 1967년 1월, 정치 스캔들로 역풍 속에 치러진 검은 안개 총선거[10]를 간신히 이겨낸 시점이었다고 본다. 마침내 같은 해 11월, 사토 수상이 미국을 방문하여 존슨 대통령과 회담을 가졌다. 그리고 다음과 같은 이야기를 나눴다.

- 사토 수상: 백만 명 가까운 일본인이 25년 이상 조국과 떨어져서 타국의 시정권 하에 있다. 하루빨리 조국에 복귀하고 싶다는 그들의 생각을 존중해야 한다.
- 존슨 대통령: 미국은 전통적으로 다른 국가의 영토를 빼앗거나 식민지를 보유할 의도가 전혀 없다.

회담이 끝나갈 무렵, 사토 수상은 오키나와 반환 시기를 수년 이내로 제안하여 합의를 본다. 오키나와 반환은 큰 틀에서 결정되었다. 형식의 문제만 남아 있었다.

1968년 1월, 시모다 다케조 주미대사는 정책 조율 차 일시 귀국하

---

10) 검은 안개 총선거: 1966년 잇달아 일어난 정치 의혹 사건으로 실시된 선거. 정치 협박과 정부 헬기의 개인 용도 남용, 제당회사에 대한 부정 융자가 잇달아 터졌다. 결국 사토 수상이 12월 27일 국회를 해산하여 총선거를 실시하였다.

여, 6일 수상관저로 간다. 그 자리에는 수상 외에 호리 관방장관, 기무라 외상 등이 모여 있었다. 시모다 대사는 핵무기를 제거한 반환은 어렵다고 설명한다. "일본 본토 내 조건이라면 조기 타결이 가능하지만, 핵을 제외한 조건이라면 매우 어려워집니다. 어떻게 할까요?"라고 수상에게 묻는다. 오랫동안 숨 막히는 긴장이 흘렀고, 결국 사토 수상은 "핵을 제외한 오키나와 반환으로 밀고 가겠네."라고 결단을 내렸다. 그리고 1968년 시정방침 연설에서 "핵을 보유하지도, 도입하지도 않는다."라고 의견을 표명한다.

한편, 존슨 대통령은 1회 임기를 마치고 대통령직에서 물러났고, 1969년 1월 닉슨 정권이 들어선다. 닉슨 대통령은 베트남전쟁을 종결 짓고자 한다. 베트남전쟁이 끝난다면 오키나와 기지의 중요성은 크게 줄어든다. 샬러는 다음과 같이 적고 있다.

> 닉슨은 오키나와를 언제 폭발할지 모르는 화약고라고 생각했다. 미국은 오키나와 반환에 긍정적이었다. 1969년 1월, 국가안보회의는 대일관계 개선을 검토하기 시작하였다. 그리고 1969년 3월, 일본의 요구를 거부한다면 류큐 열도와 일본 본토 양쪽에서 기지를 완전히 상실할지 모른다고 보고 하였다.(앞의 책)

1970년 미일 안보조약의 10년 기간이 끝난다. 그 후 1년마다 자동 연장되지만 일본이 연장을 거부할 가능성도 있었다. 미국의 대응은 확실히 유연해졌다.

사토 수상은 1969년 3월 참의원 예산위원회에서 오키나와 반환은

1941. 12. 7. 일본의 진주만 공격 ⓒ U.S.National Archives

핵 제외, 본토 수준으로 미국에 요구한다. 외무성은 사토 수상의 방침에 따라서 1969년 3월 중순, 치바 북미1과장과 국장 및 외상으로 좀 더 고위직 수준에서 미국과 협의해 갔다.

이때 일본이 미국에 무엇을 요구했는지는 잘 모른다. 그러나 치바 과장은 "일본의 요구를 거부한다면, 류큐 열도와 일본 본토 양쪽에서 기지를 상실할 수도 있다."라며 미국을 협박할 수준이 되었던 것은 사실이다.

1969년 6월, 아이치 기이치愛知揆― 외상이 미국을 방문하여 6월 2일 닉슨 대통령[11]과 회담한다. 그리고 1972년 내에 반환하되, 핵을 제외한 본토 수준이라는 일본의 기본 입장을 전한다. 미국 또한 일본의 요구를 수용하는 쪽으로 움직인다.

---

11) 리처드 닉슨(Richard Nixon) : 제37대 미국 대통령으로 갑작스런 중국 방문이나 달러와 금의 태환정지 등 일본에 큰 영향을 미치는 정책을 잇달아 발표하였다. 오키나와 반환 교섭을 둘러싸고, 사토 수상과 관계가 악화되었다.

12
오키나와 반환에서 중일 국교 회복까지

일본은 전후 일관되게 중국과 관계를 개선하고자 했지만, 그때마다 미국의 협박이 있었다.
중국의 유엔 가입 시, 일본은 이를 저지하고자 악역의 선봉에 서야 했다.

미국의 섬유산업에 발목 잡힌 사토 수상

 오키나와 반환이라는 대규모 프로젝트를 급작스레 추진한 미일 양국에 예상치 못한 난제가 기다리고 있었는데, 그것은 바로 섬유 문제였다. 닉슨 대통령에게 섬유 문제는 매우 중요한 정치적 과제였다. 외국산 섬유 수입 규제가 남부 미국에는 사활이 걸린 중대 사안이었다. 닉슨은 1968년 공화당 전국대회에서 외국산 섬유 규제를 약속함으로써 남부 각 주의 지지를 얻었다. 그 덕택에 레이건과 넬슨 록펠러를 물리치고 후보 지명선거에서 승리할 수 있었다.
 당시 남부의 아칸소 주에서 선출된 민주당 의원인 밀즈는 의회에서 수입할당법을 가결시켜 세력 기반을 구축하고자 했다. 반면, 닉슨 대통령은 일본의 자주 규제로 지지도를 높이고자 했다. 그런데 유감스럽게도 주미 일본대사관은 섬유 문제에 그렇게 중요한 정치적 의미가 있음을 전혀 몰랐다. 이것이 훗날 사토 수상을 물러나게 하는 시발점이 된다. 또한 사토 수상이 아직은 젊고 외교 경험이 없는 정치학자 와카이즈미 케이를 수뇌회담 과정에서 중용한 것 또한 실패로 이어진 원인이라고 본다.

닉슨 대통령은 섬유 문제와 오키나와의 핵 제외 반환 문제를 동시에 처리하고자 이 일을 키신저에게 맡긴다. 키신저는 와카이즈미와 연락을 취했고, 1969년 11월 미일 정상회담 도중 둘이서 협의를 시작했다. 닉슨 대통령은 핵무기를 오키나와에서 제거하는 것에 합의했다. 미국이 오키나와에 핵무기를 다시 반입할 필요가 있을 때가 문제였다. 닉슨 대통령은 긴급 시에는 오키나와에 핵무기를 반입한다는 비밀협정에 사토 수상의 동의를 촉구한다.

핵무기를 반입하는 것은 매우 미묘한 문제다. 라이샤워 주일대사의 특별보좌관을 지낸 팩커드는 2010년 미군이 1966년 오키나와에 있던 핵무기를 일본 정부 허가 없이 본토로 이동했다고 주장한다. 또한 1972년 오키나와 반환 때까지 미군이 빈번히 핵무기를 재반입한 적이 있다고 시사한 바 있다.(〈포린 어페어즈〉2010년 3-4월호). 2010년 3월 7일자 〈마이니치신문〉은 주일미군이 1966년에 3개월 동안 이와쿠니 기지에서 핵무기를 보관했다는 증언을 보도했다.

사토 수상과 닉슨 대통령이 맺은 두 가지 밀약

1969년 11월 닉슨 대통령과 사토 수상은 수뇌회담에서 두 개의 밀약을 맺었다. 하나는 핵무기 반입에 대한 밀약이며, 다른 하나는 섬유에 대한 밀약이었다. 이 두 가지 밀약은 키신저와 와카이즈미 케이 간에 이미 결정된 일이었다. 닉슨 대통령과 사토 수상이 어떤 이야기를 나눌지도 이미 정해져 있었다. 수뇌회담에는 외무대신이나 대사도 동석한다. 그 밀약의 과정을 살펴보자.

먼저, 핵 밀약은 사전에 키신저와 와카이즈미가 합의 문서를 작성해 두었고, 두 정상이 별실로 들어가 서명했다. 회담 마지막에 닉슨 대통령은 사토 수상에게 대통령 집무실 옆 작은 방에 가서 미술품을 감상하자고 제안한다. 거기서 사토 수상은 준비한 합의 문서를 주머니에서 꺼내 서명했고, 서명한 문서는 두 사람이 각각 한 통씩 보관했다.(와카이즈미 케이, 『다른 방법이 없다는 것을 알지만他策ナカリシヲ信ゼムト欲ス』) 그 내용은 다음과 같다.

[1969년 11월 21일, 닉슨 대통령과 사토 수상 간 공동성명 합의록]

· 미국 대통령

"중대한 사태가 생길 때, 미국 정부는 일본과 사전 협의한 다음 핵무기를 오키나와에 재반입한다. 사전 협의를 위하여 미국 정부는 호의적인 답변을 기다린다."

· 일본 수상

"일본국은 미국 정부의 필요성을 이해하여 사전 협의에 지체 없이 응한다."

이 합의 문서를 2통 작성하여 각 1통씩 대통령관저와 수상관저에 각각 보관한다.

별로 알려지지 않았지만 회담 이틀째, 섬유밀약이 맺어졌다. 중요한 부분만 간추리면 다음과 같다.

· 적용 범위: 모든 모직과 화학섬유 제품
· 기　　간: 1970년 1월 1일부터 5년간
· 기본 상한: 1969년 6월 30일 이전 1년간 무역 수준
· 증가량 상한: 화학섬유는 1969년부터 매년 5%, 모직 제품은 1969년부터 매년 1%

오키나와 핵무기 반입은 '만일 중대한 사태가 발생할 경우'의 문제였다. 따라서 미일 간에 문제될 일은 없었다. 반면 섬유밀약은 1970년 1월 1일부터 적용될 이야기였다. 그러나 사토 수상은 섬유밀약은 없다는 입장이었고, 합의사항을 이행하지 않았다.

당시 외상이던 아이치 기이치는 저서 『텐보쵸 이야기 天保町放談』에서 "사토 수상이 오키나와 교섭 시 밀약을 맺었다는 것은 전혀 근거가 없다."고 쓰고 있다. 사토 수상이 맺은 밀약을 외상이 전혀 모른다는 말이다.

당시 섬유 교섭 담당자였던 미야자와 통산대신도 마찬가지였다. 미야자와는 제2차 세계대전 직전인 1939년 미일학생회의 참석 차 미국에 가는 등 일본 정치가로서 가장 미국에 정통한 인물이었다. 미야자

와는 통산대신으로 1970년 6월 미국에 건너간다. 섬유 문제 때문이었다. 그런데 여기서 드라마 같은 일이 전개된다. 자세한 사정은 『미야자와 기이치 회고록聞き書 宮沢喜一回顧錄』에 기록되어 있고 여기선 개요만 소개하겠다.

미국 방문을 앞두고 미국 친구인 리드에게서 전화가 걸려왔다. 그가 미국 스탠즈 상무장관을 만났는데 우리 수상에게 메시지를 전해달라는 부탁을 받았다고 한다. 스탠즈가 수상관저에 서류 한 장을 보냈으니 그것을 보고 나서 미국에서 만나자는 것이다. 미야자와는 사토 수상에게 말한다. "저는 곧 미국에 갑니다. 그런데 서류 한 장을 미리 보고 오라고 하는데 그런 것이 있습니까?" 사토 수상은 "그런 것은 일체 없다. 걱정하지 말고 다녀 와."라고 했다.

미국에 건너간 미야자와는 교섭 석상에서 스탠즈 상무장관으로부터 서류 한 장을 건네받는다. 작년 닉슨과 사토와의 정상회담에서 합의된 문서라고 말한다. 미야자와는 일본을 떠나기 직전 그런 서류는 없었음을 확인했기 때문에 자신은 보지 않겠다고 말한다. 그러자 스탠즈가 서류 내용을 설명한다. 미야자와는 끝까지 모르는 일이라고 했고 스탠즈는 이미 합의한 사항이라며 팽팽히 맞섰다. 회담 첫날 4시간 동안 그런 서류는 있다, 없다를 반복하다가 끝이 났다.

다음날 회담에 존슨 국무차관이 참석한다. 스탠즈는 또 다시 닉슨과 사토의 합의 문서 이야기를 꺼낸다. 미야자와는 사토 수상이 없다고 하니, 유무 여부를 확실히 해달라고 강경하게 대응한다. 결국, 존슨 국무차관이 포기하면서 사태를 수습했다.

닉슨 대통령과 사토 수상의 밀약은 어디까지나 밀약이다. 밀약의 존재 여부를 확인하려 들면 없다고 말할 수밖에 없다. 그러나 아무리 공개석상에서 없다고 말해도 밀약을 맺은 사실은 변하지 않는다. 결국 사토 수상은 국내 사정으로 밀약을 지키지 못했던 것이다.

닉슨 대통령이 화를 내는 것은 당연했다. 동시에 키신저도 강하게 항의했다. 자신이 와카이즈미 케이와 맺은 합의를 파기했다는 것이 그 이유였다. 키신저는 홧김에 이런 말까지 했다고 한다. "내 인생에도 섬유 따위는 전혀 모르던 행복한 시절이 있었지. There was a happy period in my life when I never knew a thing about textiles." 그런데 핵 밀약은 2009년 6월 1일, 〈교도통신〉이 익명의 전직 외무차관과의 인터뷰를 근거로, "유사시 핵무기 재반입을 일본 정부가 인정한다."는 밀약이 있다고 보도하였다. 같은 해 9월 18일, 〈교도통신〉은 캠벨 국무차관보가 밀약의 존재를 인정했다고 쓰고 있다. 40년이 지나서야 겨우 사실이 밝혀진 것이다. 공개되기까지 무려 40년, 진실이 무엇인지 그저 추측할 수밖에 없다.

키신저와 와카이즈미 간 핵무기 합의는 잘 이루어져 닉슨과 사토가 합의만 하면 되었다. 그러나 섬유 문제는 섬유 업계 간 합의가 필요한 일이었지 처음부터 비밀조약으로 처리할 수 없는 문제였다. 파탄날 것이 뻔했다. 만일, 사토 수상이 밀약의 존재를 미야자와 통상대신에게 고백했다면 어떻게 되었을까? 아마도 일본 측이 밀약을 지켰을 것으로 본다.

그러나 사토는 오키나와 반환을 위한 뒷거래는 하지 않았다고 오리발을 내밀면서 오키나와 섬유 문제를 교환한 것이 아니냐는 국내의 비난에 맞섰다. 섬유밀약을 각료나 섬유산업 기업인들에게 고백할 수 없었던 그로서는 어쩔 수 없이 닉슨과의 약속을 깨트려야 했다.

일본 섬유산업 업계는 정부간 협정이 필요 없는 3년간 수출 자율 규제를 닉슨의 정적政敵인 밀즈와 합의했다고 발표한다. 닉슨은 당연히 격노했다. 사토는 약속을 깨트렸을 뿐만 아니라, 닉슨이 거둔 성과를 정적 밀즈에게 갖다 바친 셈이었다. 처지가 곤란해진 것이다. 섬유 문제는 단순한 무역문제만이 아니었다. 닉슨에게 대통령선거 공약일 정도로 매우 중요한 이슈였다.

닉슨의 보복 제1탄: 중국 전격 방문

닉슨 대통령은 사토 수상에게 보복 제1탄을 날렸다. 닉슨이 1971년 7월 갑자기 중국 방문 계획(실제로 방문한 것은 다음해 2월)을 발표했을 때, 일본에 전혀 사전통고하지 않았다. 이는 보복이었다. 전 〈도쿄신문〉 편집위원으로 외무성 사정에 밝은 나가노 기자는 저서 『외무성 연구』 에서 다음과 같이 적고 있다.

> 1971년 7월 16일 오전 10시 40분, 외무차관실에 전화벨이 울렸다. 모리 차관을 찾는 전화로 우시바 주미대사의 목소리였다. 모리 차관은 자리에 없었다. 야스카와 외무심의관에게 전화를 돌렸다. 방금, 로저스 미 국무장관으로부터 닉슨 대통령이 중국을 방문한다는 사전통고가 있었고 늦게 알려서 미안하다는 내용이었다. 수화기를 쥐고 있던 야스카와의 손이 부르르 떨렸다. 1970년 10월 사토와 닉슨이 회담 후 공동으로 발표한 한 페이지

가 야스카와의 뇌리를 스쳤음에 틀림없다. "미일 정상은 중국정책에 대하여 밀접하게 연락하고 협의할 것에 합의하였다."라는 사전 협의가 있던 터였다. 미국 파 엘리트 관료인 야스카와가 경험한 적 없는 미국의 배신 행위였다. 이 발표로 일본 외무성은 패닉 상태가 되었다. 미국의 전후 대일정책에서 일본의 파워엘리트를 이렇게 참담하게 만든 발표는 없었다. 곧 외무성에 대한 비난이 일본 전역에 메아리쳤다. "이런 중대한 일을 사전에 전혀 파악하지 못했다는 것은 외무성이 무능하기 때문이다." 자존심 높던 외무성의 위신은 하루아침에 무너져버렸다.

당시 〈아사히신문〉은 "사토 정권 책임 문제 따르다. 일본 고립에 대한 우려"라는 제목으로 보도를 내보냈다. 일본은 전후 일관되게 중국과 관계를 개선하고자 했지만, 그때마다 미국의 협박이 있었다. 중국의 유엔 가입 시, 일본은 이를 저지하고자 악역의 선봉에 서야 했다. 그런 와중에 닉슨 대통령이 갑자기 칼을 빼들어 중국 방문을 발표한 것은 사토 수상에 대한 보복이 틀림없었다.

닉슨의 보복 제2탄: 달러와 금의 교환 정지

8월 15일은 일본의 패전기념일이다. 닉슨 대통령은 일부러 이 날을 택해서, 1971년 8월 15일, 달러와 금 교환을 정지한다는 경제조치를 발표한다. 1970년대 초기부터 미국은 무역 적자 상태였다. 적자의 규모는 1969년 14억 달러, 1970년 12억 달러, 1971년 32억 달러에 이르렀다. 이때 달러는 언제나 금과 바꿀 수 있었다. 그러나 적자가 늘어나면, 미국에 있는 금이 점점 줄어든다.

무역 적자의 원흉은 일본이었다. 1971년에는 대일 무역 적자만 무려 32억에 달러에 달했다. 미국에서 중요한 회의가 열렸다. 샬러는 당시를 다음과 같이 회고하고 있다.

> 닉슨 대통령은 1971년 8월 13일부터 이틀 동안 국내 정치, 경제 고문들을 대통령 별장인 캠프데이비드에 소집시켰다. 경제 고문인 슈타인에 따르면, 프랭클린 루스벨트가 전국 은행 휴업을 결정한 1933년 3월 4일 이래 경제 분야에서 가장 중요한 주말이었다. 재무장관 코넬리는 "우리에겐 돈이 한 푼도 없다. 누구나 원할 때 우리를 쓰러뜨릴 수 있다."고 경고했다. 그리고 "금의 창문을 닫고(달러와 금 교환 중지) 대부분 수입품에 10% 과징금을 부과하기로 합의하였다."고 전했다.(앞의 책)

당시 미국 시장은 일본 수출의 약 30%를 차지하고 있었다. 대부분 수입품에 10% 과징금을 부과한다면 일본으로선 큰일이 아닐 수 없었다. 1971년 12월 18일, 1달러에 360엔 하던 것이 308엔으로 뛰어 오르자, 일본 제품은 약 12%나 가격이 상승했다. 결과적으로 수입품에 10% 과징금을 부여할 필요가 없어졌고 수입 과징금 또한 취소되었다.

닉슨의 보복은 1971년 12월까지 쉬지 않고 이어졌다. 사토 정권 다음을 노리던 당시 후쿠다 다케오는 외무대신이었고, 다나카 가쿠에이는 통산대신이었는데, 둘 다 미국과의 교섭에 휘말렸다. 그러나 그해 12월, 미국의 보복을 받으면서, 후쿠다나 다나카는 사토 정권이 더 이상 견디지 못할 것이라고 판단하여 포스트 사토를 향해 움직인다.

그 후에도 사토 수상에 대한 닉슨 대통령의 보복은 계속된다. 센카쿠 열도(중국명 댜오위다오)[1]에 대한 미국의 태도가 바뀐 것이다. 샬러는 다음과 같이 쓰고 있다.

> 닉슨이 중국을 방문한 뒤에 미 국무성은 센카쿠에 대한 일본의 입장 지지를 수정하여 애매한 태도를 취했다. 사토는, 닉슨과 마오쩌둥[2] 간에 뭔가 이야기가 있었던 것에 틀림없다고 추측했다.(위의 책)

닉슨과의 관계가 악화된 것을 계기로 사토 수상은 결국 1972년 7일 사임한다. 후임 수상은 사토와 기시가 강력하게 추천했던 후쿠다 다케오가 아니었다. 총재선거에서 당선된 사람은 다나카 가쿠에이[3] 통산대신이었다. 다나카는 특유의 추진력으로 일본 섬유업자에게 거액의 손실 보전을 약속했을 뿐 아니라, 미국과의 교섭 또한 단숨에 해결했다.

30년이 흐른 뒤, 당시 밀사로 활약했던 와카이즈미 케이는 1996년 7월 자살로 생을 마감했다. 지인들에 따르면 그는 말년에 심각한 알코올 의존증에 빠졌다고 한다. 자신이 관여했던 오키나와 반환 교섭이

---

1) 센카쿠열도: 일본 오키나와 서쪽 600킬로 부근에 위치한 열도. 중일(中日) 간 영유권 분쟁이 심화되면서 최근 들어 양국의 갈등이 높아지고 있다.
2) 마오쩌둥(毛澤東): 1893-1976. 중국의 정치가. 장제스와의 국공내전에서 승리하여 1949년 중화인민공화국을 건국하였다. 중국을 통일한 뒤, 문화대혁명을 일으켜 자신의 권력을 강화하였다.
3) 다나카 가쿠에이(田中角榮): 제64, 65대 수상으로 결단과 실행을 중시했다. 미국의 대일 압력을 헤쳐 나가면서 중일 국교 정상화를 실현하였다. 사토 정권까지 이어졌던 CIA 자금 제공과는 인연이 없었지만, 토지나 공공사업을 이용한 정치자금 형성으로 큰 비난을 받았다.

미군 기지를 고착화시킨 결과를 초래했다는 회환과 함께, 섬유밀약을 이행하지 못한 결과 미일 관계가 악화된 것이 그에겐 큰 부담이었을 것이다.

외무성 내 미군 기지 축소의 움직임

2010년, 민주당이 정권을 잡았을 때 하토야마 수상은 유사시 미군 주둔 안을 종종 언급했다. 유사시 주둔이란 미군이 긴급한 경우에만 일본에 주둔하고, 평상시에는 일본 국내에 없는 것을 말한다. 오자와 간사장 또한 미 해군 7함대만으로 군사적인 존재감이 충분하다고 발언했다. 하토야마 수상과 오자와 간사장의 이러한 발언은 미일 동맹을 전혀 이해하지 못한 것으로 자민당이나 평론가 및 언론에서 격렬한 비난을 받았다.

그러나 역사적으로 본다면 유사시 주둔은 결코 돌발적인 제안이 아니었다. 1940년대 후반, 아시다 히토시 외상이 유사시 주둔을 미국에 제안한 바 있고, 이 사실은 앞에서 이미 언급했다. 또 1969년 외무성에서는 다음과 같은 극비 문서가 작성되었다.

[일본국의 외교정책 기본방향 요약] 1969년 9월 25일 외교정책기획위원회
- 일본 국토의 안전은 핵 억지력과 서태평양의 대규모 기동항모 공격, 그리고 보급능력만을 미국에 의존하고, 나머지는 원칙적으로 자위력으로 대응함을 목표로 한다.
- 주일미군 기지는 점차 축소, 정리해가고 원칙상 자위대가 인수한다.

· 유엔군과 유엔감시단에 협력한다. 가능하면, 평화유지 활동을 위한 자위대 파견을 점진적으로 준비해간다.
· 군비 축소면에서 일본이 미국의 꼭두각시라는 인상을 절대 피하도록 한다.

이것이 일본 외무성 문서임을 알면 깜짝 놀랄 사람이 많을 것이다. "주일미군 기지는 점차 축소, 정리해간다." "미국의 꼭두각시는 되지 않는다." 1969년 일본 외무성은 이런 생각이 있었다. 어느 개인의 의견이 아니라 외무성 고급관료들이 협의해서 만들어낸 의견이었다.

그렇다면, 외교정책기획위원회에는 어떤 사람들이 참가하고 있었을까? 조직을 보면, 위원장은 외무차관 또는 외무심의관이고 그 밖에 국장이나 참사관 등 매우 소수 간부로 구성되어 있다. 당시 외무성 요직들이 참가했던 것이다. 핵심인물은 당시 관방장으로, 나중에 인도네시아 대사와 유엔 대사를 지낸 사이토 시즈오였다.

이 문서는 대외적으로 발표되지 않았다. 참가한 내부자들 간 결론이라고 보면 된다. 유감스럽게도, 그중 대부분이 고인이 된 지금 그 문서의 존재를 아는 사람은 거의 없다. 나 역시 2년 전 〈도쿄신문〉 2010년 1월 27일자 특종을 보고서야 문서의 존재를 알았다.

일본 외교정책의 기본 방향은 미국 의존을 줄이고 자국의 방위력을 강화하며 유엔과 협력을 도모하는 것이 원칙이다. 그 이념은 오늘날 외무성 방침과 전혀 다르다. 요즘 외무성을 보고 있노라면, 일본 외교정책의 큰 줄기는 현실성이 없다고 느껴진다. 주일미군 기지를 점차 축소 및 정리한다든가, 미국의 꼭두각시가 아니라는 표현은 결코 쉽게 나올 수 없는 말이다.

전후 외무성의 역사를 보면, 외무성 내 자주노선의 흐름은 매우 강했다. 단지, 1960년대 이후 주일미군 축소 견해가 이처럼 분명히 외무성 내부에서 나온 것은 거의 찾아보기 어렵다.

키신저, 일본-베트남 교섭을 협박하다

앞서 우리는, 닉슨 대통령이 중국 방문을 사전에 연락하지 않음으로써 사토 수상에게 보복한 일을 보았다. 당시 외무성은 정보가 부족했다는 이유로 거센 비난을 받았다. 외무성은 정말 아무것도 몰랐던 것일까? 실은 이 사태를 미리 걱정한 사람이 있었다.

1970년대 초, 미국 내 베트남 반전운동이 확산되었고, 1972년 대통령선거가 코앞에 다가왔다. 민주당 대통령후보가 닉슨의 베트남 정책을 비판할 것은 뻔한 일이었다. 일본 외무성에서 베트남을 담당하고 있던 동남아1과는 미국이 베트남전쟁을 종결할 것으로 보았다. 중요한 것은 중국이었다. 중국은 베트남전쟁에 군인 및 물자를 지원하고 있었다. 중국을 조종하면 베트남전쟁을 끝내는 것도 가능했다.

동남아1과에서 근무했던 사카모토 쥬타로 수석사무관은 가까운 시일 내에 미중 접근이 예상된다는 경고를 보냈다. 아세아 정세를 살피던 아시아국 지역정책과 하세가와 가즈토시 수석사무관이 이에 동조했다. 그러나 주미대사관이나 외무성 중국과에서는 그런 일은 절대 없다고 부인했다. 사카모토 등은 미중 접근을 예상하는 문서를 외무성 내 간부에게 보내려 했지만 중국과에서 반대가 심했다. 심지어 그 문서를 "외무성 아시아국 밖으로 유출을 금지한다."는 지시까지 내려졌다.

아니나 다를까, 닉슨 대통령이 갑작스레 중국 방문 계획을 발표한다. 이뿐만이 아니었다. 닉슨 정권은 일본 몰래 중대 발표를 했는데, 돌연 베트남전쟁 종결을 선언한 것이다. 일본 외무성은 복수 루트를 통해서 미국이 베트남과 접촉 중인 것을 눈치 채고 있었다. 두 번이나 미국에 농락당하지 않기 위해, 동남아1과 직원들은 베트남과 직접 교섭할 채널을 탐색했다. 당시 미국이 베트남과 접촉한 지역은 프랑스 파리였다. 프랑스의 나카야마 대사와 모토노 공사가 베트남과 교섭 창구를 개척하여, 미와 가즈스케 동남아1과장을 극비리에 베트남에 파견할 것을 결정했다. 1972년 1월, 베트남에서 입국 허가가 떨어졌다. 이 사실을 미국에 통지한 일본은 키신저 관계자로부터 다음과 같은 회신을 받았다.

> 하노이에 들어가는 것은 마음대로 해도 좋다. 그러나 미국은 베트남에 폭격을 재개할 가능성이 있으니 조심할 것.

일본이 하노이를 방문하는 중에 폭격을 재개할지 모르기 때문에 신변안전을 보장할 수 없다고 위협한 것이다. "일본에겐 아무것도 가르쳐주지 않는다. 일본 혼자서 움직이면 위험하다." 일본의 정재계가 교훈으로 삼고 있는 이 말은 1971~1972 키신저가 가르쳐준 것이다.

록히드 사건과 다나카 수상에 관한 음모

"일본 정치가로 미국에 의해 정치적으로 암살된 사람은 누구인가?"라는 물음에 반드시 나오는 사람이 있는데 바로 다나카 가쿠에이 수상이다. 미국은 그의 죽음에 어떻게, 왜 개입했는지 물으면 확실하지 않다. 다만 다나카 수상이 정치생명을 잃어버린 것은 록히드 사건[4] 때문이었다. 나카소네 야스히로 전 수상은 저서 『천지유정』에서 다음과 같이 회고했다.

> 키신저는 내가 수상을 그만둔 뒤 록히드 사건은 잘못되었다고 조용히 수군거렸다. 키신저는 록히드 사건의 진상을 상당히 많이 알고 있었을 것이다.

나카소네 전 수상은 록히드 사건을 미국이 조작했고, 키신저가 배후 사정을 잘 알고 있었다는 점을 시사한다. 일본 수상을 정치적으로 매장시킨 사건에 근거 없이 키신저를 연루시킨다면 이는 중대한 명예훼손이 된다. 다나카 수상을 정치적으로 매장한 사건의 전모를 키신저가 알고 있다는 전제에서 생각해보자. 나카소네 전 수상은 다음과 같이 설명한다.

> 다나카는 국산원유를 채굴함으로써 미국의 거대 석유업계인 메이저 사를

---

[4] 록히드 사건: 일본 정치가와 고위 관료들이 미국 군수업체인 록히드(Lockheed)사로부터 금품을 수수한 사건이다. 전형적인 정경유착의 스캔들로 다나카 전 수상 등이 체포, 기소되었다.

자극했다. 그는 유럽 출장을 핑계로 영국의 북해유전이나 소련의 무르만스크 천연가스에 관심을 가지는 등 자원외교를 거듭했다. 그것이 미국을 화나게 했을 가능성이 있다.

다나카 수상이 독자적인 자원외교를 전개했기 때문에 미국에 당했다는 것이 정설이다. 그러나 여기엔 의문이 있다. 다나카 전 수상이 어떤 사람인가? 그는 한때 인기가 높았던 정치가였지만 이미 사망한 지 20년이나 지났기 때문에 젊은 사람들은 잘 모를 것이다. 초등학교 학벌로 수상까지 된 그는 연설의 달인이었다. 가장 대표적인 연설이 〈일본 열도 개조론〉이다.

> 전후 경제 부흥과 번영은, 농어촌과 산촌의 피땀 위에서 만들어져서는 안 된다. 대도시와 지방이 공존 공영할 수 있도록 균형 잡힌 국토의 재편성 및 재활용을 추진해야 한다.

다나카 전 수상은 일본 중부 니가타 출신이다. 1970년대, 도쿄 등 대도시는 고도 성장으로 큰 혜택을 보았으나 지방도시는 그렇지 못했다. 그래서 다나카 수상은 지방과 도시를 동시에 성장시켜야 한다는 생각이 있었다.

다나카는 〈일본 열도 개조론〉에서 일본 열도를 고속도로나 신칸센 같은 교통망으로 묶은 뒤 지방을 공업화시키고 과소 및 과밀 문제를 포함, 도심의 공해문제까지 동시에 해결할 것을 주장했다. 교통망을 대규모로 건설하고 정비하다 보면 엄청난 자금이 들면서 이권 또한 생겨난다. 다나카의 정치적 수법인 금권정치의 연장선상에서 이권이 만들어진 것이다.

돈은 정치를 움직인다. 다나카 수상은 관료를 잘 다루었다. 주변 사람에게 돈과 지위를 주었고 저항하는 사람은 자리를 박탈했다. 너무나 노골적으로 그런 일을 자행했다.

한 정치 평론으로부터 시작된 다나카의 사임

1974년 10월 10일, 평론가인 다치바나 다카시가 「문예춘추」 11월호에 〈다나카 가쿠에이 연구-그 금맥과 인맥〉[5]이라는 글을 발표한다. 이 기사가 다나카 끌어내리기의 시작이었다.

이 기사는 특정 스캔들을 폭로한 것은 아니었다. 록히드 사건이 아직 일어나기 전이었고 그 사건과는 아무런 관계가 없었다. 다만 다나카 수상이 정치를 이용하여 어떻게 재산과 자금을 모았는지 구조적으로 분석한 글에 불과했다. 전후 일본 정치를 가장 크게 움직인 평론은 아마도 이 글일 것이다.

당시는 이 기사로 인해 다나카 정권이 크게 흔들릴 만한 상황은 아니었다. 기사가 보도되자 다나카 파의 주요 정치인들이 모두 모였다. 다나카의 비서였던 사토 아키코는 자신의 저서 『다나카 가쿠에이 일

---

5) 다치바나 다카시가 「문예춘추」에 연재한 정치 평론으로 다나카 수상의 금권정치를 폭로함으로써 커다란 반향을 일으켰다. 이 책을 통하여 전후 일본의 보수정권이 돈으로 얽힌 유착관계임이 드러났다. 나중에 다나카 수상은 록히드사건에서 뇌물 수수죄로 기소되었다.

기私の田中角榮日記』에서 이런 말을 했다. "「문예춘추」에서 프로젝트팀을 만들어 다나카를 공격한 기사가 나온다는 이야기는 훨씬 전부터 들리고 있었다. 다나카의 정적들이 관여했다는 소문도 있었다." 그러나 〈다나카 가쿠에이 연구-그 금맥과 인맥〉을 보도한 일간지는 없었다. 당초 이 기사가 발표되었을 때 정치적 영향력은 거의 없었던 셈이다.

1974년 10월 22일 다나카 수상은 외국특파원협회에 강연을 하러 갔다. 여기서 미국인 주일특파원들이 〈다나카 가쿠에이 연구-그 금맥과 인맥〉 문제를 철저히 추궁한다. 그것은 굉장히 불가사의한 행동이었다. 왜냐하면 당시 외국인 기자들은 해야 할 다른 질문들이 산더미처럼 쌓여 있었기 때문이다.

다음달 11월, 포드Gerald Ford 대통령[6]이 미국 대통령으로는 전후 일본을 처음 방문하게 되었다. 이 시기 미일 간에는 라록크 증언이라는 중대한 증언이 있었다. 전 해군소장인 라록크가 미국의회에서 핵무기를 탑재한 함선이 일본이나 다른 국가에 자주 기항했다는 이 증언으로 인해 핵무기 의혹이 일거에 터져 나왔다. 10월 18일 〈아사히신문〉은 "다나카 수상, 비핵 3원칙[7]을 계속 유지, 미국이 반입을 요구해도 사전협의에서 거부" 등을 갓 보도한 시점이었다. 따라서 당시 이슈는 오히려 핵무기에 집중되어 있었다. 당시 일본어를 모르던 대부분의 외국인

---

6) 제럴드 포드(Gerald Ford): 제38대 미국 대통령. 닉슨 대통령이 민주당 선거캠프를 도청한 워터게이트 사건으로 사임했을 당시 부통령이었다. 닉슨의 뒤를 이어 대통령이 되었다. 미국 대통령으로 전후 첫 방일기록을 세웠다. 다음해 쇼와 천황이 처음으로 미국을 방문하였다.
7) 비핵 3원칙: 사토 수상이 1972년 11월 일본의 국가시책으로 제정한 원칙이다. 핵무기를 만들지 않고, 보유하지 않고, 반입하지 않는다는 국회결의를 말한다.

기자들이 일본 잡지에 실린 글을 읽었을 리 만무하다. 일본의 일간지에서조차 다루지 않은 기사를 5명의 미국 기자가 잇달아 질문한 것은 너무나 뜻밖의 일이었다.

〈다나카 가쿠에이 연구-그 금맥과 인맥〉 문제가 외국특파원협회 단계에서 끝이 났다면 수상 사임까지는 가지 않았을 것이다. 그런데 〈아사히신문〉과 〈요미우리신문〉이 외국특파원협회에 강연이 있던 다음날인 10월 23일 1면 톱으로 대대적으로 이 문제를 보도했다. "다나카 금맥을 추궁하는 움직임이 갑작스레 활발해지다." "정국에 중대한 영향을 미칠 것이 뻔하다." 등의 기사가 〈아사히신문〉을 가득 채웠다. 별 일 아닌 일을 〈아사히〉와 〈요미우리〉가 불을 붙인 형국이었다.

여기에 다나카 반대 진영의 국회의원들 또한 보조를 맞춘다. 미국과 신문과 정계가 모두 하나가 되어 움직이는 구도가 다시 등장한 것이다. 경제계의 반응도 다르지 않았다.

1974년 11월 1일자 〈아사히신문〉은 "이대로 뚜껑을 덮을 수 없다."는 기카와다 도쿄전력 사장의 말과, "잠정정권으로 가는 수밖에 없다."는 나카야마 전 일본흥업은행 은행장의 발언을 보도한다. 1960년 안보투쟁 당시 나카야마를 중심으로 한 경제동우회 멤버들이 기시 수상을 배척한 배경을 설명한 것과 똑같은 일이 벌어졌다.

결국, 다나카 수상은 1974년 11월 26일 수상직을 사임한다. 그러나 파벌 세력들이 정계에 많이 있어서 그의 세력은 여전했다. 그는 수상을 정하는 킹메이커로서 영향력을 행사하기도 했다. 아마도 2년 후쯤에는 다시 수상에 복귀할 것으로 생각하고 있었던 것 같다.

약소 파벌의 미키 다케오가 수상이 되다

다나카 수상의 뒤를 이을 사람은 당연히 후쿠다 다케오나 오히라 마사요시였다. 그런데 왜 다나카 수상 퇴진 후 후쿠다나 오히라가 수상이 되지 못했을까? "다음 정권은 잠정정권으로 가는 수밖에 없다."는 나카야마의 발언에 그 답이 있다.

후쿠다 다케오나 오히라 마사요시는 정통파 수상 후보로서 다음 수상으로 넘어가기 전에 할 일이 있었다. 그것은 다나카 전 수상의 부활 가능성을 완전히 제거하는 일이었다. 만일 다나카 퇴진이 모략이라면, 2년 후 다나카가 다시 수상이 되었을 때 엄청난 보복을 당할 것은 뻔한 일이었다.

앞서 아시다 수상이 퇴임한 후에도 검찰의 표적 수사를 받아서 정계 은퇴 요구를 강요받았다고 한 바 있는데 이 사례 역시 매우 비슷했다. 사실, 다나카 전 수상도 록히드 사건으로 체포되기 1주일 전, 마에오 중의원의장을 통하여 후세 다케시 검사총장으로부터 의원 배지를 포기하라는 압박을 받은 적이 있다고 한다.(『아사히신문』 1988년 12월 17일, 구니마사 다케시게 편집위원의 취재기사)

결국, 후임 총재는 당시 부총재였던 시이나 에쓰사부로가 나서, 가장 약소 파벌의 수장인 미키 다케오三木武夫[8]를 선출한다. 1974년 12월

---

8) 미키 다케오(三木武夫): 제66대 수상으로 소수 파벌의 영수이면서 탁월한 정치 수완을 발휘하여 정국을 주도하였다. 금권의 상징인 다나카 전 수상에 대해 클린(clean) 미키로 불렸지만, 록히드 사건을 처리하는 데 실수가 있었다.

9일, 미키 내각이 탄생했다.

미키 다케오는 스캔들과 인연이 없는 깨끗한 정치가로 알려져 있다. 사토 내각의 외상이나 수상 재직 시, 일본의 무기 수출 3원칙을 확립한 대미 자주노선의 정치가라는 이미지가 있었다. 그러나 다나카 수상의 퇴진과 록히드 사건의 조작 가능성을 생각하면 사정은 달라진다. 미키 수상은 다나카 전 수상을 유죄로 만들기 위해 전례 없이 무리한 강제기소를 하는 실수를 범하고 만다.

다나카 수상이 사임하고 1년 3개월 뒤 일어난 록히드 사건을 잠시 되돌아보자. 다나카 전 수상은 유죄 판결을 받고 정치 생명이 끝났다. 1976년 2월 4일, 미국의회의 다국적 기업 처치 소위원회가 열렸다. 여기서 록히드사가 일본, 이탈리아, 터키, 프랑스 등 세계 각국의 항공회사에 자사 비행기를 판매하기 위하여 정부 관계자들에게 거액의 뇌물을 뿌렸다는 것이 밝혀진다.

미국의회에서 다국적 기업 처치 소위원회가 조사를 하게 된 경위는 서류가 잘못 발송되어 그리로 갔기 때문이라 한다. 서류 봉지를 뜯어 보니 엄청난 내용이 들어 있었고, 그래서 특별공청회를 열어 관계자를 조사했다고 한다.

록히드사가 세계 각국에 비행기를 팔기 위해 정부요인들에게 뇌물을 제공한 것이니만큼 일본 관계자도 의혹을 받았다. 그 배후로 다나카 전 수상을 들먹이게 되었으나 이를 뒷받침할 만한 결정적인 증거는 없었다.

록히드사에서 뇌물을 받은 정부 관계자를 발표하면, 미국 동맹국의 주요 정치가가 실각한다. 그래서 미국은 누가 수뢰자인지 공표하지 않는다는 입장을 분명히 밝혔다. 그러자 미키 수상은 도저히 납득할 수 없는 조치를 내린다. 1975년 2월 23일, 중의원 본회의에서 "소위 정부 고관을 포함한 모든 자료를 공개하도록 미국에 특별요청을 하자."는 중의원 결의가 나온다. 미키 수상은 국회에서 다음과 같이 언급한다. "내가 직접 포드 대통령에게 요청하겠다." 나카무라 게이치로의 주장을 들어보자(『미키 정권 747일三木政權 747日』).

> 미키 수상은 즉시 친서를 작성하여, 그날로 미국 정부에 보냈다. 미국 정부의 제안으로 미일 정부 간 사법공조 협정이 조인되었고, 자료가 일본 검찰로 송부되었다. 코챤, 크랏타 등 미국의 사건 관계자에게 촉탁 심문을 할 수 있는 길 또한 열렸다. 록히드 사건 공판에서는 이들에 대한 조사자료가 유력한 증거가 되었다.

미키 수상이 포드 대통령에게 특별친서를 보낸 것이다. 3월 12일, 포드 대통령으로부터 답장이 도착한다.

> 정보를 귀국의 정부와 공유하고자 교섭할 용의가 있다. 미국 수사기관이 가진 정보를 기밀 취급을 전제로 송부하겠다.(히라노 사다오, 『록히드 사건 묻혀진 진실ロッキード事件「葬られた真実」』)

이 친서에 따라 검찰청은 필요한 정보를 미국에서 제공받는다. 지금부터 설명하는 내용은 매우 복잡하고 불편할 수 있다. 그러나 이 설명을 이해하지 못하면, 록히드 재판이 얼마나 비정상적인지 알기 힘들

것이다.

록히드 사건에서는 촉탁심문을 했다. 증인이 외국에 있는 경우, 일본검찰은 직접 심문할 수가 없기 때문에 일본 검사가 입회한 상태에서 미국에 요청(촉탁)하여 심문을 한다. 이때 사용한 방식은 일본 법률에는 없는 것으로 미국 측 증언자인 코챤 록히드사 부회장에게 일본 법률을 위반했더라도 처벌하지 않겠다고 약속했다.

좀 더 쉽게 설명해보자. 마피아의 두목이 부하에게 살인을 지령했다고 하자. 검찰은 두목을 체포하고 싶기 때문에 부하에게 모든 것을 고백하면 처벌하지 않겠다는 약속을 해준다. 보통 '사법거래'로 부르는 이것은 일본에는 없는 방식이다. 일본 검찰관이 미국에 가서 촉탁심문을 했고, 그 증거로 다나카 수상은 유죄 판결을 받아 정치생명이 끝난다.

미키 다케오 수상과 미국과의 관계에 대해서도 잠시 언급해 두겠다. 미키는 전전과 점령기에 미국과 특별한 관계를 맺었다. 전전, 메이지대학 전문부를 졸업하고 나서, 사우스캘리포니아 대학에 입학했다. 1940년경, 미일동지회를 결성하여 대미 전쟁 반대를 주장하기도 했다. 점령기에는 맥아더로부터 수상이 되지 않겠느냐는 제의를 받은 적도 있었다. 미키 다케오의 부인 미키 무쓰코는 저서 『믿음 없이 설 수 없다信なくば立たず』에서 다음과 같이 말하고 있다.

> 1948년 10월 7일, 남편에게 아시다 수상이 퇴진한 뒤 맥아더 원수로부터 바로 총사령부에 들어오라는 연락이 왔다. 맥아더 원수는 그 위풍당당한 풍채와 장신으로 들이밀며 "다음은 자네 차례다. 당신이 수상을 하라."고 말했지만, 미키는 거절했다.

아시다 수상이 체포되고, 결국 무죄 판결을 받은 쇼와전공 사건에서 GHQ의 첩보담당인 G2가 관여하고 있었다. 아시다 수상 퇴진 때나 다나카 수상 퇴진 때 미키는 수상을 해보지 않겠느냐는 말을 들었다고 한다. 나카소네 야스히로 전 수상은 『천지유정』에서 다음과 같은 말을 한다.

> 법치국가의 사법 처리라고 하기에는 의문이 많은 재판이었다. (…) 록히드 사건에는 몇 가지 의문이 있었다. 당시 미국증권거래위원회가 핀들리라는 회계사무소에 서류를 잘못 보내 의회로 가버린 것이라고 말했다. 처치 위원회에 서류가 잘못 송부되어 공청회가 열리게 되었다는 것이다. 대체 그런 바보 같은 일이 어떻게 있을 수 있겠는가? (…) 만일 서류가 잘못 송부되었다면, 핀들리라는 회계사무소로 다시 반송하면 되는 것 아닌가? 누군가 음모를 꾸민 것이 뻔하다. (…) 최고재판소가 스스로 위법 행위를 인정해버린 셈이다. 예를 들면, 코찬에 대한 촉탁심문을 면책해준 것은 일본의 형사소송법에는 없는 이야기이다. (…) 변호사 입회 후 반대심문도 하지 않았다. 저널리즘이 만든 분위기에 법의 수호자마저 오염된 것은 사법부나 전후 일본에 커다란 치욕이었다.

나카소네는 록히드 사건을 미국이 조작한 것으로 보았다. 그러나 록히드 사건에 관해서는 나카소네 전 수상도 결코 자유로울 수 없다. 그 내막은 히라노 사다오의 『록히드사건-묻혀진 진실』에 자세히 나온다.

중일中日 국교 정상화와 키신저의 분노

다나카 가쿠에이를 가장 잘 알고 있는 사람 가운데 정치 자금을 담당했던 사토 아키(나중에 사토 아키코로 개명하였음)가 있었다. 다나카 가쿠에이 정치단체인 에쓰잔카이 총책임자 등 요직을 거친 인물이었다. 그녀는 문제가 된 외국특파원협회에서 다나카 강연을 기록했다고 한다.

> 다나카는 별로 가고 싶지 않았지만, 할 수 없이 외국인기자클럽으로 향했다. 강연을 마친 뒤에는 "외국인기자클럽에서 금맥 문제가 터졌다. 중일 국교 정상화에 대한 빚이 돌아왔다."라며 중얼거렸다.(『다나카 가쿠에이 일기』)

다나카 수상에게 가장 가까운 측근이던 사토 아키에 따르면, 다나카는 중일 국교 회복으로 보복을 받았다고 느낀 것이다. 중일 국교 회복과 미국의 입장을 살펴보자.

키신저 인생 최대의 업적은 1972년 2월 닉슨이 중국을 방문한 사건이다. 키신저는 비밀외교로 닉슨의 중국 방문을 실현했다. 전년인 1971년 7월 이 계획이 일본에 사전통지 없이 발표된 것은 섬유 문제로 인한 보복 때문이었다.

닉슨의 중국 방문에도 불구하고, 미중 국교 수립은 1979년까지 미루어졌다. 미국 내 친 타이완 세력이 로비를 벌여 의회가 반대했기 때문이다. 반면, 일본의 새 수상 다나카 가쿠에이는 1972년 9월, 중일 국교 정상화를 실현한다. 결과적으로 닉슨 방중의 결실을 낚아채간 것이다. 키신저는 1972년 8월 하와이 미일 수뇌회담 직전, 뱅커 주베트남

대사와 회담하다가 일본에 대한 분노를 폭발시켰다.

"배신자들 중에서도 정말 지독한 족속은 일본놈들이지."
"Of all the treacherous sons of bitches, the Japs take the cake."

키신저는 하필, 자신이 항상 바보 취급했던 일본인에게 당한 것이다. 키신저의 분노는 굉장했다. 그것을 목격한 기자가 있었는데 전 〈아사히신문〉 기자였던 그는 내게 다음과 같은 말을 해주었다.

키신저는 하와이 회담 전에 일본에 와서 다나카 수상과 면담을 요청했다. 다나카는 내가 왜 외교안보 보좌관과 만나야 하느냐며 일단 거절했다. 그런 가운데 누군가의 중재로, 키신저는 다나카 총리의 별장이 있던 가루이자와까지 찾아갈 수 있었다.

키신저는 중일 국교 정상화를 연기해달라고 부탁했으나, 다나카는 한마디로 일축했다. 1972년 8월, 하와이 미일 수뇌회담 당시 나는 〈아사히신문〉 기자로 동행했는데 하와이 비행장에 내린 다나카 총리를 매섭게 째려보던 키신저를 기억한다. 나는 다나카 총리에게 회담 내용을 물어보았지만 대답할 상황이 아니었다. 격렬했는가라고 물으니 당연하다는 답변만 돌아왔다.

다나카와 닉슨 간 하와이회담 기록은 외무성에 남아 있지 않을 것이다.

다나카의 축출과 원유 개발 문제

미국이 다나카 수상을 정치적으로 매장한 이유는 석유 때문이라고 주장한 두 명의 유명인사가 있다. 한 명은 나카소네 전 수상이다. 그는 자신의 책에서 다나카가 국산 원유인 히로마루 원유를 채굴하면서 미국의 석유재벌인 메이저 사를 자극했다고 썼다.

다른 한 사람은 저널리스트인 다하라 소이치로[9]가 있다. 그는 『전후 최대의 수상, 다나카 가쿠에이』라는 저서에서 "다나카 수상이 에너지 자립전략을 추진하자 키신저를 비롯한 미국 정부고관이나 메이저 사가 강하게 반발했다."고 한다. 록펠러와 깊은 관계에 있던 키신저가 석유업계의 이익을 대변했을 것이라는 생각이 있다. 그러나 여기엔 약간의 의문이 든다.

① 키신저와 산유국, 석유메이저 간 이해는 기본적으로 대립한다. (유태인 출신인) 키신저에게는 이스라엘의 안전이 가장 중요했다. 석유 회사는 기본적으로 아랍을 중심으로 한 산유국과 사이좋게 지내야 한다. 1970년대는 그야말로 이스라엘과 산유국이 대립하던 시절이다.

② 일본이 독자적으로 개척하려 한 에너지 자원은 기본적으로 전혀 성공하지 못했다. 북해유전 개발에 일본과 독일이 자금을 제공했다는 이야기도 있었지만, 결국 서독이 자본과 기술을 투입한 대가로 석유를 차지

---

9) 다하라 소이치로(田原総一郎): 1934년생. 시가 현 출신으로 일본의 저널리스트, 정치평론가이자 영화감독. 테레비도쿄의 디렉터로 활약하였다. 최근에도 많은 평론을 쓰는 등 왕성한 활동을 전개하고 있다.

한다. 일본은 이라크 정부와 석유계약을 맺었지만 1974년 석유 가격이 하락하여 별 재미를 보지 못했다. 일본이 소련의 튜메니 유전을 구입한다는 이야기도 결국 불발로 끝났다. 대부분 실패로 끝나서 메이저에 위협이 되지 못했다.

나는 미국이 다나카 가쿠에이를 매장시킨 이유가 석유 때문이라고 보지는 않는다. 오히려 중국 요인이 더 컸다고 본다. 석유설을 주장한 다하라 소이치로 자신도 다른 가설에 더 무게를 두고 있다.

키신저 국무장관은 미중 정상화로 인해 아시아에서 일본의 위상이 약화되었다고 말했다. 그동안 일본이 동맹국의 질서를 어지럽힌 데 대해 불만을 내비쳤고, 미국과 일본은 대등외교가 아님을 강조했다.(『중앙공론』 1976년 7월호 「미국의 역린을 건드린 다나카 가쿠에이」)

13
미국을 향한 자주와 종속의 치열한 싸움

"일본의 아세안 외교는 자주성을 강화하는 데 공헌해야 한다."는 말은 미국 추종노선에서 나온 것이 아니다. 오늘날 일본의 대미외교나 외교정책은 이와 정반대라고 봐야 한다.

자주외교와 '후쿠다 독트린'

미키 수상은 다나카 수상이 체포되던 1976년 그해 말에 수상직에서 물러났다. 그리고 1976년 12월 24일 후쿠다 다케오[1]가 수상이 되었다. 나는 오랫동안 후쿠다 내각에 별 관심이 없었다. 미일 관계에서 큰 사건이 없었기 때문이다. 그러나 지금은 다르다. 후쿠다 정권은 미국

---

1) 후쿠다 다케오(福田赳夫): 제67대 수상으로 전전 고등문관시험에 수석 합격. 대장성 프린스로서 일찍부터 촉망받는 인재였다. 그러나 다나카와의 정쟁(政爭)에서 단 한 번도 이기지 못했다. 71세로 수상에 취임한 뒤로는 미국 추종이 아닌 전방위 외교를 제창하였다.

이 일본에 미국 추종을 강요하지 않을 때 어떻게 일본이 자주 외교를 훌륭하게 전개할 수 있는지를 보여준다.

먼저 점령기 중 후쿠다 수상을 살펴보자. 그는 1947년 9월 대장성 주계국장이 되고 문서과에 처음 배치된다. 대장성은 가장 우수한 관료를 먼저 문서과에 배치하여 간부로 만드는 전통이 있다. 일관되게 엘리트코스를 걸어왔지만, 주계국장 시절 가타야마 내각이 GHQ에 당한 것을 보고는 저서 『회고 90년』에 다음과 같이 쓰고 있다.

> 점령군이 정부재원까지 개입하여 사회당 가타야마 내각을 무너뜨렸다. 내각을 교체하려는 GHQ의 의도가 반영된 것이다.

아시다 내각을 붕괴시킨 쇼와전공 사건 때 후쿠다 자신마저 GHQ 공작에 말려든다. 후쿠다는 불법 융자를 제공했다는 용의로 기소되었다.

> 검찰이 꾸며낸 것이다. 검사의 주장은 그야말로 황당무계한 것이다. 나중에 결백이 입증되었지만 가타야마 내각 총사직과 마찬가지로 점령군이 조작한 것이다.(위의 책)

1976년 12월 23일, 후쿠다 내각이 성립한다. 후쿠다 수상은 중일 평화우호조약 체결을 중시하였다. 이 시기 미국은 어떤 상황이었을까? 1975년 미국이 지원하던 월남의 수도 사이공이 함락되었, 1977년 1월 취임한 지미 카터 대통령은 바로 주한미군 삭감을 발표한다. 미국은 분명히 탈 아시아를 시작하고 있었다. 미국은 대일 압력을 일시 중지한다. 후쿠다는 다음과 같이 적고 있다.

> 나는 외교 면에서 두 가지 사명이 있었다고 생각한다. 첫째, 일본 외교의 범위를 확대하는 문제, 둘째 석유위기 이후 혼란한 국제경제를 극복하는 데 일본이 리더십을 발휘하는 사명이다. 나는 전방위 평화외교를 표명하였다.(위의 책)

후쿠다는 미일 우호에 그치지 않았다. 미일 관계의 틀 안에서 일본 외교를 좀 더 적극적으로 확대하자는 생각이었다. 전형적인 사례가 중국정책과 아세안정책이다. 베트남에서 미군이 철수한 뒤, 동남아에는 불안감이 떠돌았다. 후쿠다 수상은 1977년 8월 동남아 각국을 방문하고, 8월 18일 마닐라 호텔에서 '후쿠다 독트린'을 발표한다.

① 일본은 군사대국이 되지 않겠다.
② 같은 아시아인으로서 마음과 마음의 교류를 중시하고, 민족의 다양성을 인정하면서 대등한 입장에서 협력한다. 세계에서 전쟁이 나면 가장 타격이 큰 나라는 일본이다.
③ 아시아와 연대하고 강인함(외부공격에 대한 저항력)을 강화하기 위한 노력을 지원하겠다.

후쿠다 독트린의 초안은 외무성이 작성했고 그 중심엔 니시야마 다케히코 아시아국 심의관이 있었다. 『니시야마 다케히코 유고집西山健彦遺稿集』에 나오는 그의 말을 들어보자.

1950. 10. 한국전쟁 당시 북한의 청진항을 포격하고 있는 미주리 함 K-12603 ⓒ U.S.National Archives

일본은 고도 성장을 달성했지만, 오로지 경제적 이익만을 추구하여 국제사회에 순응하는 데 급급했다. 그러나 후쿠다 독트린은 동남아국가의 안정에 능동적으로 공헌하려는 새로운 일본 외교의 개막을 의미한다. 또한 이번 아시아 순방은 새로운 차원을 개척한 것이다.

총리는 마음과 마음의 교류, 대등한 협력자라는 말을 방문 국가마다 거듭 강조하였다. 일본의 아세안 외교 두 번째 방향은 동남아 전체의 평화와 번영에 항상 일본이 건설적인 역할을 다하는 것이다.

니시야마는 유럽공동체EU 일본대표부 대사 시절, 57세로 사망했다. 과거 외무 관료는 공부를 열심히 했다. 나는 우연히 『니시야마 유고집』을 읽을 기회가 있었다. 그는 사무관이던 젊은 시절 자기 집에 동료들을 초대하여 연구회를 열었고, 플라톤의 『국가론』이나 경제학자 로스토우Walt Whitman Rostow 의 저작을 함께 공부한 적이 있었다. 외무 관료가 지적 연찬을 하던 시절 이야기다. 그렇게 쌓인 교양이 '후쿠다 독트린'으로 이어졌다고 생각한다.

"일본의 아세안 외교는 자주성을 강화하는 데 공헌해야 한다."는 말은 미국 추종노선에서 나온 것이 아니다. 오늘날 일본의 대미외교나 외교정책은 이와 정반대라고 봐야 한다.

오히라 수상의 노골적인 미국 추종노선

1978년 12월 당내 투쟁에서 오히라 마사요시[2]가 후쿠다를 제쳐, 오히라 정권이 발족한다. 오히라 내각에게 주어진 첫 번째 외교 과제는 다음해 1979년 6월 예정된 도쿄 정상회담이었다. 미국은 오히라 수상에게 정상회담 전 미국을 방문할 것을 요청한다. 당시 미국은 일본 경제성장의 둔화를 우려하였다.

오히라 수상은 1979년 5월 미국을 방문하여 5월 2일, 카터 대통령과 만나 정상회담을 한다. 오히라 수상은 백악관 환영식에서 "<u>둘도 없는 우방이자 동맹국인 미국과 긴밀하고 풍부한 파트너십을 통한 중대한 공동임무가 있다.</u>"고 말한다. 카터 대통령과 회담에서도 "미일 동맹 관계를 중시하여 어디까지나 미국을 지지할 것이고, 좋은 파트너가 될 것이다. 뭐든지 서로 상담했으면 한다."고 말한다.

오히라 수상의 이미지는 매우 좋았다. 아마도 재임 중 급사한 것도 영향이 있을 것이다. 상당한 독서가라는 칭찬을 받았고, 또한 다나카 내각에서는 외상으로서 중일 국교 회복을 달성했을 뿐 아니라, 환태평양 연대 구상 등 새로운 외교노선을 제창한 공로가 있었다.

오히라 내각은 첫 공식회견에서 미일 동맹이라는 단어를 쓴 것처럼, 요시다나 이케다 수상을 계승한 미국 추종노선이었다. 미일 외교사 가

---

2) 오히라 마사요시(大平正芳): 제68, 69대 일본 수상으로 스스로 빈농 출신임을 자부하였다. 대장성 시절에 상사였던 이케다 하야토의 권유를 받아 정계에 입문하였다. 수상으로서, 요시다와 이케다 노선을 계승하였다.

운데 이때 처음 미일 동맹이라는 단어가 공식적으로 등장했고, 나카소네 정권을 거쳐서 고이즈미 정권까지 커다란 변화를 가져온다.

오히라 수상은 1980년 1월 25일 시정방침 연설에서도 "일본 외교정책의 기본은 자유민주주의 국가와 연대를 강화하고, 특히 미일 안보체제를 기초로 한 미국과의 상호신뢰 구축이다."라고 말하고 있다. 오히라 수상의 외교노선에 대하여 〈아사히TV〉 정치부 기자였던 가와우치는 다음과 같이 평가한다.

> 후쿠다 수상은 자신이 내건 전방위 외교 깃발을 내리고 대미 협조를 선명히 함으로써 일본 외교로 하여금 새로운 선택을 하게 했다.(「오히라 정권 554일」)

자주노선을 표방한 스즈키 수상

오히라 수상은 1980년 5월 30일 총선거 첫날 신주쿠 거리연설에서 유세를 마친 직후 쓰러져 그대로 입원한다. 그리고 약 2주일 후 심부전증으로 사망한다. 그해 7월 17일, 오히라의 빈자리를 오히라 파의 간부였던 스즈키 젠코[3]가 차지해 수상이 된다.

스즈키 수상은 국제정세를 전혀 몰랐다는 평가가 일반적이다. 후임

---

3) 스즈키 젠코(鈴木善幸): 제70대 일본 수상으로 매스컴에서 미일 관계를 악화시킨 어리석은 수상으로 비난을 받았다. 그러나 실제로는 평화와 인도주의를 표방한 훌륭한 외교철학이 있었다.

수상이 된 나카소네 야스히로는 스즈키 수상을 시골 면장으로 평가 절하했다(『천지유정』). 스즈키 젠코가 존경한 사람은 젊은 시절 도고 수상을 비판했다가 결국 자살에 이른 나카노 세이고나 기독교신자로 사회운동가였던 가가와 토요히코였다. 그는 비참한 생활고에 시달리는 도호쿠 지방의 어민들을 보면서 자랐고, 첫 선거에서 사회당 후보로 나선다.

스즈키 수상에게 무엇보다 소중한 이념은 평화였다. 명확한 철학이 있었고, 공부도 많이 했을 뿐 아니라, 자신의 견해를 대외적으로 명확히 전달하는 능력 또한 있었다. 그러나 미국의 생각은 달랐다.

스즈키 수상이 볼 때 미국은 소련의 위협을 강조하면서 일본의 방위력 증강을 요구하고 있었다. 그래서 스즈키 수상은 독자적인 연구회를 만들었다. 외무성에게 맡기면 "미국 추종이라는 결과만 나올 뿐"이기에 외부연구회를 설치한 것이다. 연구회는 유럽 각국을 돌면서 정리한 보고서를 스즈키 수상에게 보고한다. 스즈키 수상의 생각은 1979년 미일 간에 개최된 제5회 시모다회의에 잘 드러나 있다. 여기서 미일 양국 지도자들은 미일 관계의 미래를 함께 논의했다. 이때 스즈키 수상은 "아시아-일본과 미국의 역할"이라는 주제로 연설을 한다. 주요 내용은 다음과 같다.

> 첫째, 일본의 노력은 평화적 수단에 한정된다. 일본은 외국과 군사적인 협력은 하지 않는다. 아시아 각국도 이 방침과 같은 이해를 하고 있다. 둘째, 일본이 할 수 있는 최대 공헌은 경제 및 사회개발과 민생안정을 통하여 각국의 성장에 기여하는 것이다. 셋째, 동아시아 평화와 안정을 위한 정치적

인 역할을 맡는다.

정말 나무랄 데 없는 훌륭한 생각이다. 혹자는 스즈키 수상을 철학이 없다며 비난하기도 하지만, 실제로 그는 대단한 철학의 소유자였다. 당시 미국의 반응은 어땠을까? 글렌 상원의원은 오로지 방위력 강화만을 요구한다.

> 미일 간 방위협력의 중요성은 더욱 커지고 있다. 수년간 유럽과 일본에 대한 방위력 강화 압력은 한층 높아질 것이다. 동맹국의 방위 노력은 매우 중요하다.

1979년 9월 6일, 〈요미우리신문〉 사설은 다음과 같이 보도했다. 미국에 치우친 논조로 일관하고 있었다.

> 미일 간 대화에도 충분한 이해가 부족하다는 맨스필드 대사의 표현은 적절하다. 미국은 제2 경제대국인 일본의 방위협력 거부에 의문과 불만을 터뜨렸다.

1979년 스즈키 수상과 미국의 입장은 완전히 달랐다. 미국은 일본의 군사적 공헌을 기대했으나 스즈키 수상은 이를 거부했다. 그런 스즈키가 수상이 된 것이니 만큼 양측 간 충돌은 시간 문제였다.

아시아에 뿌리를 내리고자 하다

스즈키 수상 취임 직후, 와인버거 국방장관은 수상에게 방위비 증액을 요청한다. 그러나 스즈키 수상은 이를 '현명하지 못한 처사'라고 거절한다(스즈키 젠코, 『총리 스즈키 젠코-격동의 일본 정치를 말하다元総理鈴木善幸 激動の日本政治を語る』). 스즈키 수상의 외교철학은 다음과 같았다.

> 미국과 관계를 악화시킬 수는 없다. 그러나 일본은 아시아 국가로서 이들 국가와 사이좋게 지내야 한다. 미국, 유럽, 또는 소련, 중국처럼 3국 혹은 4국으로 분리된 국제정세가 시작될 것이다. 일본은 아시아에 뿌리를 내려야 한다. 아시아의 존경과 지원, 이해와 협력을 얻은 일본이 국제사회에서 일본의 주장 및 입장을 분명히 해야 한다. 아시아 외교 및 아시아 우호관계를 강화하는 것이 외교의 최대 목표다.

1981년 5월, 스즈키 수상이 미국을 방문하는데, 논쟁은 여기서 시작된다. 공동성명 속에 있던 미일 동맹이라는 단어가 문제가 된 것이다. 미일 동맹이라는 말은 오히라 수상 재임 시 회담에서 사용되곤 했다. 그러나 공동성명에 기록된 것은 처음이었다. 스즈키 수상은 일본의 노력은 평화적 수단에만 한정되므로 군사적인 협력은 하지 않겠다는 생각이 컸다.

그럼에도 불구하고, 일본 외무성과 미국 국무성이 준비한 문서에는 미일 동맹이라는 단어가 있었다. 물론 미국 측 요청에 따른 것이다. 그런데 외무성은 스즈키 수상이 걱정하지 않도록 군사 협력을 배제하지 않는다는 다소 온건한 설명을 덧붙였다. 설명을 들은 스즈키 수상은 기자회견에서 "동맹이라는 말이 군사적인 변화를 의미하지는 않는다."고 발언한다. 이에 "미일 동맹에 군사적인 의미가 없다고 말했다."는 언론 보도가 잇달았고, 급기야 도쿄에 있던 외무성 차관은 스즈키 수상의 발언을 난센스라고 언급하기에 이른다.

귀국 후 5월 14일, 수상은 이토 마사요시伊東正義 외상과 외무성 간부를 초청하여 대책을 협의한다. 그리고 "미일 안보조약이 있는 이상, 군사적인 측면은 당연히 존재한다. 그러나 새로운 군사 협력을 약속한 것은 아니다."라는 통일된 견해를 발표한다. 다음날인 5월 15일 각료회의에서 수상이 외무성을 비판하자 구지라오카 환경청 장관과 와타나베 대장상도 여기에 동조한다. 이에 불만을 품은 이토 외상은 같은 날 사표를 제출한다.

이 사건을 계기로, 스즈키 수상은 안보문제를 모르는 무식한 수상이라는 이미지가 고착되어 버린다. 당시 스즈키 수상 본인은 어떻게 생각하고 있었을까?

> 레이건 대통령은 취임 후 대외 강경노선이 뚜렷해지고 있었다. 아세안 각국의 의견을 듣고 나서, 미국 레이건 대통령과 회담을 하는 것이 낫겠다고 판단했다. 1981년 1월 아세안 각국을 돌았다. 미일 동맹이란 말은 오히라 수상과 카터 대통령기에 이미 사용하고 있었다.
> 미일 동맹 관계라는 단어가 공식문서에 등장한 것은 레이건과 스즈키 수뇌회담 시 발표된 공동성명이 처음이었다. 동맹 관계가 강조되었는데, 군사적으로 변화가 있느냐는 질문이 나왔다. 군사적인 변화는 조금도 없다고

명확히 부정했다. 그런데 이것이 물의를 일으켰다. 나는 아무것도 변하지 않았다고 답변했는데 일본 신문이 제멋대로 군사적인 의미가 없다고 써댄 것이다.

그건 그렇다 치고 이 뉴스가 도쿄에 타전되자 신문기자들이 외무성에 코멘트를 요구했다. 외무성의 다카시마 사무차관은 엄연히 미일 안보조약이 있으니까, 그것은 군사적으로 의미가 있다고 했다. 수상이 동맹 관계에 군사적인 의미가 없다고 발언한 것은 안보조약을 맺은 이상 무의미한 얘기라고 그 역시 미완성된 발언을 해버렸다.

동맹 관계를 새로 제창했다고 해서 결코 나토NATO의 운명공동체처럼 서로 공동전선을 펼치면서 방위하거나 전쟁하는 집단적 자위권을 의미하는 것은 아니다. 미국이 다른 나라와 전쟁할 경우, 일본 자위대를 파견하여 공동전선을 구축한다는 것은 일본의 평화헌법 구조상 불가능하다. 아세안 각국을 방문해 보니 일본이 군사대국으로 바뀌는 것이 아닌가라는 우려가 있었다. 그것을 불식시키고자 레이건 대통령에게 분명히 언급한 것이다.

스즈키 수상의 비서관이던 전 통산성 심의관 하타케야마 노보루의 증언을 들어보자.

한때 스즈키 수상을 외교 바보로 보도한 적이 있었다. 그러나 사실은 전혀 그렇지 않다. 미국을 떠나기 전, 미야자와 기이치 관방장관은 미일 동맹에 대해선 오히라 총리도 언급하였지만 공식문서에 들어간 것은 이번이 처음이다. 미일 동맹이라는 단어 사용에 주의하라고 외무성 관료에게 말해두었다. 미국의 기자회견에 앞서서 예상문답을 검토하였다. 당초 외무성은 미일 동맹에 대한 사전답변을 준비하지 않았다. 나는 미리 군사적인 의미에 대한 질문을 해보았다. 주미대사 관계자와 외무성 간부들이 있었다. 3명 정도가 일어나 미일 관계는 경제적, 정치적, 문화적인 관계이며 군사적 관계는 없다고 설명하였다. 스즈키 수상은 사전에 외무 관료들과 조율한 대로 군사적 의미가 없다고 대답한 것이다.

스즈키 수상은 철저한 평화주의자였다. 의회제 민주주의, 평화주의, 자유무역체제에 깊은 생각을 가지고 있었다.(스즈키 젠코, 『대등하지 못함을 걱정한다-스즈키 젠코 수상 회고록等しからざるを憂える』)

소련 원자력 잠수함 정찰을 위한 P3C

스즈키 수상의 기자회견 발언은 분명 혼란을 유발했다. 그러나 미일 간 동맹 논쟁의 배경에는 심각한 움직임이 있었다. 미국이 충분한 사전 설명 없이 일본 해군력을 소련과의 전쟁에 사용하려는 공작이 그것이었다.

미일 간 군사관계는 두 가지 형태가 있다. 하나는 미국이 주일미군을 사용하는 것, 또 하나는 미국이 전시에 자위대를 활용하는 것이다. 자위대가 발족하면, 미국은 한국전쟁에서 자위대를 사용하려고 했다. 베트남전쟁 때도 자위대를 활용하고자 했다. 그러나 헌법 제9조를 근거로 자위대 파견을 반대한 일본의 저항 때문에 그 계획은 실현되지 못했다. 일본의 보수본류조차 대미 추종노선을 취했지만 자위대 해외 파병 만큼은 오랫동안 거부했다.

미국이 소련과의 전쟁에서 자위대를 활용하려는 것은 무리였다. 미

USS 미주리 함 BB-63 ⓒ U.S.National Archives

소 간 전쟁은 핵무기를 둘러싼 전쟁이다. 그런데 1970년대부터 1980년대 초에 걸쳐서, 미국은 일본 자위대를 활용하고 싶은 속내를 자주 내비친다. 미소 양국은 핵무기로 상대방을 겨냥하고 있었고, 일본은 핵무기가 없었다. 그럼 일본은 어떻게 미국을 도울 수 있을까?

1970년대 말부터, 소련은 오호츠크 해에 원자력 잠수함을 배치했다. 오호츠크 해 바닥에 숨어 있는 잠수함에서 미사일을 발사하면 8천 킬로미터 떨어진 미국 본토를 공격할 수 있었다. 해저 깊이 숨어 있는 잠수함은 그리 쉽게 발견되지 않는다. 다시 말해서, 미국은 소련의 핵공격을 저지할 수 없었다.

당시 소련은 대륙간 탄도탄을 지상에 배치했고, 지상 핵무기는 감시위성으로 손쉽게 위치를 파악하여 공격할 수 있었다. 미국이 유일하게 사전 공격이 불가능한 것은 오호츠크 해에 숨은 소련의 원자력 잠수함이었다. 소련의 원자력 잠수함을 제지하고 싶었던 미국은 잠수함을 발견할 비행기가 절실히 필요했다. 그 기능을 갖춘 P3C(대잠초계함)라는 정찰기가 있었고, 미국은 일본이 P3C를 대량으로 구입하여 오호츠크 해에 숨은 소련 잠수함을 찾아내주기를 기대했던 것이다.

그러나 이런 사정을 설명했다면, 일본은 미소 간 전쟁에 말려들어갈 것을 우려하여 뒷걸음질쳤을 게 뻔했다. 따라서 미국은 일본에게 중동 석유 운반항로인 해상교통로(시레인, sealane)를 소련이 공격할지 모르므로 일본이 P3C를 구입하여 시레인 방위를 맡아야 한다고 요구했다. 일본 정부는 결국 시레인 방위라는 명목으로 P3C를 구입하기로 한다. 속아 넘어간 일본에도 문제가 있지만 미국이 일본을 잘 이용한 것이다.

동맹이라는 단어가 갑자기 정상회담에 들어간 것도 그런 맥락이었다. 이를 거부한 스즈키 수상을 미국은 "총리의 그릇이 아니다", "바보 같은 수상" 등 공격을 가한 것이다.

나카소네 수상의 불침항모 발언

1982년 11월 27일 나카소네 정권이 발족한다. 나카소네 수상은 다음해인 1983년 1월, 미국을 방문하여 레이건 대통령과 정상회담을 한다. 이때 관심을 끌었던 것은 정상회담 자체보다 나카소네의 불침항모 不沈航母 발언이었다.

나카소네 야스히로 수상이 워싱턴에 도착한 다음날, 〈워싱턴포스트〉 사주인 그레이엄 여사가 나카소네 수상을 자택 조찬회에 초대한다. 그레이엄 여사는 워싱턴 사교계의 중심인물로 케네디, 존슨, 레이건 등 역대 대통령과는 물론, 맥나라마나 키신저 등과도 친분이 두터웠다. 닉슨 실각으로 이어진 워터게이트 사건[4]을 대대적으로 보도한 것 역시 〈워싱턴포스트〉 신문이었다.

키신저와 가까운 사이였던 나카소네 수상을 그레이엄 여사가 초대한 것은 별로 이상한 일이 아니었다. 조찬모임에서 나카소네 수상은 다음과 같은 발언을 한다.

---

4) 워터게이트 사건: 1972년 6월 닉슨 대통령의 재선을 획책하는 무리가 민주당 본부에 침입, 도청장치를 설치하려다 체포된 사건. 정치헌금 부정 수뢰, 탈세 등이 밝혀지면서 결국 닉슨은 사임하였다.

유사시 일본 열도를 적성국 항공기가 침입해오지 못하도록 주변에 높은 벽을 세운 거대한 배처럼 만들겠다.

이 발언을 통역이 "침몰하지 않는 항공모함Invincible Aircraft Carrier", 즉 불침항모라고 의역했던 것이다.(『천지유정』) 일본의 신문이나 국회에서는 정말 나카소네 수상이 불침항모라고 발언했는지 여부가 논란이 되기도 했지만 그것은 어디까지나 상징적인 표현일 뿐이었다. 나카소네 수상은 미국 내 존재했던 일본에 대한 불신을 한번에 해소할 의도였던 것이다. 불침항모 발언은 계획대로 전개되었다. 나카소네 자신은 다음과 같은 평가를 내렸다.

불침항모 발언으로 워싱턴 정가에 쌓인 일본의 도피 행태에 대한 불신은 일거에 해소되었다.

나카소네 수상과 레이건 대통령[5]의 관계는 미묘했다. 1983년 1월 19일자 〈아사히신문〉은 "정상회담에서 미일 동맹 관계를 재확인. 방위력 증강에 적극적인 노력을 기울임. 일본 열도 주변 3개 해협 봉쇄를 확인함."이라는 보도를 내놓았다. 나카소네 수상이 레이건 대통령과 개인적인 친밀함을 이용해 냉담해진 분위기를 개선하는 데 성공한 것

---

[5] 로널드 레이건(Ronald Reagan): 제40대 미국 대통령으로 할리우드 배우 출신. 소련을 악의 제국으로 부르고 군비 경쟁을 가속화하였다. 일본에 대하여 플라자합의와 은행의 자기자본 출자비율인 BIS 규제를 요구함으로써 일본 경제를 약화시키는 데 성공하였다.

은 사실이었다. 그러나 대가도 그만큼 컸다.

일본은 대잠초계함 P3C를 100기 이상 구입한다. 이는 일본 방위와는 직접 관련이 없던 구매였다. 소련이 일본을 공격할 때는 사실상 지상의 대륙간 탄도탄ICBM이 사용되기 때문이다. 일본은 여기에 무방비 상태였다. P3C가 정탐해야 할 잠수함 발사 탄도미사일SLBM은 일본 공격용이 아니라 미국 공격용이었다. 일본은 미국의 본토 방위를 위하여 거액의 비용을 지불한 셈이었다.

더욱 위험했던 것은 소련이 오호츠크 해에 배치한 잠수함이 미국 본토를 노렸다는 사실이다. 미국이 소련을 공격할 경우 보복을 위한 배치였고, 미국은 어떻게든 소련의 보복 능력을 꺾기를 원했다. 따라서 미국이 오호츠크 해에 숨은 소련 잠수함을 공격하는 것은 전쟁 초기 단계가 될 것이다. 일본의 P3C가 참가하는 것 또한 전쟁 초기가 된다. 그러면 미소 간 전쟁 초기부터 소련은 일본을 공격하게 되는 것이다.

P3C기 대량 구입은 단지 비용 문제에 그치지 않고, 일본을 어처구니없는 위험에 빠져들게 한다. 일본에서 이런 사실을 눈치 챈 사람들은 거의 없었다. 이 책의 주제인 자주노선과 미국 추종 문제를 한 번 더 생각해 보자. 일본은 미국과 양호한 관계를 기대한다. 당연한 일이다. 그러나 미일 양국 간 이해관계가 항상 일치하는 것은 아니다.

미국이 일본에 기대하는 것은 일본의 국익에서 볼 때 바람직하지 않다. 거꾸로 일본의 국익이 반드시 미국의 국익과 조화를 이루는 것은 아니다. 자주노선과 미국 추종노선은 다음 지점에서 갈린다.

① 항상 미국과의 관계를 우호적인 것으로 만들어야 하는가?

② 미국과의 관계가 다소 틀어져도 일본의 국익 상, 또는 일본의 국익과 대립될 때 일본 측 주장을 확실하게 전개할 것인가?

다시 말해, 일본 방위와 직접 관련이 없는 P3C를 대량으로 구입하는 등 거액을 부담하면서까지 미국과 좋은 관계를 유지할 것인가, 아니면 일본 재정이나 안보정책을 우선할 것인가의 문제다. 나는 물론 후자 입장이다.

레이건 대통령의 군비 경쟁과 미일 반도체협정

로널드 레이건은 1981년 1월부터 1989년 1월까지 2기 연임한 미국 대통령이다. 그는 다양한 얼굴을 지닌 사람이었다. 할리우드 배우로 유명했고, 1947년부터 1952년까지 영화배우조합SAG 위원장을 지내기도 했다. 냉전이 한창이던 시절, 할리우드에서는 빨갱이 사냥이라고 불리던 공산주의 분자들 체포가 횡행했다.

1985년 9월 9일자 〈타임〉지는 "할리우드 밀고자 T-10을 폭로하다"라는 기사에서 레이건이 노조위원장 시절에 FBI 밀고자였다고 보도한다. T-10이라는 코드네임으로 활동하면서 공산주의자로 의심되는 인물들을 FBI에 통보한 장본인이라는 것이다. 레이건은 정치적으로 우파였다. 소련을 악의 제국이라 불렀고, 군비 경쟁으로 밀어붙이기도 했다. 소련이 망한 것은 결국 레이건의 군비 경쟁에 말려들었기 때문으로 볼 수 있다. 그래서 레이건은 소련을 붕괴시킨 강력한 지도자로 높이 평가되기도 한다.

그러나 레이건 시절 군비 경쟁 노선은 미국 경제에도 엄청난 악영향을 미쳤다. 부유층을 위한 감세로 인해 거액의 재정 적자와 누적 채무가 급증했고, 막대한 무역 적자와 재정 적자로 인한 '쌍둥이 적자'가 미국 경제를 짓눌렀다. 당연히 미국 정부는 타개책을 모색했고 그것이 일본에게 직격탄을 날린다.

1985년 미국은 두 가지 중요한 경제정책을 발표한다. 하나는 9월 22일 발표한 플라자합의이고, 다른 하나는 9월 23일에 발표한 신 통상 전략이다. 먼저 신 통상전략부터 살펴보자.

레이건 대통령 취임 이전에도 무역 분쟁은 이미 있었지만 미국은 자유무역을 지지했다. 무역 적자가 생겨도 상대국이 불공정하다는 비난은 하지 않았다. 원래 미국의 입장은 다음과 같았다.

> 나쁜 쪽은 상대국이 아니다. 오히려 경쟁력이 약한 미국 산업이 문제다. 경쟁력을 갖출 때까지 좀 더 기다려보자. 상대 국가에 수입제한을 가할 수도 있고, 수출 자율 규제를 요구할 수도 있다. 이 점을 이해해 달라.(하타케야마 노보루,『통상교섭 국익을 지키는 드라마』)

그러나 경제가 악화되자 미국의 관대한 자세는 완전히 바뀐다. 새로운 입장은 다음과 같았다.

> 미국 산업이 수입품에 밀리는 것은 상대국이 잘못이라는 철학에 기초하고 있다. 세계에서 가장 뛰어난 경쟁력을 자랑하는 미국 산업이 국제 경쟁에서 패배할 이유가 없다. 만일 경쟁에서 진다면, 상대국이 시장개방을 하지 않는

등 불공정을 일삼고 있기 때문이다. 미국 정부는 특별 팀을 만들어서 불공정한 나라를 공격해야 한다.(앞의 책)

미국 기업이 회복될 때까지 수출 물량을 일본 스스로 제한하는 방식이 도입되었다. 이른바 수출 자율 규제였다. 유명한 것은 자동차 수출이었다. 1981년, 미국은 일본에 자동차 수출 제한을 요구했고, 일본은 승용차 대미 수출을 168만 대로 규제했다. 1981년 5월 정상회담 시 레이건 대통령이 백악관 정원에서 스즈키 수상에게 말한 첫 마디가 "자동차를 자율 규제해줘서 고맙소."였다는 일화는 유명하다.

그러나 자율 규제는 어디까지나 수출량에 제한을 가하는 것일 뿐, 근본적인 해결책은 아니었다. 반도체를 예로 들어보자. 컴퓨터, 휴대전화, 가전제품, 디지털카메라, 자동차 내비게이션, 게임기, 자동차 등 모든 분야에서 반도체가 사용된다. 물론 군수산업에도 마찬가지다. 1985년경 일본 반도체는 미국보다 압도적인 우위에 있었다. 1986년 9월 미국의 압력으로 미일 반도체협정이 체결된다(1991년 개정). 이 협정에서 결정된 내용은 다음과 같다.

일본 정부는 외제 반도체의 국내 점유율을 1992년 말까지 20% 이상으로 예상하며 이를 환영한다.

완곡한 표현이지만, 실상 일본은 미국산 반도체를 일본 시장의 20% 이상을 구입하기로 약속한 것이다. 미국 반도체가 팔릴지 여부는 구매처인 일본 기업이 결정할 일이다. 그런데도 일본 정부가 20% 이상 반도체 구입을 보장했다는 것은 이미 자유경쟁 이념을 포기한 것이나 다름없었다.

미국의 공격은 멈추지 않았다. 추가로 통상법 제301조에서 컴퓨터와 전동기구 및 칼라TV 관세를 100% 올리도록 조치했다. 관세 100% 상승이라니 정말 어처구니없는 일이다.

통상법 제301조는 "불공정거래 관행을 상대국과 협의하고, 미해결 시 제재를 가할 수 있다."는 조항이다. 지금까지 세계무역을 자유무역으로 하자고 약속한 것이다. 미국은 "관세와 무역에 관한 일반협정"인 GATT 체제를 무시함으로써 국제 약속을 명백히 위반했다.

미국은 역사적으로 국제적인 약속보다 자국의 결정이 우월하다고 생각하는 나라다. 국제적인 약속이 자국에게 유리하다면 지키는 것은 물론 다른 나라까지 지키도록 압박을 가한다. 그러나 자국이 불리해지면 지체 없이 국제 약속을 파기하고 제멋대로 행동한다. 반도체를 둘러싼 마찰은 그 전형적인 사례였다.

미국의회는 1988년, 규제를 강화시킨 슈퍼 제301조를 가결한다. 그리고 1989년 7월 14일, 미일 정상회담에서 미일구조협의SII 개시를 결정한다.

플라자합의와 엔고 현상으로 초토화된 일본 경제

일본 정치가 가운데 경제를 가장 잘 아는 사람은 미야자와 기이치일 것이다. 『미야자와 기이치의 구술 회고록』에서 그는 다음과 같이 말한다.

일본의 불량채권 문제를 거슬러 올라가면 플라자합의에 도달한다. 일본 경제가 기복이 심하긴 하지만 지금 모습의 기원은 플라자합의임을 자주 느낀다.

은행은 기업에 자금을 대출해준다. 기업 적자가 악화되어 돈을 갚지 못하면 불량채권 문제가 일어난다. 은행은 불량채권이 많을수록 힘들어진다. 은행이 어려워지면 기업 대출은 줄어든다. 은행의 불량채권 문제가 해결되지 않는 한, 일본 경제는 활성화될 수 없다.

미야자와는 그 원인이 플라자합의라고 지적한다. 플라자합의란 1985년 9월 22일, 뉴욕 플라자호텔에서 선진 5개국 재무담당 대신과 중앙은행 총재회의에서 결정된 합의를 말한다. 합의사항은 다음과 같았다.

· 달러가 아닌 선진 각국의 통화가치를 더 올리는 것이 바람직하다.
· 5개국 간 긴밀히 협의할 용의가 있다.

이 합의에서 엔고가 결정되었다. 엔고 상태를 유지하여 일본 상품의 미국 수출 길을 틀어막자는 조치였다. 그런데 일본은 과연 엔고가 어디까지 갈 것인지 예측했을까? 또 엔고가 일본 경제에 미칠 심각한 영향을 얼마나 알고 있었을까? 나카소네 수상은 『천지유정』에서 다음과 같이 회고하고 있다.

엔고 문제는 전문가에게 맡기고 별로 개입하지 않았다. 당시 1달러당 240엔 정도였으니까, 약 10~12% 인상한다는 식으로 이야기를 들었다. 1년 뒤에는 140엔으로 급등했다.

미야자와는 회고록에서 다음과 같이 언급한다.

1달러에 241엔70전이던 것이 12월 30일은 200엔50전, 다음해 7월 155엔 50전이 되었다. 나중에 플라자합의 때 엔고가 얼마까지 지속될 것인지 물었으나 정확한 대답을 해주는 이는 아무도 없었다. 약 20% 정도 오르지 않을까 생각했다.

플라자합의를 주도한 사람은 미국 베이커 재무장관이었다. 그는 1985년 6월 도쿄에서, 나카소네 수상과 다케시타 대장대신으로부터 합의를 이끌어냈다. 나카소네 수상은 당시를 이렇게 회고한다.

엔고를 결단한 것은 6월 22일, 베이커 재무장관과의 만남 때문이었다. 1985년 6월 베이커 장관은 대미 무역흑자 삭감과 함께 총괄 규제를 요청했다. 시장 중시형 MOSS협의라든지 상품별로 시장을 개방해 왔지만 모두 헛수고였다. 엔고가 아니면 절대 효과가 없다는 것이다. 나는 엔 강세와 달러 약세를 결심하고 대장성과 다케시타에게 준비시켰다.

당시 대장대신이었던 다케시타는 다음과 같이 쓰고 있다.

6월 도쿄에서 선진 10개국 재무장관회의G10가 열린 다음날 나와 베이커 둘만 남았다. 미일 간 무역문제를 해결하자면 달러 강세 및 엔저인 이 상태를 바꾸어야 한다는 결론에 달했다.(『증언 보수정권』)

다케시타 대장대신은 미일 간 무역 마찰의 심각성을 인식하고 있었고 미국에 협력하기로 결심했다. 수상이 되려면 미국의 지지가 필요한 것도 알고 있었다. 플라자합의 때 동행했던 전 대장성 사무관 곤도 다케히코는 다음과 같이 이야기한다.

다케시타는 지금처럼 엔저로는 일할 수 없다고 말했다. 내가 통역을 하면서 이대로는 총리가 될 수 없다고 의역했더니 그는 재미있다는 표정을 지었다.(『플라자합의 연구』)

일본 경제계는 갑작스런 엔고로 비명을 내지른다. 달러에 비해 엔화의 가격은 올랐으나 아시아 통화는 그대로였다. 본래 달러를 절하하자는 이야기까지만 나왔었다. 그러나 레이건 대통령은 "달러를 절하하면 국민들 지지율이 떨어진다."고 생각하여, 달러가 아닌 주요국 통화가치 상승을 요구한 것이다.

달러 통화가 아닌 아시아 각국 통화는 그대로였기 때문에 이때부터 일본 제품은 아시아 각국의 제품에 대하여 경쟁력을 잃었다. 중국과 한국이 우위에 올랐고, 일본 기업은 자꾸만 아시아 국가들에 진출하게 된다. 이로 인하여 일본 경제는 공동화가 시작됐다.

2012년, 현재 엔고는 25년 이상 지속되고 있다. 되돌아보면, 엔고가 시작됐을 당시 나카소네 수상이나 다케시타 수상은 미국을 어떻게 달랠지를 무지하게 고민했을 것이다. 플라자합의를 담당한 관청은 대장성이므로, 통화문제를 이해했어도 일본 기업에 미칠 영향은 잘 몰랐을 것이다.

더구나 통화문제는 대장성 소관사항이라서 통산성 등 다른 부처와 공동 대응하지 않았다. 유감스러운 일은 지금도 그렇다는 것이다. 플라자합의에 출석했던 곤도 다케히코와 우연히 마주친 일이 있었다. 모처럼의 기회를 놓치지 않고 나는 즉시 질문했다. "플라자합의 때, 대장성 내 반대는 없었나요? 그 후 재교섭을 시도했는지요?"

곤도 다케히코의 대답은 다음과 같았다.

> 교섭 당시 반대하는 사람은 없었다. 그러나 엔저 상태가 예상보다 훨씬 빨리 진행되자, 이를 만회하려고 시도했다. 하지만 미국은 절대 양보해주지 않았다.

"미국이 나쁜 것만은 아니다. 미국만 따라가면 된다."는 사람은 반드시 플라자합의 이후 엔고 현상을 살펴보기 바란다. 엔고로 인해 일본 내 생산비용은 급격히 인상되었고, 일본 기업은 해외로 생산 거점을 옮겨야 했다. 일본 산업이 공동화되면서 고용 또한 감소하게 되었다.

은행 자기자본 비율 BIS 자율 규제

1980년대 일본 경제는 최고조에 달했다. 총자산 순위로 보는 세계 금융기관 베스트 10에, 1990년 일본 은행은 무려 7개나 진입한다. 세계 1위는 다이이치칸교 은행이 차지했고, 2위는 미쓰비시은행이 차지했다. 이하 스미토모은행부터 타이요고베미쓰이은행까지 세계 1위부터 6위가 모두 일본 은행이었다. 눈부신 성과였다.

그로부터 약 20년이 경과한 2009년, 세계 금융기관 베스트 10의 상황은 어땠을까? 베스트 10에 랭크된 일본 은행은 겨우 단 하나, 9위에 오른 미쓰비시 UFJ파이낸셜 그룹뿐이었다. 완전히 추락한 것이나 다름없다. 왜 이런 사태가 벌어진 것일까?

여기엔 여러 가지 이유가 있다. 그러나 가장 중요한 것은, 소위 바젤 합의에 따른 BIS 규제 때문이다. 1988년, 국제결제은행이 은행의 자기자본 비율 규제를 결정한다. "자기자본 비율이 8% 이하인 은행은 국제 업무에서 철수" 결정이 나왔다. 당시 일본 기업은 부도가 별로 없었고, 은행의 자기자본 비율도 낮았다. BIS 비율이 8%나 되는 은행은 거의 없었다.

그렇다면 왜 자기자본 비율이 8% 미만인 은행은 갑작스레 국제 업무에서 철수하라는 결정을 내린 것일까? 이는 당시, 급등한 일본의 토지를 담보한 은행 위험도가 높았기 때문이다. 미국이 불안을 느껴서 내린 조치였다.

1987년 7월 미국연방준비제도이사회FRB 볼커 의장은 "자기자본 비율 규제에 대한 합의는 일본과 경쟁에서 미국 은행이 불리하다는 국내 우려를 불식시키기 위한 것이다."라고 말한다. 즉, BIS 규제에는 일본 은행의 경쟁력을 약화시키기 위한 노림수가 있었다. 당연히 일본 경제와 일본 은행은 커다란 타격을 받게 된다.

은행이 대출 비율 자기자본을 높이자면 두 가지 방법이 있다. 하나는 대출액을 줄이는 것이다. 그 때문에 일본 은행이 대출을 꺼리는 현상이 나타나고, 기업 활동 또한 위축된다. 기업 활동이 부진해지면 대출은 불량채권이 되어버린다. 또 하나 자기자본을 더 늘리는 것이다. 은행은 새로운 주식을 발행했고 대량 신규발행 주식이 나돌아 다닌다. 주식자금은 한계가 있으니, 돈이 돌지 않고 주가가 하락한다. 주식을 보유한 은행 주가 또한 떨어져 자기자본 비율이 낮아지게 된다.

일본 은행은 BIS 규제를 지키려는 결과, 경영 악화 및 일본 경제 악화가 초래된다. 이것은 볼커 FRB의장의 원래 계획안에 다 들어 있었다. 미국은 일본의 이익을 일부러 빼앗고자 했던 것이다.

미일 관계에 무관심한 다케시타 내각

다케시타 내각은 1987년 11월 6일 발족했다. 내각의 지지율은 58%로 그리 높지 않았다. 다케시타 내각이 가장 심혈을 기울인 문제는 소비세 도입[6]이었다. 미일 관계 문제는 그 다음이었다. 다케시타 노보루[7] 수상은 원래 다나카 가쿠에이 전 수상 파벌의 간부였다. 당연히 다나카 전 수상이 어떻게 미국에 당했는지 잘 알고 있었다. 1985년 플라자합의에서 미국에게 엔고를 강요당했던 시절, 다케시타는 대장대신을 지냈다. 사람들은 다케시타를 단순한 미국 추종자라고

---

6) 일본에서 시행된 간접세로 상품과 서비스 거래에 부과되는 세금. 다케시타 내각은 소비세 3%를 도입하고 나서 물러났다. 2012년 현재 5%이지만, 2014년 8%, 2015년 10%로 소비세 인상이 예정되어 있다.
7) 다케시타 노보루(竹下登): 제74대 수상으로 다나카 파의 고급간부였으나, 내부 쿠데타로 파벌을 계승하였다. 대장대신으로서 플라자합의를 용인했지만 군사면에서 대미 협력은 소극적이었다.

생각할 수 있으나 실은 그렇지 않았다. 그는 안전보장 분야에서 미국의 요구를 거부했다.

1980년대 미국은 일본에게 역할분담Burden Sharing을 요구해 왔다. 스즈키 수상은 이에 반대했고, 나카소네 수상은 차차 방위 책임을 분담하겠다는 뜻을 표명한다. 그렇다면 다케시타 수상은 어떻게 말했을까?

다케시타 수상은 예상을 깨고 방위 책임 분담에 적극적이지 않았다. 고토 켄지의 『다케시타 정권 576일』은 다음과 같이 쓰고 있다.

> 아버지 부시가 대통령이 되고 나서, 일본에 역할 분담을 분명히 요구해 왔다. 그것을 상징하는 것이 방위비 분담이다. 미일 간 약간의 의견차가 있었다. 국가안보 보좌관이던 스코크래프트는 일본에게 방위 책임을 더 많은 비율로 분담할 것을 제시하였다. 다케시타는 방위비 분담에 군사 분야를 포함하지 않는다고 수차례나 이야기했다. 경제적인 측면에서 분담하겠다는 것이다. 다케시타 수상과 아버지 부시 대통령은 정상회담에서 다음과 같은 이야기를 나누었다.
>
> · **아버지 부시**: 나는 대통령선거 중 방위 책임 분담 요구와 압력을 많이 받았다. 가시적인 형태로 안전보장이나 대외 원조를 실시한다면 미일 관계는 더욱 좋아질 것이다.
>
> · **다케시타**: 안보체제를 견고히 하기 위하여 최대한 노력하겠다.

아버지 부시 정권은 1989년 1월 발족한다. 이에 앞서 1988년 6월 1일 다케시타 수상은 유엔군축회의에서, 핵실험 감시와 사찰을 강화하는 기구로서 '일본회의'를 설립할 것을 제창한다. 또한 일본이 군사대국을 지향하지 않을 것과 비핵 3원칙을 강조한다.

다케시타 수상은 1988년 6월 2일 기자회견을 열고, "인적 공헌으로 군사력을 파견할 생각은 전혀 없다. 군사적인 협력은 없다. 유엔 평화유지 활동은 미리 생각해 보겠다."고 말한다. 유엔 평화유지 활동PKO[8] 참가는 아직 검토하지 않고 있었다.

다케시타 수상의 방침을 미국은 어떻게 생각하고 있었을까? 미국은 군사 공헌을 하지 않는 다케시타 수상을 좋아하지 않았을 것이다. 그런 가운데 리쿠르트 사건[9]이 발생했는데 이 또한 불가사의한 사건이었다. 1988년 6월 18일 〈아사히신문〉이 "가와사키시가 리쿠르트사를 유치하면서 부시장이 주식을 취득해서 1억 엔 이상 이득을 보았다."고 보도한다. 여기엔 미야자와 기이치 대장대신도 포함되어 있었다. 미야자와 대장대신은 결국 사임하고, 이는 다케시타 내각 붕괴로 이어진다.

록히드 사건에 의문을 품은 다하라 소이치로는 『정의라는 함정』에서 리쿠르트 사건을 검찰이 조작한 범죄였다고 쓰고 있다.

---

8) 유엔 평화유지 활동(PKO): 유엔의 평화유지 활동(Peace Keeping Operations)으로, 분쟁의 평화적 해결을 지원하는 것이다. 일본은 1992년 제정된 국제평화유지법에 근거하여 11차례에 걸쳐서 평화유지군을 보낸 바 있다.
9) 리쿠르트 사건: 1988년 발각된 사건으로 취업 전문 회사인 리쿠르트사가 여야당 정치가와 고위관료에게 뇌물을 제공한 정치 스캔들이다. 주요 정치가들이 체포되면서 정관계와 재계 및 매스컴을 동요시켰다. 정치 개혁 바람이 불면서 선거제도 개혁이 추진되었다.

제4부

냉전이 종결되고 미국에게 일본이 최대 위협으로 떠오르다

1990년 10월 3일 새벽, 독일 통일을 축하하기 위해 브란덴부르크 문 앞 광장에 모여든 시민들. 오랫동안 베를린 장벽에 가로막혀 있던 이곳은 자유와 통합을 외치는 함성으로 가득 찼다. ⓒ교도통신

14
냉전 종결과 미국의 변용

냉전이 끝나고 미일 관계는 40년 만에 180도로 바뀐다.
미국에게 일본은 다시 최대의 위협으로 떠오른다.

소련이라는 적국이 사라지다

 우리는 미일 관계가 냉전 후 크게 바뀐 것을 보았다. 패전 직후 1945년 11월 폴레 위원장을 대표로 한 배상위원회가 일본을 방문한다. 당시 미국의 배상정책은 일본 경제를 최소한으로 유지한다는 매우 엄격한 것이었다. "일본인의 생활수준은 조선인이나 인도네시아인, 혹은 베트남인보다 높지 않아야 한다."는 것이 폴레의 말이었다. 그러나 냉전이 격화되면서 미국은 일본을 공산주의 방파제로 사용한다는 계획을 세웠고, 일본의 경제 부흥을 인정하는 방향으로 전환했다. 냉전으로 대일정책이 180도 바뀐 것이다. 그러나 1991년, 냉전은 종결됐다. 이때 미국의 대일 전략은 어떻게 변화했을까?

먼저, 냉전 종결로 미국의 세계전략이 어떻게 바뀌었는지 봐야 한다. 콜린 파월은 1989년부터 1993년까지 미군통합참모본부 의장을 지낸 인물로, 군인 최고직에 오른 사람이다. 그는 1992년 겨울호 〈포린 어페어즈〉에서 다음과 같이 적고 있다.

> 1998년 봄, 고르바초프는 내게 냉전을 끝낼 작정이라며 새로운 적을 찾아야 한다고 말했다. 믿을 수 없었으나 그는 심각했다. 나는 말로 표현할 수 없지만 이것이 현실이라고 생각했다.

제2차 세계대전 후 미국의 전략과 군비 태세는 소련을 가상의 적국으로 삼아 만들어졌다. 그런 소련이 "미국을 가상의 적으로 하는 정책은 폐기했다. 군사력도 강화하지 않겠다. 핵무기도 일방적으로 감축해 가겠다."고 말했고 이를 실행에 옮겼다. 그럼 어떻게 되는 걸까?

미군은 지금까지 유지해 온 방대한 병사와 무기가 필요 없게 되었다. 소련을 가상 적국으로 삼았던 군사전략 또한 의미 없는 것이 되었다.

냉전 후, 일본이 미국에 최대 위협이 되다

냉전이 끝난 1991년경, 미국은 어떤 나라가 최대의 위협이라고 생각했을까? 소련은 붕괴 직전이었고, 중국 경제는 아직 크게 발전하지 않았다. 미국이 생각하는 최대 위협은 일본이었다. 1991년, 시카고 외교평의회가 미국을 위협하는 가장 중대한 사안은 무엇인가라는 여론

조사를 실시했다.

[표3] 미국에 대한 가장 심각한 위협(복수회답 가능)

변수/대상	일반인	미국 지도자들
일본의 경제력	60%	63%
중국의 대국화	40%	16%
소련의 군사력	33%	20%
유럽의 경제력	30%	42%

　미국의 일반인과 지도층은 모두 가장 심각한 위협으로 일본 경제력을 꼽았다. 1989년 미쓰비시 부동산이 사들인 록펠러센터는 맨해튼 중심부에 있는 뉴욕의 상징적인 건물이다. 같은 해 소니는 영화회사인 컬럼비아 픽처스를 매수했다. 컬럼비아 픽처스는 "전장에 걸린 다리", "지상에서 영원으로", "아라비아의 로렌스", "나발론 요새" 등 명작을 만든 미국의 명문 영화사다. 영화는 미국 문화의 꽃 같은 존재다. 그런 회사를 일본 기업이 매수한 것이다.

　미국산업의 중심은 자동차산업이나 철강업인데, 둘 다 일본 기업에 추월당했다. 여기서 미국이 생각할 일은 다음 두 가지다. 하나는 "소련 붕괴 후에도 강력한 군사력을 유지할 필요가 있는가, 만일 유지한다면 국민의 지지를 받을 수 있는가"라는 점이다. 다른 하나는 "일본 경제력에 어떻게 대항할 것인가"이다.

　첫 번째, 소련이 붕괴한 뒤에도 강력한 군사력을 유지할 필요가 있나에 대해서는 다양한 논의가 거듭되어 왔다. 가장 주목받았던 것은 폴 케네디Paul Kennedy의 『대국의 흥망』이라는 책이다. 이 책에서 케네디는 국운이 융성했던 로마제국이 왜 멸망하였는가를 고찰한 다음 미국의 문제점을 지적했다.

> 미국의 성장률 저하와 거액의 방위비 지출 간 상관관계에 주목할 필요가 있다. 일본이 매우 적은 방위비만 지출한다면, 일본은 미국보다 훨씬 더 많은 자금을 민간에 투자할 수 있다.

폴 케네디는 군사산업에서 민간 수요를 중심으로 한 경제로 전환시킬 것을 주장한다. 또한, 맥나라마 전 국방장관은 상원 예산위원회에서 "소련 위협이 감소한 지금, 3천억 달러의 국방예산을 절반으로 줄인다. 그만큼 경제 되살리기에 투입한다."고 말했다.(〈뉴욕 타임즈〉 1989년 12월 31일자)

그러나 결국은, "미국의 군사력이 최강이 되었다. 그것을 더욱 유지해야 한다."는 주장이 승리를 거두게 된다. 대표적인 사례는, 당시 통합참모본부 의장이던 콜린 파월Colin Powell 장군이다. 그는 "미국의 군사력-앞으로의 과제"(〈포린 어페어즈〉 1992년·1993년 겨울호)라는 글에서 다음과 같이 주장한다.

> 미국만큼 힘을 가진 나라는 더는 존재하지 않는다. 다른 나라로부터 군사력을 기대 받는 나라는 미국이 유일하다. 우리는 의무감을 가지고 리더십을 발휘해야 한다.

소련이 붕괴했기 때문에 구체적인 위협이 없는 이상 미국 국민은 예산 삭감을 요구할 것이 뻔했다. 군사력을 유지하려면 뭔가 미국에 대한 위협이 필요했다. 여기서 이란, 이라크, 북한이라는 불량국가의 존재가 부각된다. 다음과 같은 사고방식이 확산된다.

> 이들 국가(이란, 이라크, 북한)는 독재국가 또는 이슬람종교 체제하에 있어서, 언제 무엇을 해도 이상하지 않을 정도다. 게다가 대량 파괴 무기를 가지고 있어서 매우 위험한 존재다. 미국이 위협에 대처하려면 군사력을 유지해야 한다.

그렇다면 미국의 세계전략 가운데 일본에 대한 시각은 무엇이었을까? 미국이 일본에 대하여 생각하는 것은 두 가지였다. 하나는, 대두하는 일본의 경제력에 어떻게 대응할 것인가, 다른 하나는 새로운 군사전략 가운데 일본을 어떻게 취급할 것인가였다.

미국은 세계에 대규모 군사작전을 전개할 것이다. 만일 일본이 경제에만 전념한다면, 일본 경제력은 지나치게 커져 버린다. 미국은 어떻게 일본을 끌어들여, 방위비를 쓰게끔 할지가 중요한 관심사가 되었다. "미일 동맹을 강화하기 위한 일본의 군사적 공헌이 필요하다."는 방침이 나오게 된 배경이다.

걸프전쟁과 일본의 물적·인적 공헌

미국이 냉전 후 세계전략을 구상하는 와중에 걸프전쟁이 일어난다.

1990년 8월 2일, 사담 후세인이 쿠웨이트를 침공했다. 당시 일본은 가이후 도시키海部俊樹[1]수상과 오자와 이치로 자민당 간사장 체제였다. 1991년 1월 걸프전이 발생하자 아버지 부시 정권은 일본에 협조를 구한다.

당시, 외무차관이던 구리야마 다카카즈栗山尚一의 증언(『구리야마 다카카즈 오럴 히스토리』)에 따라 상황을 정리해 보자.

- 8월 중순경, 수송수단과 자금 제공을 요청받았다.
- 8월 말 제1차 공헌 대책으로서 10억 달러를 지원하기로 하였다. 구리야마 차관이 하시모토 대장대신에게 요청하자 이를 승낙했다.
- 구리야마 차관은 아머코스트 주일대사에게 소해정을 보내는 것은 곤란하다고 말했다.
- 구리야마 차관은 자위대 파견도 비무장을 원칙으로 하였다.
- 극히 비무장에 가까운 상태라도 자위대만 보내준다면 미국은 대환영이었다.
- 당시 고토다나 미야자와는 소해정 파견에 반대하였다.
- 구리야마 차관은 전통적인 PKO라면 전면 참가해도 찬성이었다. 그러나 강제행동Peace Enforcement에는 반대했다.
- 9월, 브래디 재무장관이 일본을 방문하여 새로 10억 달러를 지원하도록 요청하였다. 하시모토 대장대신은 이에 동의하였다.

---

[1] 가이후 도시키(海部俊樹): 제76, 77대 수상으로 약소 파벌 출신. 그러나 다케시타 파의 지원을 받아 수상에 취임함. 정권 내에서는 47세로 자민당 간사장이 된 오자와 이치로의 존재감이 더 부각되어 있었다.

· 미국의회는 인적 공헌에 초점을 두고 일본을 소극적 동맹국으로 간주하였다. 미국과 함께 피를 흘릴 용의가 있는지가 동맹국을 결정할 기준이라는 생각이 미국 내에 확산되었다.
· 주일대사 아머코스트를 포함하여 상징적인 의미의 인적 공헌을 요구하는 분위기가 강해졌다.
· 미국에서 새로 90억 달러 자금을 요청하였다. 이것은 하시모토 대신과 브래디 재무장관 사이에 결정되었다. 산출근거는 따로 없었다.

결국, 1991년 1월 시작된 걸프전쟁을 위하여 분쟁 주변국에 20억 달러 경제지원을 포함하면, 일본이 협력한 돈은 무려 130억 달러에 달한다. 구리야마의 증언처럼 아무런 산출근거도 없이 10억 달러, 또 10억 달러, 다음에 90억 달러로 거액의 자금을 원하는 만큼 바친 셈이다. 그러나 "돈만으로는 안 된다. 자위대 등 인적 공헌이 반드시 필요하다."는 분위기가 팽배해진다. 1991년 판 외무성의 『외교청서』는 다음과 같이 기록하고 있다.

일본의 공헌이 너무나 늦고 너무나 적다는 비판이나, 일본은 인적 공헌을 하지 않는다는 비판도 있었다.

1992년 일본은 PKO법안(국제연합 평화유지 활동 등의 협력에 관한 법률)을 가결한다. 일본은 자금 협력만이 아니고, 인적 공헌 또한 가능한 체제가 된 것이다. 당시, 미야자와 수상은 이렇게 말한다.

내각을 구성한 것은 1991년 11월 5일이었다. 국회에서 11월 18일부터 PKO법안 심의가 진행 중이었다. 그해 11월 걸프전쟁이 끝났지만, 인적 공헌이 없다는 국제 비난을 받아서, 뭔가 법률을 만들 필요가 있었다. 이 법안은 그렇게 해서 만들어졌다.(『미야자와 기이치의 구술 회고록』)

문제는 일본이 자위대를 파견하지 않아서, 정말 국제 비난을 받았는지 여부다. 외무 관료 선배들을 중심으로 모인 가스미가세키회霞が関숲라는 사단법인이 있다. 이 모임의 회보 2008년 3월호는 온다 다카시 전 사우디아라비아 대사가 쓴 "걸프위기와 일본의 공헌-국제적 평가에 대하여 생각한다."는 글을 게재하고 있다.

- 국제적으로 평가받지 못했다는 증거로 자주 인용되는 것이, 쿠웨이트가 전후 미국의 유력지에 게재한 감사 광고다. 대상 국가에 일본이 포함되지 못한 것이 문제였는데, 구로카와 대사가 쿠웨이트 외무성에 진의를 묻자 그것은 본국 정부가 지시한 것이 아니고, 현지에서 충분히 생각하지 못하고 일단 신문에 내버린 것이라고 해명했다고 한다.
- 쿠웨이트는 전후 발행한 해방 기념 우표 시트에 히노마루 국기를 삽입하였으며, 전쟁기념관에는 일본 국기를 게양하여 130억 달러라는 일본의 공헌을 설명하는 특별 패널도 전시하고 있다.

국제사회가 일본의 재정 공헌을 평가하지 않았다는 것은 사실이 아니다. 그렇다면 왜 이런 이야기가 일본 정계나 매스컴에 확산되었을까? 그것은 당시 아머코스트 주일대사가 일본 각계각층에 인적 공헌이 필요하다며 설득하고 다녔기 때문이다. 아머코스트는 저서 『친구인가 적인가』에서 다음과 같이 말하고 있다.

> 걸프전 위기는 국제 공헌에 관하여 일본에 큰 자성을 요구하였다. 일본은 국제 공헌을 재정 공헌에 한정해서는 안 된다는 외국의 비난이 점차 국내에 확산되었다.

걸프전쟁을 계기로 자위대를 해외에 파견해야 한다는 의견이 당연한 것처럼 받아들여진다. 아머코스트 등의 공작이 성공한 것이다.

미일 동맹을 축소시킨 호소카와 정권의 몰락

냉전이 끝나자 일본의 안전보장은 어떻게 되었을까? 제2차 세계대전 후 일본의 최대 위협은 역시 소련이었다. 본래 일본에 미군이 주둔한 것은 소련의 위협 때문이었다. 소련이 붕괴된 이상 미군이 일본에 주둔할 필요성은 줄어들기 마련이었다.

1993년 8월 9일 호소카와 연립정권이 탄생한다. 무려 28년 만에 탄생한 비 자민自民 연립정권이었다. 다음해 1994년 2월 호소카와 수상은 히구치 히로타로 아사히맥주 회장을 좌장으로 한 방위문제 간담회를 설립한다. 간담회의 실질적인 책임자는 니시히로 세이키 전 방위차관이다. 내부 실력자는 하타케야마 시게루 방위차관이었다.

무라야마 정권기인 1994년 8월 12일 간담회 최종보고서가 발표되었다. 보고서 제3장에는 '새로운 시대의 방위력 정비'라는 표제가 붙어 있었다. 냉전시대의 방위 전략에서 다각적인 안보 전략으로 변경한다는 내용이었다. 제1절은 다각적인 안보협력을 위한 방위력의 역할 검토, 제2절은 미일 안보협력 관계의 충실을 다루었다.

다각적인 안전보장이 미일 안보조약 앞에 놓여 있는 이 현실은 대전환이었다. 미국은 이런 움직임을 당연히 경계했다. 38년 만의 비 자민 연립정권을 이끄는 호소카와 모리히로[2] 수상도 과거와 달랐다. 과거 역대 수상들은 미일 간 마찰이 있을 경우, 최대한 피하려고만 했다. 그러나 호소카와 수상은 대립이 발생하면 정면으로 부딪쳤다. 이런 것 역시 미국은 경계했다. 호소카와 정권을 무너뜨리려는 움직임이 점차 본격화된다.

먼저 미국은 연립내각의 핵심인 다케무라 마사요시[3] 관방장관이 북한에 너무 접근해 있으니 그를 자를 것을 요구했다. 그간의 경위는 고이케 유리코[4] 의원이 자신의 블로그에 소개하고 있다.

호소카와 수상은 한때 비서실장인 다케무라 관방장관을 해임할 결심을 한다. 이런 패턴은 앞에서 GHQ 케디스가 유력한 각료의 목을 치도록 강요하여, 결국 총사직에 내몰린 가타야마 정권과 그대로 닮

---

2) 호소카와 모리히로(細川護熙): 일본의 제79대 수상으로 자민당을 탈당한 오자와 이치로 신생당 대표간사가 8개 정당을 통합하는 형태로 호소카와 연립정권을 출범시켰다. 비자민 수상으로서 자주노선을 선택하자, 미국이 압력을 가해왔다고 한다.
3) 다케무라 마사요시(武村正義): 1934년 시가 현 지사 출신의 일본 정치가. 중의원의원 4선, 신당사키가케 대표, 내각관방장관, 대장대신을 역임하였다. 정계 은퇴 후 도쿠시마 대학 교수를 지냈다.
4) 고이케 유리코(小池百合子): 1952년생으로 아버지를 따라 이집트 카이로에서 수학. 자민당 국회의원 7회 당선. 방위대신, 자민당 총무회장 등을 지냈다.

았다.

그러나 호소카와 수상은 택배회사인 사가와규빈에서 차입금을 변제한 스캔들로 인해 자민당의 추궁을 받았고, 이를 계기로 수상직에서 물러난다. 호소카와는 2010년 수상 시절의 회고록인 『호소카와 수상 일기』(일본 경제신문 출판사)에서 미국의 대일 압력은 전혀 언급하지 않았다. 왜 고이케 유리코 의원이 이미 공표한 것을 전 수상인 호소카와가 쓸 수 없는지 이상한 일이 아닐 수 없다.

미일 안보보다 다각적인 안전보장을 우선시한 방위문제 간담회의 책임자 니시히로는 어떻게 되었을까? 1995년 12월 4일 그는 암으로 죽었다. 또 한 명의 핵심인물인 하타케야마는 어찌 되었을까? 그 역시 1994년 10월 암으로 방위대 의과대학에 입원한 다음, 1995년 6월 1일 58세로 사망했다. 장례식장에서 히구치 히로타로씨는 "사람들이 왜 이렇게 급히 가는지…."라고 한탄했다고 한다.

나중에 국무부장관이 된 대일정책 담당 리처드 아미티지는 『하타케야마 추도록』에서 일본은 미일 상호의존을 바탕으로 강고한 군사력 유지에 동의했다고 쓰고 있다. 그러나 니시히로나 하타케야마 생각은 아미티지와 크게 달랐다.

CIA의 대 일본 공작이 시작되다

1992년 12월 8일 미국의 싱크탱크인 케이트 연구소는 스탠리 코바의 「경제스파이로서 CIA」라는 논문을 발표했다. 거기엔 놀랄 만한 내용이 들어 있었다.

CIA장관인 로버트 게이츠는 1992년 4월 13일, 디트로이트 경제클럽에서 "국가안보심사(National Security Review: 아버지 부시 대통령 시절에 국가안보를 검토한 조직)는 정보 부문 문제로서 국제경제 중요성에 초점을 맞추었다. 새로운 요청 가운데 약 40%가 경제문제였다."고 한다.

1992년 여름, 상원정보위원회는 미국 기업의 회장들과 정보 전문가를 소집하였다. 경제스파이나 공작 필요성에 대한 토론이 뜨거웠다. "1990년대 경제가 정보통의 주요 분야가 될 것이다. 그동안 군사안보를 위한 스파이를 해왔는데, 앞으로 경제안보 스파이를 못할 이유가 없다."라는 터너 전 CIA장관의 주장은 많은 참가자들의 지지를 받았다.

이 책 첫머리에서 소개한 전 CIA장관 콜비 이야기가 떠오를 것이다. 콜비는 타국의 주권을 침해하는 공작이 허용되는 이유는 국가가 본래 자국 방어 상 무력을 사용할 수 있으며, 그것이 곤란하면 배후공작 또한 용인되는 것이 당연하다고 말했다.

마찬가지 논리가 군사안보 분야뿐 아니라, 경제안보 분야에도 적용되었는데, 그 대상이 바로 일본이었다. 냉전 시절 미국의 적은 소련이었다. 그러나 1990년대 초반부터 CIA는 일본을 미국 경제를 위협하는 적으로 간주한다.

나는 미국 TV가 워싱턴에 도착한 일본 수상 일행을 보도하는 장면을 몇 차례 보았다. 일본 통산성 심의관이 비행기에서 내리는 장면을 보고, 미국의 한 토론자가 그를 적으로 단정한 장면을 기억한다. 당시 일본인은 이런 것을 보면 농담이라고 생각했지만 그건 사실이었다. 미국은 일본을 미국 경제를 위협하는 적이라고 보았다.

1995년 10월 15일, 〈뉴욕타임즈〉는 "CIA의 새로운 역할―경제스파이"라는 제목의 기사를 게재한다.

> 작년 봄 자동차 문제를 둘러싸고 클린턴 정부와 일본 간 격렬한 교섭이 있었다. 거기에 정보기관 팀이 미국 교섭단 수행원으로 동행했다. 매일 아침, 정보기관 팀은 미키 캔터 통상대표에게 도쿄 CIA와 국가안보국이 도청해서 모은 정보를 제공했다. 경제적 우위를 차지하기 위해 동맹국을 염탐하는 행위가 CIA의 새로운 임무였다. 클린턴 대통령은 경제 분야 첩보활동에 높은 순위를 주었다. 재무성과 상무성은 CIA로부터 다량의 중요 정보를 얻고 있다.

일본이 CIA공작의 대상이 된 것이다. 과연 이런 사실을 눈치 챈 일본인이 얼마나 될까?

미야자와 내각의 몰락과 미국의 관료 때리기

1980년대 말부터 1990년대 초반까지, 다양한 미일 경제회담이 있었다. 미일 구조협의나 미일 포괄경제협의 등의 경제 교섭이 그것이다. 미국의 목적은 분명했다. 교섭 내용은 무역에만 국한되지 않았고, 일본 국내시장의 구조 자체를 바꾸라고 주문했다. 일본의 금융, 보험 등 서비스 시장을 개방하고 저축 및 투자 관행이나 시장과 산업구조 문제를 검토 항목에 포함시켰다. 일본 사회 자체를 바꾸어서 미국 기업이 이익을 얻도록 하자는 것이다. 현재 미국이 추진하는 TPP(Trans-Pacific

Partnership: 환태평양 경제동반자 협정)[5]도 마찬가지다.

지금의 일본 정부 관료들은 TPP를 반대하지 않을 뿐더러 오히려 추진의 깃발을 흔들고 있지만, 당시 일본 수상과 관료는 달랐다. 그들은 격렬하게 저항했다. 먼저 미야자와 수상의 이야기다.

> 1993년 4월 워싱턴에 갔다. 미일 간 경제 문제가 가장 골치 아픈 이야기였다. 미국은 일본의 수출 자주 규제나 무역흑자 목표치를 아예 수치로 정해야 한다고 주장했던 시절이었다. 그러면 관리무역 체제가 되므로 일본은 절대 안 된다고 단호하게 반대했다. 클린턴과 상당히 많은 논쟁을 했다. 목표를 수치로 정하자는 주장을 반대하며 기자회견을 했는데, 둘 다 마음이 무거웠다. 의견차가 확실히 드러난 것으로 기억한다. 7월 도쿄 정상회담의 논쟁거리들이 미일 정상회담으로 넘어왔다. 그때 이미 내각 불신임안이 가결된 상태였다. 수치 목표 이야기를 재개하자고 해서 오쿠라호텔 초밥집에서 클린턴 대통령과 두 시간 정도 큰 논쟁을 벌였다.(위의 책)

미야자와 수상은 역시 미국을 잘 아는 정치가다. 학생 시절, 미일 학생회의로 미국을 방문한 이래 미국통이 되었다. 미야자와 수상은 미국에게 이상적인 상대였다. 무엇이 공정한지 이해했고 일본 정치가를 설득할 수도 있었기 때문이다.

---

5) TPP: 환태평양연계협정이라고도 함. 아시아–태평양 지역 경제통합을 목적으로 2005년 체결된 자유무역 협정. 미국이 중국 견제를 목적으로 적극적으로 추진하면서 아시아 국가들의 가입을 유도하고 있다.

그러나 1990년대 들어 미국은 "동맹국과 미국의 공동 번영"을 더는 기대할 수 없었다. 미국은 노골적으로 자신의 이익을 강요했고, 이를 묵묵히 받아들이는 상대방이 필요해졌다. 미국에겐 지적인 일본 수상이 더는 필요 없어졌다. 시시비비를 가리지 않고, 미국의 요구를 그대로 들어주는 수상이 더 낫다고 생각한 것이다.

결국, 미야자와 내각은 불신임안이 가결되어 해산되었고, 이후 치러진 총선거에서 자민당이 참패한다. 뒤를 이어 자주노선의 호소카와 수상이 등장하지만, 겨우 9개월 만에 사임하고 만다.

미국은 훗날 장관이 된 서머즈 재무차관이 주축이 되어 거시적이고 미시적인 분야 모두 구체적인 수치 목표를 설정한다. 특히 거시 측면에서 일본의 경상수지 흑자폭을 국내총생산 대비 일정 비율로 한다(예를 들면, 2%)는 서약을 일본에게서 받아낸다. 거기에 세제와 예산 및 재정정책의 주도권까지 쥐고자 한다.

미국은 "일본의 경제와 사회는 메커니즘 자체를 바꿔야 한다."고 노골적으로 요구했다. 일본 관료들은 당연히 저항했다. 심지어 미국은 일본의 관료제 자체를 약화시킬 생각을 했다. 전 주일대사 아머코스트는 1990년대 중반에 다음과 같은 이야기를 한 적이 있다.

> 정치 환경 상 규제 완화는 쉬워졌는데도 진전은 거의 없다. 그 이유는 간단하다. 가장 교묘하고 집요한 저항집단은 다름 아닌 관료기구이기 때문이다. 일본의 경제와 정부를 좌지우지하는 규제 완화 제도에 관료들의 기득권이 걸려 있다.(프랭크 기브니 감수,『관료왕국-규제 철폐와 제3의 개국』)

아머코스트의 발언은 매우 흥미롭다. "정치 환경에서 규제 완화가 쉬워졌다", 즉 1990년대 중반까지 일본 정치가들의 저항이 약해졌다는 것이다. 그러니까 나머지 저항 조직인 관료들만 장악하면, 미국 뜻대로 추진할 수 있다는 것이다.

아머코스트의 생각대로 일본 국내에서 관료 때리기가 격렬해진다. 1998년 대장성 관료들이 과잉 접대를 받은 '노팬 샤브샤브 사건'[6]이 터진다. 이 사건이 크게 보도되면서, '관료=악'이라는 이미지가 국민들에게 정착되었고 대장성도 분할되었다.

전후 일본 사회는 관료 기구가 싱크탱크 기능을 해왔다. 정치가는 선거구의 이익 유도와 정쟁으로 정신이 없었다. 학자들은 학회라는 자신들만의 조직에 갇혀 있거나 단순한 어용학자로 전락했다. 매스컴 역시 권력의 일부에 안주하고 있었다. 그나마 남은 싱크탱크 조직이 관료 기구인데, 이것마저 무너지면 국가 전략을 고민할 일본 조직이 완전히 사라질 판이었다.

일본을 글로벌 파트너로 삼기 위한 미국의 음모

앞에서 호소카와 정권은 미일 동맹보다 다각적인 안전보장을 더 중시했던 사실을 살펴보았다. 이에 미국은 경계심을 품고 반격을 노렸

---

6) 1988년 정부 관료 7명이 노팬티, 즉 속옷을 입지 않은 여성 점원들이 샤브샤브를 파는 고급 레스토랑에서 접대를 받았다. 검찰이 수뢰혐의로 체포, 기소한 사건. 당시 대장대신과 일본은행 총재가 책임을 지고 사임하였다.

다. 하버드대학 조지프 나이[7]교수는 1994년부터 1995년까지 국방차관보로 재직하는 동안 미국의 아시아 안보정책을 바꾸어 간다.

1995년 2월, 〈동아시아 전략보고서〉가 발표되었다. 미국의 안전보장이 동아시아 발전에 필요하다는 내용을 골자로 한 이 보고서는 일본을 냉전 후 지역질서의 재편에 불가결한 파트너로 간주한다. 당연히 미일 동맹을 매우 중시한다.

조지프 나이 교수는 일본의 국제적인 평화 유지활동 증대를 기대한다고 적고 있는데, 여기에는 미국의 음모가 숨어 있다. 국제평화 유지활동이라고 말할 때 떠오르는 것은 인도적인 지원이다. 일본 국민은 반대하지 않았다. 자위대 역시 국제평화 유지활동에 참가하기가 쉬웠다. 일본 국민이 자위대의 해외 파견을 당연시할 시점에 자위대를 군사력으로 활용하고자 했다.

조지프 나이 국방차관보는 〈동아시아 전략보고서〉를 만들면서 일본 측과 긴밀히 협의했다. 이때 일본 측 파트너는 나중에 방위성 차관이 된 아키야마 마사히로로 당시 방위국장이었다. 아키야마와 나이의 협의 내용은 1995년 11월 채택된 〈일본의 신 방위대강〉에 반영되었다.

1976년 〈방위대강〉에서 미일 안보를 단 한 번만 사용한 것과 달리 1995년 신 방위대강에서는 11회나 사용했다. 미일 동맹의 중요성을 강조하고자 의식적으로 발언한 것이다. 나이 국방차관보는 여기에 만

---

7) 조지프 나이(Joseph Nye): 1937년생. 하버드대학 교수 출신으로 국방성차관보를 지냈다. 미일 동맹을 강조한 동아시아 전략보고서, 일명 나이 보고서(the Nye Report)를 작성한 동아시아문제 전문가이기도 하다.

족했다고 한다.

　미일 동맹의 중요성은 소련의 위협이 있었던 1976년보다 냉전이 끝난 현재 더욱 강조되었다. 이런 현상은 미국의 대일 압력이 강해진 것과 함께, 일본 사회가 미국에 저항할 힘이 줄어들었다는 것 외에는 설명할 길이 없다.

　패전 직후 미국 점령 하, 경제적으로 빈곤했던 1950년대 일본 외무성 관료 가운데 미국 추종노선이 아닌, 제대로 된 논쟁을 펼친 외무 관료들이 있었다. 냉전 때인 1960년대나 1970년대도 마찬가지였다. 그런데 1990년대 이후 극단적인 미국 추종자들이 대거 등장한다. 냉전도 끝났는데 대체 왜 그랬을까? 이런 의문을 품다 보면 냉전이 종결된 뒤, 어떻게 미국이 일본에게 노골적으로 자국의 이익을 강요했는지를 알게 된다.

　유감스럽지만, 일본 국내에는 정세 변화에 대한 위기의식이 거의 없었다. 미국의 요구에 저항하면 시끄러워지기 때문에 일본 사회 전체가 국익을 해치더라도 미국과 조용히 잘 지내는 방향을 선택했다. 미일 동맹의 강화는 몇 가지 사건으로 더욱 심화된다. 그런 사건들은 다음과 같다.

· 1995년　2월 미국국방성 〈동아시아전략보고서〉
· 1995년 11월 〈신 방위대강〉
· 1996년　4월 〈미일 안보 공동선언-21세기를 향한 동맹〉

· 1996년 6월 가이드라인[8] 작성 개시
· 1997년 9월 〈신 미일 방위 협력 지침〉을 미일위원회가 승인
· 1999년 5월 주변 사태 관련법 성립

이런 일련의 움직임이 있었을 때, 수상은 하시모토 류타로였다.

클린턴의 섹스 스캔들과 하시모토의 퇴진

1990년대 후반, 미일 양국은 안보협력을 강화한다. 1996년 1월 11일 무라야마 수상[9]이 퇴진하면서 연립정권을 이어받은 하시모토 류타로가 당시 수상이었다. 미국은 하시모토 수상과 좋은 관계를 맺는 것이 당연했지만, 실제 그렇지 못했다. 미국은 하시모토 수상에게 두 가지 의심을 품었다. 하나는 중국 문제였고, 다른 하나는 금융 문제였다.

하시모토와 중국과의 관계는 상당히 이전으로 거슬러 올라간다. 1989년 6월 4일, 시민들이 천안문天安門광장에 모여 민주화를 요구하는 시위를 벌였다. 중국 인민해방군이 시위대에 발포하였고 다수의 사상자가 발생했다. 이것이 이른바 천안문사건[10]이다. 이에 서방 각국은

---

8) 가이드라인(Guideline): 일본에 대한 무력 공격이나 주변 사태에서 유사시 효과적인 대응을 하고자 만든 미일 방위 협력을 위한 지침.
9) 무라야마 토미이치(村山富一): 제81대 수상으로서 호소카와 연립정권이 붕괴하자, 자민당과 사회당이 손을 잡고 무라야마 정권을 탄생시켰다. 사회당은 이때 당수가 수상이 되자, 자위대 합헌과 미일 안보 지지를 표명하였다. 이로 인하여 많은 지지자를 잃고, 당은 소멸의 길로 접어들었다.
10) 천안문(天安門)사건: 1989년 6월 발생한 중국의 반정부 시위를 말한다. 대학생과 시민

중국 정부에 항의하였고 각료급 교류를 중단시켰다. 그러나 하시모토는 1991년, 서방 각료로서는 처음으로 중국을 방문했다. 이를 계기로 일본은 중국과 친밀한 관계를 쌓게 된다.

1996년 2월 23일, 하시모토 수상은 미일 정상회담에서 후텐마기지 반환을 요구했다. 다음해인 1997년 6월 23일 뉴욕 강연에서는, "일본 정부가 가진 미국 국채를 팔고 싶은 유혹을 종종 느낀다."고 발언하여, 뉴욕 주식시장이 폭락하는 결과를 낳기도 했다. 미국은 이런 저런 일로 하시모토 수상을 잔뜩 경계하고 있었다.

그런 가운데 클린턴 대통령[11]의 여성 스캔들이 발각된다. 1998년 1월 22일 클린턴 대통령과 백악관 내 실습생인 모니카 르윈스키의 성관계가 의심된다는 보도가 나온 것이다. 미국의회는 바로 공화당을 공격하기 시작했고, 급기야 탄핵 재판이 열릴 것 같은 상황까지 몰아붙인다.

같은 시기, 공화당은 이라크가 대량 파괴 무기를 소유하고 있다는 이유로 이라크를 공격하도록 클린턴에게 압력을 가한다. 이라크를 공격하면 클린턴을 탄핵하지 않을 것이라는 이야기도 흘러나왔다. 클린턴은 이라크 공격으로 마음이 기울기 시작한다. 곤경에서 빠져나오려고 관심을 돌린 것이다.

들이 민주화를 요구하면서 시위를 벌이자, 당시 덩샤오핑 주석은 군부를 동원하여 유혈 진입하였고, 각국으로부터 강한 비난을 받았다.
11) 빌 클린턴(Bill Clinton): 미국의 제42대 대통령. 경제면에서 중국을 중시하는 태도를 취했다. 일본에게 엔고 정책과 연차별 개혁서로 경제 공세를 강화하는 한편, 조지프 나이를 국방차관보로 기용하여 미일 안보를 '재정의'하게 했다.

1998년 2월, 클린턴 대통령은 이라크를 향해 무력 공격도 배제하지 않겠다는 연설을 한다. 이때 하시모토 수상은 클린턴 대통령에게 친서를 보내, 나가노올림픽 기간 중 무력 공격을 자제해 달라고 요청한다.(이와타 슈이치로, 『핵 억지론에서 본 위기관리』) 이에 격노한 클린턴 대통령은 같은 해 6월, 보란 듯이 중국을 방문하여 중국과의 친분을 과시한다. 그해 7월 치러진 참의원선거에서 자민당은 참패했고, 하시모토 수상 또한 퇴진하는 결과로 이어졌다.

클린턴의 관심에서 멀어져만 간 일본

하시모토 수상이 퇴진하면서 클린턴 대통령과의 관계는 개선되지 못했다. 그 뒤를 이은 오부치小淵惠三 수상과 모리森喜朗 수상은 악화된 미일 관계를 회복시킬 생각이 있었다. 그러나 클린턴 대통령은 일본에 관심이 없었다. 냉전은 끝났고, 안보의 위협도 없었다. 러시아의 위협이 소멸했고 중국 군사력은 아직 미약한 단계였다. 클린턴 역시 미국의 군사력 증강에 별 관심이 없었다. 미국의 세계전략에 일본을 활용할 생각이 없었던 것이다.

1985년 플라자합의 이래로 일본의 대미 수출은 완전히 줄어들었다. 미국 시장을 둘러싼 무역 마찰 또한 예전 같지 않았다. 오부치 수상은 취임 연설에서 미일 동맹을 기축으로 한다고 말했지만, 구체적인 움직임은 없었다.

모리 수상 시절에 오키나와에서 선진국 정상회담인 G8이 열린 적이 있었다. 정상들 대부분이 도쿄에 모여 함께 오키나와로 갔다. 그러나 클린턴이 도쿄를 거치지 않고 오키나와로 직접 가버리면서 도쿄에서 미일 정상회담은 열리지 못했다. 모리 수상이 의장이던 오키나와 서미트의 주요 의제는 IT와 전염병, 그리고 아프리카 문제였다.

앞에서 나는 미국에게 다른 나라의 중요성은 그때그때 달라진다는 점을 밝힌 바 있다. 장기의 차포로 중시되기도 하고, 때에 따라서는 졸 취급을 받기도 한다. 오부치 수상과 모리 수상 시절에 일본은 졸卒에 지나지 않았다. 클린턴은 은퇴 후, 『빌 클린턴의 마이 라이프』라는 회고록을 출판한 바 있다. 일본판으로 상하권 모두 1,600페이지나 되는 매우 두꺼운 이 책에 오부치나 모리 수상은 거의 거명조차 되지 않았다. 당시 정부합동청사가 있는 도쿄의 가스미가세키에는 다음과 같은 농담이 퍼져 있었다.

일본 모리 수상은 정상회담을 주최하면서 간단한 인사 정도는 영어로 할 생각으로 약간의 레슨을 받았다.

· 모리: How are you?

· 클린턴: I am fine, and you?

· 모리: Me, too

대략 이런 수준이었다.

클린턴 대통령을 만난 모리 수상은 배운 것을 바로 써먹으려고 시도했지만, 첫 문장에서 엄청난 실수를 하고 말았다.

· 모리: (손을 내밀면서) Who are you?

· 클린턴: (깜짝 놀라, 농담으로) I am Hilary Clinton.

· 모리: (미소 지으면서) Me, too.

물론 농담이다. 그러나 당시 분위기를 알 수는 있다. 클린턴은 학생 시절 로즈Rhodes 장학금이라는 최고의 장학금을 받고 옥스퍼드대학에 유학한 슈퍼 엘리트다. 클린턴 대통령이나 부인인 힐러리 여사(오바마 정권기 국무장관)가 중국 정상회담에서는 지적인 회담이 가능하지만, 일본에서는 어렵다는 한숨이 나올 정도였다.

15
9·11테러와
이라크전쟁 후 세계

세계 유일의 초강대국이 된 미국의 폭주가 시작된다.
미국은 유엔을 무시하고 전 세계에 군사력을 행사하여 일본에 협력을 요구한다.

9·11테러와 영문 모를 두 개의 전쟁

2001년 9월 11일 오전8시 46분 아메리칸항공 11편이 뉴욕 세계무역센터 초고층빌딩인 트윈타워 북쪽 동에 돌입해 폭발한다. 이어서 유나이티드항공 175편은 트윈타워 남쪽 동 110층에 돌입해 폭발한다. 두 건물이 모두 붕괴했고, 부지 내 다른 4개의 빌딩도 무너져 내렸다.

이 동시다발 테러 사건으로 약 3천 명의 희생자가 나왔다. 미국에는 분노와 보복의 함성이 끊이질 않았다. 그 결과, 2001년 10월 아프가니스탄전쟁이 시작되었고, 2년 후 2003년 3월 20일, 이라크전쟁이 시작되었다. 여전히 의문인 것은 이 전쟁 모두 정당화될 수 있는지 여부다.

먼저 아프가니스탄전쟁을 보자. 동시다발 테러가 발생한 후 머지않아 범행은 테러 조직인 알 카에다의 소행이라는 보도가 나왔다. 당시 아프가니스탄을 통치하고 있던 조직은 탈레반 세력으로, 일정한 민중의 지지를 받고 있었고 결코 테러조직이 아니었다. 그런데 미국은 아프가니스탄 국내에 있던 알 카에다 지도자를 인도하도록 요구했다. 이에 탈레반이 응하지 않았다는 이유로, 아프가니스탄전쟁에 돌입하여 2개월 만에 탈레반 정권을 무너뜨렸다.

전쟁은 원래 여기서 끝날 예정이었다. 그러나 미국은 탈레반이 지지하는 알 카에다가 아프가니스탄을 근거로 한다는 이유로 탈레반을 깡그리 멸하고자 했다. 비록 짧은 기간이었으나 아프가니스탄의 실제 지배 세력이었고 국민의 지지까지 받고 있던 탈레반이 아니었나! 급기야 아프가니스탄 시민까지 휘말려 들으면서 전쟁은 현재까지 이어진 것이다. 한편, 이라크전쟁은 다음 같은 이유로 시작되었다.

① 이라크는 대량 파괴 무기를 많이 가지고 있다. 다른 나라를 공격할 의도가 보인다. 사전에 미리 파괴해야 한다.
② 이라크는 알 카에다와 협력관계에 있다.

그러나 2004년 미국 내 공식기구는 위의 ①과 ② 둘 다 부정했고, 2011년 12월 미군은 이라크에서 완전 철수했다. 대체 이라크전쟁은 무엇을 위한 전쟁이었던 걸까?

일본이 이라크전쟁에 참가한 이유

일본은 2003년 12월부터 2009년 2월까지 이라크에 자위대를 파견했다. 이라크 재건을 지원하는 것이 목적이었다. 이라크 남부 무산나주 사마와 교외를 거점으로 급수 및 의료 지원, 학교와 도로보수 등 주로 인도적인 지원책을 임무로 맡았다.

물론 인도적인 지원이었다 해도 그것은 미국의 이라크전쟁에 포함되었다. 미국은 전투로 반미 세력을 타도하는 한편, 인도적 부흥 지원으로 일반시민의 지지를 얻고자 했다. 일본은 결국 미국의 전쟁에 자위대를 참가시켰다.

그동안 미국이 얼마나 장기적인 대일 공작을 해왔는지 알 수 있다. 오히라 집권 시절에는 미일 동맹이라는 단어를 사용했고, 스즈키 수상은 새로운 군사적 노력을 하지 않겠다고 했다. 나카소네 수상은 스스로 방위 분담을 하겠다고 표명했다. 그러나 다케시타 수상은 미일 간 역할 분담에서 군사 분야를 배제한다고 밝혔다. 고이즈미 수상 시절에는 다시 방위 책임 분담으로 돌아섰다. 그리고 이라크에 자위대를 파견하였고 그 흐름은 지금까지 이어진다.

이라크전쟁에 대한 일본의 입장은 미국과 똑같았다. ① 이라크가 대량 파괴 무기를 많이 가지고 있다. 다른 나라를 공격할 의도가 있는 것이기에 미리 파괴해야 한다. ② 이라크전쟁은 알 카에다와 협력관계에 있다는 이유로 시작된 것이다. 일본 외무성이나 언론은 모두 그렇게 이야기했다.

나는 2003년, 「중앙공론」 5월호에서 "'정보 소국情報小國' 일본을 벗어나기 위한 로드맵"이라는 논평을 써서 이라크전쟁을 직접 비난한 바 있다.

> 미국은 독일이나 프랑스의 반대에도 불구하고 국제 여론에 저항하면서 이라크에 무력행사를 자행하고 있다. 공격 후 이라크에 민주체제가 전혀 자리 잡지 못할뿐더러, 중동 자체가 불안정해진다. 이라크를 둘러싸고 미영 vs 독불 간 대립이 존재한다. 후세인 대통령과 대량 파괴 무기의 위험성에 대한 판단의 차이이기도 하다.

당시 일본 언론계는 미일 협력 주장이 전성기를 맞이했다. 「중앙공론」 2003년 4월호는 "걸프전쟁 또 다시—일본에게 선택의 여지는 없다."는 특집을 냈다. 야마우치 마사유키 도쿄대학 교수는 "우리는 독일이나 프랑스와 달리 당연히 걸프전을 지지한다."고 했고, 시이나 모토오 참의원의원도 "일본에서 반미를 주장할 사치는 용납되지 않는다."고 썼다.

내가 평론을 썼던 「중앙공론」 2003년 5월호에서도 마찬가지였다. 야마사키 마사카즈는 "미국 중심의 일극 체제는 적어도 다극 체제나 양극 체제보다 더 낫다."고 주장하였다. 기타오카 신이치 도쿄대학 교수 역시 "미일 안보를 기축으로 한 유엔 중시여야 한다. 이라크는 화학 무기와 생물무기를 보유하고 있을 것이다. 문제는 어떻게 이라크의 대량 살상 무기를 파괴할 것인지다."고 주장한 바 있다.

「중앙공론」에 실었던 나의 글 역시 게재 가능한 수준으로 비판의 수위를 낮춘 것이었다. 원래 나는 『일본 외교—현장의 증언』으로 야마모토 시치헤이山本七平상을 받은 뒤, 중앙공론사로부터 매년 2~3편의 논설을 게재해 달라는 요청을 받았다. 그러나 2003년 5월에는 간접적인 비난조차 용납되지 않았고, 그 후로 「중앙공론」의 원고 청탁도 끊긴 상태다.

비록 정론이라 해도 나 홀로 주장하면 따돌림을 당하는 법이고, 아무리 틀린 말이라도 다수가 주장하면 항상 주류에 남는다. 무리 속에만 있다면 아무리 틀린 말을 해도 훗날 검증당할 위험은 없다. 이것이 일본 언론계의 실상이다.

대북한對北韓 정책을 둘러싼 미일 갈등

미국의 대북한 정책은 때로는 포용정책, 때로는 강경정책으로 자주 바뀌곤 한다. 클린턴 대통령 시절, 미국은 북한에 대하여 포용적인 자세를 취했다. 전형적인 것은 대포동 미사일 발사사건 대응 때였다.

1998년 8월, 북한이 발사한 대포동 미사일이 일본 열도를 훌쩍 넘어 산리쿠 앞바다에 떨어졌다. 일본 국내에는 엄청난 긴장이 흘렀다. 그런데 사건 직후, 클린턴 정권은 북한 포용정책을 발표했다. 정권이 바뀌고 2001년 1월 아들 부시 대통령[1]이 등장했고, 3개월 뒤인 4월 26일에는 일본 고이즈미 준이치로小泉純一郎[2] 수상이 취임했다. 그리고

---

1) 조지 W. 부시(George W. Bush): 제43대 미국 대통령. 9.11 동시다발 테러사건 발생 후 아프가니스탄전쟁과 이라크전쟁을 일으켰다. 예방 전쟁을 제창함으로써 근대사회 400년의 지적 전통을 부정했다는 비난을 받고 있다.

2) 고이즈미 준이치로(小泉純一郎): 제87, 88, 89대 일본 수상. 구조 개혁을 슬로건으로 내

2001년 9월 11일 미국에서 동시다발 테러사건이 발생했다. 그러자 미국은 이란, 이라크, 북한에 대한 정책을 재검토하기 시작했다.

아들 부시 대통령은 2002년 1월 29일 일반 교두연설에서 "북한은 자국민을 굶기면서까지 미사일이나 대량 파괴 무기를 개발하고 있다."고 맹비난했다. 대북 정책은 강경책을 취할 수밖에 없었고, 동맹국에 대해서도 미국의 외교노선을 따르도록 요구했다.

빅터 차라는 사람이 있다. 2004년부터 2007년까지 미국의 안전보장회의 아시아부장을 지낸 그는 한반도 문제의 권위자로 잘 알려져 있다. 빅터 차는 2002년 "(아들)부시 정권의 대북 강경 정책의 전모"라는 논문(「논좌」 2월호)에서 다음과 같은 정책을 유력한 입장으로 제시한다.

> 워싱턴(미국)은 한국, 일본, 그 밖의 국가와 공동으로 평양(북한)을 봉쇄하여 김정일이 핵무기 개발을 포기할 때까지 화해에 응하지 않겠다. (…) 일본도, 한국도 북한에 대한 의미 없는 정상회담은 그만두고 구체적인 진의를 보일 필요성을 자각하고 중요한 역할을 맡아야 한다.

빅터 차는 일본에게 의미 없는 정상회담을 그만두라고 경고했다. 그럼에도 불구하고 고이즈미 수상은 2002년 9월 17일, 북한을 방문한다. 그리고 일본·북한 간 평양선언을 발표한다. 국교 정상화 교섭을 재개하고 국교 정상화 후에는 경제협력을 실시한다는 문구를 넣은 한편, 미국

세워, 국민들의 높은 지지를 받았다. 그러나 5년 5개월 임기 동안 군사와 경제 두 측면에서 일본 외교의 대미 종속을 심화시켰다는 평가를 받고 있다.

이 관심 있는 핵개발 문제는 모든 국제합의를 준수한다고만 쓰여 있다.

일본과 북한의 정상회담 직전, 납치 피해자 5명 생존, 8명 사망이라는 충격적인 내용이 전해졌다. 평양선언이고 뭐고 다 그만두고 당장 귀국하라는 강경 의견이, 2013년 1월 현재 수상인 아베 신조, 당시 내각 관방부장관으로부터 나왔다. 한편, 김정일 총서기는 납치 문제는 사죄하는 바이며 두 번 다시 그런 일을 일으키지 않겠다고 말했다.

미국은 핵 규제 진전이 없는 가운데 일본이 북한과 국교 회복을 시작했다는 데 격노한다. 도쿄 CIA 지국장이 수상관저에 직접 항의전화를 걸었다는 소문도 퍼졌었다. 데지마 류이치는 "고이즈미 북한 방문, 기만 외교의 파탄"(「문예춘추」 2007년 3월호)이라는 글에서 이렇게 쓰고 있다.

> 고이즈미 수상은 월도프 아스토리아 호텔 35층 프레지던셜 스위트룸에서 아들 부시 대통령과 얼굴을 마주하였다. 2002년 9월 2일의 일이다. 고이즈미와 아들 부시의 우정은 캠프 데이비드 별장에서 시작되었다.
>
> 그러나 이날 고이즈미·부시 회담은 어쩐지 냉담하고 어색한 분위기가 흘렀다. 부시 대통령의 표정도 딱딱했다. 고이즈미는 인사말에서 북한 방문을 언급하면서 부시 대통령에게 이해를 구했다. 부시 대통령은 옆에 앉아 있던 파월 국방장관에게 시선을 보냈다. 당신이 대답하라고 눈짓으로 재촉하였다. 파월이 대통령의 생각을 대신해서 말했다.
>
> 우리는 북한이 지금까지 핵개발을 포기하지 않고 있다는 증거를 가지고 있다.

당돌한 주장이었다. 부시 대통령은 표정 하나 바꾸지 않았고 회담장은 썰렁한 분위기에 잠잠해졌다. 이때의 관계 악화가 원인이었던 것일까? 고이즈미 수상은 어느 수상보다도 대미 추종 자세를 선명히 드러냈다.

전 세계를 무대로 미일 군사 협력이 체결되다

고이즈미 정권이 5년째 접어든 2005년 10월 29일 일본 외무대신과 방위청장관, 그리고 미국의 국무장관과 국방장관이 공동문서에 서명했다. 문서의 제목은 "미일 동맹-미래를 위한 변혁과 재편"으로 미일 안보관계를 근본적으로 바꾼 것이었다. "미일 안보조약"(이하 신 안보조약과 같음)에 본질적으로 새로운 전략이 추가된 것이다. 과연 무엇이 바뀌었나?

먼저 대상과 범위이다. 미일 안보조약 제6조는 "일본국의 안전에 기여하고, 극동지역에서 국제평화와 안전 유지에 기여하기 위하여"라고 되어 있다. 협력할 대상 지역은 어디까지나 일본과 극동이다. 그런데 미래를 위한 변혁과 재편에서는 "동맹 관계는 글로벌 과제에 효과적으로 대처하고자 중요한 역할을 맡는다."라고 바뀐다. 미일 간 군사 협력의 대상이 극동지역에서 세계로 확대된 것이다.

이념 면에서도 달라졌다. 미일 안보조약은 그 전문에서 "국제연합의 목적과 원칙에 대한 신념을 재확인하고," 제1조에서 "국제연합의 목적과 양립하지 않는 다른 어떤 방법에 의한 것도 시도하지 않는다. 국제연합을 강화하는 데 노력한다."라고 되어 있다. 국제연합의 역할을 중시한 것이다.

그러나 "미일 동맹-미래를 위한 변혁과 재편"에서는 국제연합에 대한 언급은 거의 없다. 이는 어떤 의미일까? 국제연합 헌장은 제1조 목적에서 다음 두 가지를 포함하고 있다. "분쟁 해결을 평화적인 수단에 따라, 또한 정의와 국제법 원칙에 따라 실천한다. 국민의 권리와 자결 원칙을 존중하며, 이에 기초한다."

또한 제2조 원칙에서, "모든 가맹국은 국제분쟁을 평화적인 수단에 따라 국제 평화와 안전 및 정의를 위협하지 않도록 해결해야 한다."라고 되어 있다. 그러나 9·11 동시다발 테러 이후 분쟁의 평화적 해결, 국제법의 준수, 국민의 권리와 자결 원칙을 존중한다는 생각은 미국의 세계전략 가운데 이미 사라지고 없다. 특히 민주화와 시장경제를 지향하는 국가와 그렇지 않은 국가를 나누어, 적군과 아군을 엄격히 구분하고 있다. 미국은 냉전 종결 이후, 자신들이야말로 세계의 리더이며, 필요하다면 군사력을 동원하여 미국의 가치관을 실현하는 것이야말로 세계에 공헌하는 길이라는 인식을 가지고 있다.

"미일 동맹-미래를 위한 변혁과 재편"에 쓰인 '미일공동의 전략'은 미국이 결정하고 일본이 동의하는 전략을 말한다. 여기서 공동 전략의 목적은 국제적인 안전보장 환경을 개선한다는 것이다. 이것은 매우 위험한 조항이다. 국제적인 안전보장 환경의 개선이라면 뭔가 좋은 일을 하는 듯한 이미지가 있으나 이것은 오해다. 미국이 필요하다고 판단한 경우에는, 주권 국가에도 얼마든지 군사력을 행사할 수 있다는 의미이다.

미국은 냉전 후 이란, 이라크, 북한 등의 불량국가에 핵무기 등의 대량 파괴 무기 확산 방지를 위한 군사력의 선제 사용이 가능하다고 본다. 국제적인 안전보장 환경의 개선은 바로 그런 의미이다. 아프가니스탄의 탈레반처럼 테러리스트를 옹호하는 정권을 배제한다는 것 또한 국제적인 안전보장 환경의 개선에 해당한다.

미국은 중동의 민주화를 촉진하고자 했다. 이를 위한 무력 사용은 국제적인 안전보장 환경의 개선에 포함된다. 미국이 군사력을 사용하는 것은 적이 군사행동을 일으켜서만이 아니다. 예방 전쟁이라는 개념으로 수개월 또는 수년 먼저 미리 예상되는 위협을 제거하고자 군사행동을 가할 수 있는 것이다. 위험한 불량국가에게 당하기 전에 먼저 공격하는 것이 타당한 것일까? 역사를 통해 그 답을 찾아보자.

지금부터 400년 전, 유럽은 한때 신구 기독교로 나뉘어 살육을 반복했다. 이른바 30년 전쟁, 즉 종교전쟁이었다. 수많은 희생자를 낳은 이 전쟁에 대해 심각한 반성이 있었고, 유럽에서 정의를 실현하고자 다른 나라와 전쟁하는 것은 피해야 한다는 평화의 지혜가 생겨났다.

국제법에서 국가 주권의 개념은 유럽의 종교전쟁에 종지부를 찍은 1648년 베스트팔렌조약[3] (30년 전쟁을 종결시킨 강화조약)에서 확립되었다. 이는 국제연합 헌장의 커다란 흐름이며 평화를 희구하는 인류의 염원에서 나온 것이다. 현재 미국이 내건 예방 전쟁의 개념은, "근대사회 400년의 지적 전통"을 부정한 것이기도 하다.

---

3) 베스트팔렌조약(Peace of Westfalen): 독일의 30년 전쟁을 끝내기 위한 1648년의 평화조약. 영어로 웨스트팔리아조약이라고도 한다. 이 조약을 통해 가톨릭, 루터파, 칼뱅파 모두에게 신앙의 자유가 허용되었다. 종교의 지배에서 벗어난 주권국가의 등장을 알리는 근대유럽의 신호탄이었다.

자주 경제의 향수: 〈올웨이즈 - 3번가의 석양〉

고이즈미 정권의 간판정책은 '우정민영화'[4]였다. 이에 대해 말하기 전에, 먼저 영화 이야기부터 해보겠다. 2005년, 일본에는 〈올웨이즈 - 3번가의 석양〉이라는 영화가 크게 히트했다. 1958년을 배경으로 한 이 영화는 안보투쟁이 일어나기 직전 기시 노부스케 정권기의 향수를 담아냈다. 영화의 메시지는 명쾌하다. "오늘날 우리는 번영을 누리고 있다. 그러나 번영대신 뭔가 소중한 것을 상실한 것은 아닐까?"

〈올웨이즈 - 3번가의 석양〉은 비록 가난하지만 성심성의껏 열심히 일하고 서로 돕고 살던 시절의 이야기다. 1950년대 일본은 국가도 사회도, 오직 내일을 위해 앞만 보고 달렸고 눈앞에 떨어진 과제에 정면으로 부딪혀야 했다. 어떻게 서로를 도와 낙오자를 줄일 것인지 고민하던 그 시절은 영화의 내용과 크게 다르지 않았다.

현재 일본의 국가와 사회를 보면, 〈올웨이즈 - 3번가의 석양〉 같은 세계를 잃어버린 듯 보인다. 1950~60년대의 귀중한 정신이 국가나 사회 어디에서도 찾아볼 수 없다. 영화 〈올웨이즈 - 3번가의 석양〉에 수많은 사람들이 감동했던 것은 잃어버린 시대정신을 그리워하고 찾는 사람이 많다는 반증이기도 하다.

1951년 6월 GHQ는 대일 원조 삭감을 발표하여 재정 지원을 중단했

---

4) 우정민영화: 일본 우체국은 우체국 예금과 간이보험 등 엄청난 재원을 가진 대규모 은행이었다. 이들 자금이 재정 투융자용으로 활용되기도 했지만, 불필요한 공공사업의 자금원이 되어 왔다. 고이즈미 정권은 구조 개혁을 통하여 이를 민영화했다. 2003년 4월 일본우정공사로 재편된 이래 대부분의 주식은 일본 정부가 보유하고 있다.

다. 일본 스스로 해야 할 일이 너무나도 많았다. 전력 공급, 조선, 석탄, 철강 등 근대화가 필요했고, 도로, 철도, 항만, 전기, 교육, 복지, 주택 등 공공투자도 필요했다. 그러나 그런 분야는 일반적인 시장 메커니즘으로 해결할 수 없다. 투하 자본이 너무나 크고 자본을 회수하기까지 굉장히 오랜 시간이 걸리기 때문이다. 사업의 위험성이 큰 반면 수익성은 낮았다.

이를 위하여 재정투융자 제도가 생겨났다. 국민세금 외에 우체국 저금이나 보험금을 정부에 맡기는 제도다. 정부가 이 자금을 국철, 주택공단, 공동금고, 일본개발은행, 도로공단 등에 출자하면, 자금을 받은 기관이 사업을 벌이는 방식이었다. 〈올웨이즈 - 3번가의 석양〉 시절인 1950년대 후반, 일본은 일본형 재정투융자 시스템을 기반으로 경제 인프라를 구축해 갔다. 이처럼 전후 일본은 경제성장과 약자 보호를 동시에 추진했다.

물론 현재 사회 환경은 과거와 크게 다르다. 어디에 먼저 자금을 투하해야 할지 우선순위도 헷갈린다. 관료의 불신은 커졌고 불필요한 공공사업이 비난의 대상이 되고 있다. 지금도 일본 사회에는 시장 메커니즘으로 대응할 수 없는, 투하 자본이 크고 수익성이 낮아서 정부 개입이 필요한 분야가 있다. 그런데 고이즈미 정권은 우편제도의 역할을 완전히 부정하여 경쟁을 최우선시하고 약자를 무시하는 미국형 사회 시스템을 도입하려 했다.

우편저금이 존속하는 한 그 돈은 비록 불필요한 공공사업일지라도, 국내에서 사용되어 국민에게 혜택이 돌아간다. 그러나 우체국이 민간은행처럼 되면 그 자본은 은행과 마찬가지로, 미국 국채를 구입하는

데 사용된다. 전 대장관료였고 이케다 내각의 소득배증 계획을 입안해 1960년대 고도 경제성장을 연출했던 시모무라 오사무는 1987년 단계에서 다음과 같이 말한다.

> 미국에 빌려준 돈은 정말 일본의 소유라고 생각하고 있는가? 현재 미국 경제는 세계 각국에서 긁어모은 돈으로 겨우 유지되고 있다. 만일, 일본이 필요할 때 돈을 돌려달라고 말해도 미국은 돌려줄 수 없는 상황이다. 돌려주는 순간 미국경제가 파탄나기 때문이다.(『일본은 나쁘지 않다日本は悪くない』)

이미 빌려준 돈이 반환되지 않는 것 말고 문제는 또 있다. 이미 저축한 돈도, 앞으로 저축할 돈도, 결국 미국으로 건너가서 돌아오지 않을 가능성이 높다는 것이다. 2010년 3월 15일 〈니혼게이자이신문〉은 다음과 같이 보도했다.

> 2009년 10월~11월 가운데 우편저금은행은 2007년 10월 우정민영화 이후 처음으로 미국 국채를 약 3천억 엔 구입한 것으로 알려졌다. 우편저금은행이 가진 190조 엔 자금 가운데 8할 이상은 일본 국채가 차지하고 있다.

고이즈미 수상 시절, 일본은 안전보장뿐만 아니라 경제면에서도 대미 종속이 크게 심화되었다. 외교안보 측면에서 완전히 미국을 추종했지만 해외 파병만은 하지 않았고, 내정에서도 비교적 평등한 사회를 추구해온 자민당의 의미가 고이즈미 정권에서 완전히 부정되었다고 생각한다.

2003년 고이즈미 수상은 미야자와 전 수상에게 의원직을 사퇴하도록 권고했다. 고령을 구실로 들었다. 그러나 사실은 고이즈미 수상이 전후 경제체제를 바꾸고자 미야자와 전 수상의 발언력을 제거할 필요가 있었기 때문이다.

후쿠다 수상, 정권까지 내려놓고 미국에 저항하다

고이즈미 수상에 이어 자민당 소속 수상들이 뒤를 이었다. 아베 신조 수상(2006년 9월~2007년 9월), 후쿠다 야스오 수상(2007년 9월~2008년 9월), 아소 타로麻生太郎 수상(2008년 9월~2009년 9월)이 1년의 짧은 임기로 교체되었다. 아베 수상은 기시 노부스케의 손자이고, 후쿠다 수상은 후쿠다 다케오 전 수상의 아들이며, 아소 수상은 요시다 시게루 전 수상의 손자다. 반세기 동안 지속된 자민당 시대의 말기에, 마치 퍼레이드 하듯 과거 수상의 아들이나 손자가 수상이 되어, 딱 일 년씩 정권을 담당한 것이다. 재임 기간은 각각 366일, 365일, 358일이었다.

나는 이 3명의 수상에 대해서는 언급하지 않을 생각이었다. 이미 출판사에서 요청한 원고 분량의 2배가 넘었기 때문이기도 하다. 그러나 후쿠다 수상만은 특별한 이유로 짚고 넘어가고자 한다. 후쿠다 수상과 미국 간에 있었던 갈등을 때마침 위키리크스가 폭로했기 때문이다.

외교문서 공개는 기본적으로 30년 뒤에나 이루어진다. 그때까지 정확한 실태를 알기는 힘들다. 위키리크스는 2010년 11월, 미국의 외교기밀 문서 약 25만 개를 공개했다. 주일 미국대사관이 미국국무성에 보낸 문서나 전보가 대거 포함되어 있었다. 그중 몇 가지를 살펴보자.

미국, 아들 부시 대통령, 홋카이도 도야코 서미트에서 아프가니스탄에 육상자위대를 파견해주도록 요청하였다. 아들 부시는 정상회담에서 후쿠다에게 아프가니스탄에 내실 있는 지원을 할 필요가 있다고 강한 어조로 요구하였다. 육상자위대의 CH47 대형수송용 헬리콥터를 파견하든가, 군민공동의 지역 부흥팀을 보낼지 둘 중 하나를 해달라고 구체적으로 제시하였다. 그러나 후쿠다는 육상자위대의 대규모 파견은 불가능하다고 답변하였다.

2008년 7월 7일부터 9일까지 열린 도야코 서미트에서 아들 부시 대통령과 후쿠다 수상은 상당한 긴장 관계에 있었다고 한다. 그 후 어떻게 되었을까? 미국은 후쿠다 수상의 답변에 수긍하여 자위대 파견을 포기했을까? 아니면 더 압박했을까? 당연히 후자였다.

정상회담 일주일 뒤인 7월 15일과 16일 동아시아 담당 국무차관보가 일본을 방문하여 아프가니스탄 지원책을 제시했다. 후쿠다 수상이 CH47 대형수송기 파견을 거부했지만 미국은 여전히 이것을 중시했다. 따라서 다음과 같은 제안을 보낸 것이다.

① C130 전술수송기와 CH47 대형수송용 헬리콥터 파견
② 지역 진흥팀에 자위대원을 파견
③ 40개 병상 이상의 의료네트워크 설치
④ 아프가니스탄 선거자금으로 2억 달러 지원
⑤ 아프가니스탄 군과 사법기관을 위한 200억 달러 공헌

⑥ 일본 지도자와 국민이 아프가니스탄 지원을 약속할 것

후쿠다 수상은 육상자위대 대규모 파견은 불가능하다는 입장을 바꾸지 않았다. 그뿐만이 아니었다. 금융면에서도 미국의 요청을 거부했을 가능성이 높다.

2008년 미국에서 금융 위기가 발생한다. 미국 정부 계열의 주택금융기관 2개 회사가 경영 위기에 봉착했다. 파니 메이사가 거액의 손실을 보면서, 2010년 7월에는 뉴욕 증권거래소 상장이 폐지되었다. 파니 메이사가 경영 위기를 맞이했을 때 일본에 융자 의뢰가 왔다. 2008년 9월 6일 〈마이니치신문〉은 "일본 정부가 미국 금융 2개사 구제안으로 2008년 8월에 외화 지급을 검토"라는 제목으로 다음과 같은 내용을 보도했다.

> 미국 정부계 주택금융기관 2개 회사가 경영 위기를 맞았던 2008년 8월 하순 일본 정부가 외환준비금 지원을 검토하고 있던 것이 취재로 확인되었다. 유찰 우려까지 있었던 2개 회사 사채 수조 엔을 일본 정부가 매입할 계획이었다. 세계적인 금융위기 직전 시점에, 공적 자금으로 외국 금융기관을 구제하려 한 것은 전례 없는 일이다. 불가분한 미일 관계의 특수성을 드러낸 사례라고 할 수 있다.

당시 이부키 재무대신이 신중론을 주장한데다, 9월 1일 후쿠다 수상이 퇴진을 표명하면서 정부의 기능 부전으로 금융 지원은 실현되지 않았다. 일본 정부가 파니 메이사에 융자했더라면 무려 수조 엔에 달하

는 돈을 날릴 판이었다. 후쿠다 수상이 사임까지 하면서 파니 메이사 융자를 저지하려 했는지는 모르지만 단지 후쿠다 수상이 미국의 압력에 저항했던 것은 사실이다. 이런 사실은 보도가 되지 않아 거의 대부분 모르고 있었다.

후쿠다 수상은 사임 회견에서 "국민생활을 위하여 새로운 내각이 정책을 실행해주기 바란다."고 말했다. 의미가 불분명한 설명이었다. 모두들 갑작스레 정권을 포기했다고 후쿠다 수상을 비난했고, 기자의 질문에 약간 감정적으로 대꾸한 장면만 신문이나 텔레비전에 크게 보도되었다. 그러나 후쿠다 수상은 자위대의 해외파견 및 수조 엔의 자금 제공과 자신의 정권을 맞바꾸었을 것이 분명하다.

2011년 12월 우리집에 몇 명의 대학생이 놀러온 적이 있다. 그중 후쿠다 수상의 모교인 아자부 고교 졸업생이 있어서 다음과 같은 이야기를 들려준 바 있다.

> 후쿠다 수상이 사임하고 한 달 뒤 아자부고교 동창회가 있었다. 후쿠다 수상은 자신이 올바른 결단을 내렸다고 당당하게 말씀하셨다.

미일지위협정과 동아시아공동체 구축

2009년 8월 30일 중의원 총선거에서 민주당이 압승하여 9월 16일 하토야마 유키오 하토야마[5] 수상이 정권에 오른다. 민주당 간사장은

---

5) 유키오 하토야마(鳩山由紀夫) : 제93대 수상으로 민주당 대표. 오자와 이치로 간사장과 함

그해 5월까지 당수였던 오자와 이치로였다. 이후 여러 가지 사건이 잇달아 일어나기 시작했다. 민주당은 매니페스토[6]에서 새로운 정책을 제시했다. 특히 관심을 끌었던 것은 다음 두 가지였다.

① 미일지위협정 개정을 요구하고, 미군 재편이나 주일미군 기지를 미국과 재검토한다.
② 동아시아공동체 구축을 위하여 아시아외교를 강화한다.

주지하다시피 위의 두 개 정책은 매우 위험한 요소를 내포하고 있다. 주일미군 기지 재검토나 중국과의 관계 개선이라는, 미국에 대한 적색경보가 두 가지나 들어 있다. 입증할 수 없지만 하나 더한다면, 미국 국채 매각도 포함될 것이다.

일본은 1951년 독립할 때 구 안보조약을 맺었다. 그때 덜레스는 "우리가 원하는 만큼의 군대를 원하는 장소에, 원하는 기간만큼 주둔시킬 권리를 확보한다. 이것이 미국의 목표다."라고 말했다. 덜레스가 결정한 목표는 그 후 일관되게 미일 관계를 지배해왔다.

이것을 근본적으로 변경하고자 한 사람이 바로 시게미쓰 마모루 외상과 기시 노부스케 수상이었다. 그러나 결실은 보지 못했다. 민주당

께 전후 첫 본격적인 정권 교체를 실현하였다. 국민적인 인기를 배경으로 자주노선을 선택했지만, 후텐마기지 문제로 좌절하였다. 호소카와 수상과 마찬가지로 9개월 만에 사임하였다.
6) 매니페스토(Manifesto): 이탈리아어로 정당이 선거 전 유권자에게 제시하는 정책 공약. 일본 민주당은 2000년대 들어 선거용 매니페스토를 작성해 왔으며, 결국 2009년 정권 교체에 성공하였다.

이 내건 미일지위협정 개정이나 주일미군 기지 현상 재검토라는 목표는 결코 쉬운 것이 아니었다. 동아시아공동체를 구축한다는 더욱 어려운 과제가 있었다.

1972년 2월 닉슨 대통령이 중국을 방문했지만 미국의회의 반대가 심해서 결국 국교 회복은 쉽게 이루어지지 못했다. 같은 해 9월 다나카 수상이 미국의 반대를 무릅쓰고 중일 국교 회복을 실현하자 키신저는 "배신자들 중에서도 정말 지독한 족속은 일본놈들이지."라고 격렬하게 분노했다. 미국은 일본과 중국이 자신을 제외하고 관계를 강화하는 데 큰 불안을 느끼고 있었다.

조지프 나이는 미국을 대표하는 국제정치학자이고, 리처드 아미티지는 국무부장관을 경험한 대일정책 전문가다. 이 두 사람은 2010년 12월에 출판한 『미일 동맹 vs 중국과 북한』에서 동아시아공동체를 다음과 같이 평가하고 있다.

· 아미티지: 하토야마 수상의 동아시아공동체를 듣고 매우 놀랐다. 오랫동안, 외교 대화를 통하여 미국은 태평양국가이고, 태평양은 미국과 아시아를 분리하는 것이 아니라 연결하고 있다고 주장해 왔다. 그런데 하토야마는 중국의 후진타오 주석[7]과 함께 미국을 제외한 공동체를 이야기하고 있는 것 같다.

· 조지프 나이: 동아시아공동체에 만일 미국이 빠진다고 느끼면 보복도 불

---

7) 후진타오(胡錦濤) 주석: 1942년 안후이성 지시현에서 태어나 칭화대학교 수리공정과를 졸업하였다. 제6대 중국 공산당 주석으로 2003-2012 중국정부를 이끌었다.

사할 것이다. 일본이나 중국은 비싼 대가를 치러야 할 것이다.

내가 아는 조지프 나이는 굉장히 세련된 지식인으로 보통은 이런 식으로 말하지 않는다. 그가 노골적으로 비난할 정도로 민주당의 매니페스토는 위험 요소를 포함했던 것이다.

하토야마 수상은 누가 몰아내었나?

하토야마 유키오 민주당 대표는 2009년 여름 중의원선거에서 후텐마 미군 기지 이전 장소를 최소한 오키나와 현 외부로 이전한다고 밝혔다. 그 후 후텐마 문제는 정권을 흔드는 대형 악재로 작용한다. 미국은 일찌감치 반대 의사를 표명했다. 가장 심하게 일본을 압박한 인물은 게이츠 국방장관이었다.

게이츠 국방장관은 2009년 10월 20일 일본을 방문하여 11월 예정된 버락 오바마[8] 대통령의 방일 때까지 문제를 해결하도록 압박했다. 〈산케이신문〉은 2009년 12월 5일, "루스 주일대사가 오카다岡田 외상과 기타자와 방위상을 불러놓고 얼굴을 붉히며 설전을 벌였다. 내년으로 해결을 미룬 일본 측에 강한 분노를 표시했다."고 보도했다.

민주당은 기타자와 방위상과 오카다 외무상이 현 외부 이전은 어렵

---

8) 버락 오바마(Barack Obama) 대통령: 아프리카계 첫 미국 대통령. 아들 부시 전 대통령의 대외 강경 노선을 전환하여 대화 노선을 중시하였다. 이라크에서 미군을 완전 철수시켰다.

다고 표명한다. 외무성이나 방위성의 관료들은 아무런 조치를 취하지 않았다. 심지어 위키리크스는 2009년 10월 12일 다카미자와 방위성 방위정책국장이 캠벨 국무차관보에게, "미국이 먼저 유연한 자세를 보일 필요가 없다."고 조언했다고 밝히고 있다.

나는 한때 후텐마기지에 관여한 적이 있다. 2010년 1월과 3월 두 번에 걸쳐서 하토야마 수상에게 현 외부 이전을 건의한 바 있다. 하토야마 수상은 5월 4일 오키나와를 방문, 나카이마 지사와 회담 후, "미일 동맹의 관계에서는 억제력을 유지할 필요가 있다."고 하면서 현 외부 이전을 단념했다. 지지율이 급락하자 2010년 6월 2일, "국민은 들을 귀를 더 이상 가지고 있지 않다."면서 수상을 사임한다.

후텐마기지를 예정대로 오키나와 현 내 헤노코로 이전해야 한다는 사람들은 다음과 같은 주장을 내세웠다.

① 국제적인 약속을 지키는 것이 가장 중요하다.
② 미일 관계가 무너진다.
③ 미 해병대는 억제력을 위해 오키나와에 주둔할 필요가 있다.

그러나 이들 주장은 모두 틀렸다. ①을 보자면 민주주의에서 가장 중요한 것은 국민의 생각이다. 하토야마 수상은 선거 도중, 최소한 현 외부 이전을 말했으니까 신중히 검토하는 것이 민주주의 국가 수상으로서 당연한 일이다. ②는 과장이다. 일본에는 요코스카, 사세보, 미사와, 요코타, 가데나 같은 미 해군과 공군기지가 있다. 이들 전체의 가치는 해외 미군 기지의 약 30%에 해당한다.

일본은 미군 기지를 수용한 국가들의 전체 경비 가운데 절반을 부담하고 있다. 후텐마기지가 없다고 해서, 미일 관계가 붕괴할 리가 없다. ③에 대해서, 해병대는 긴급 시 투입되는 부대이다. 일본 방위와는 직접 관련이 없다. 이런 기능은 자위대가 충분히 담당할 수 있다.

하토야마 수상이 "최소한 현 외부 이전"이라고 말한 데 대해 정부 내 누구도 움직이지 않았다. 수상이 선거전 공약을 실현하고자 하는데 외무성이나 방위성은 물론, 수상관저에서조차 아무도 도와주지 않았다. 사태가 이상한 방향으로 흐른 것이다. 일본 정부가 수상이 아닌, 미국의 의도대로 움직이는 사태가 정착된 것이다. 더욱 유감스러운 것은, 일본의 언론이 이런 점을 전혀 보도하지 않았다는 점이다.

일본 경제를 잠식하는 TPP의 위험성

하토야마 정권이 후텐마기지 문제로 미국에게 당한 것은 불보듯 뻔하다. 하토야마 수상의 뒤를 이은 간 나오토 수상이나 노다 수상은 모두 극단적인 대미 추종노선으로 전환한다. 그 대표적인 사례가 TPP 참가 문제였다. 이는 미국을 중심으로 가맹국 가운데 거래되는 제품이나 서비스에 대한 관세 또는 비관세장벽을 철폐한다는 협정이다. 간 나오토 수상은 2011년 1월 29일 세계경제포럼 연차 총회인 다보스포럼에서 다음과 같이 말한다.

제3의 개국을 실현한다는 목표를 내세웠다. 구체적인 정책의 큰 기둥 가운데 하나가 경제 동반자 협정의 추진이다. TPP를 위해 작년부터 관련 국가와 협의를 시작하였다.

잇달아 TPP 추진 목소리가 높아진다. 마에하라前原 외상은 2010년 10월 19일 심포지움에서 "1.5%인 농수산업 종사자를 위해 98.5%가 희생되고 있다."고 강조한다. 요네쿠라 게이단렌 회장도 기자회견에서 "TPP에 참가하지 않으면 일본은 고립될 것이다."라고 경고한다.

TPP 논쟁의 최대 문제는 실태를 왜곡하고 있다는 점이다. TPP는 모두 24개 분야에 걸쳐 있는데 전기통신, 금융, 투자, 정부와 지자체의 조달, 지적 재산권 등 국민생활 대부분에 영향을 미친다. 각 분야에 종사하는 모든 사람들에게 타격을 줄 수 있다. 결코 1.5%의 농수산업 종사자에게만 피해가 돌아가는 것은 아니다.

"TPP에 참가하지 않으면 세계적인 고아가 된다."는 주장도 궤변에 불과하다. 2010년, 일본의 수출상대국 비율은 미국이 15.3%인 한편, TPP 대상이 아닌 동아시아는 39.8%에 해당한다(중국 19.4%, 한국 8.1%, 타이완 6.8%, 홍콩 5.5%).

성장이 확실한 BRICs(브라질, 러시아, 인도, 중국, 남아프리카) 역시 TPP 가맹국이 아니다. 현재, 세계경제의 중심은 G20인데, 이 가운데 TPP 참가국은 미국, 호주 등 극히 일부에 그친다. 아세안의 대표국인 인도네시아나 타이, 혹은 필리핀은 포함되지 않는다.

"TPP 참가국에서 가장 중요한 국가는 미국이다. 미국과의 관계만 강화해도 의미가 있다."는 목소리가 있다. 그러나 미국 관세는 현재 2% 정도이다. 미국과의 자유무역에서 일본의 수출이 늘어날 일은 없다. TPP에 참가해도 얻을 수 있는 이익은 별로 없다는 말이다. 한편, 피해는 기하급수로 늘어갈 것이다. 일본의 번영을 지탱해 온 훌륭한 사회 시스템이 하나둘씩 파괴될 것이 뻔하다. 대표적으로 한 분야만 소개하겠다.

일본 의사회는 2011년 11월 2일 TPP를 도입할 경우, 국민건강보험제도가 붕괴할 우려를 표명한 바 있다. 그 과정은 다음과 같다. TPP에서는 의료비 금액에 따라 달라지지 않는다. 미국 보험회사는 고액의 의료를 일본 건강보험제도 대상으로 할 것을 요구한다. 그러나 현재의 원칙상 자기부담 3할, 보험 7할이라는 제도로는 고액 의료비 부담은 도저히 무리이다. 그 결과, 세계적으로 뛰어난 일본의 건강보험제도는 일시에 붕괴할 것이다.

미국은 왜 일본에 TPP를 집요하게 요구하는 것일까? 이유는 두 가지인데, 그중 하나는 일본의 중국 접근을 꺼리기 때문이다. 이 문제는 미군 기지와 마찬가지로 미국의 아킬레스건의 하나다. 일본이 민주당 정권으로 바뀌고 나서 미국을 제외한 동아시아공동체 논의가 활발해지고 있는 가운데 미국은 이를 견제하고 싶은 것이다.

또 하나는 미국 경제의 심각한 부진을 이유로 들 수 있다. 대외 수출로 경제를 부양시킬 수밖에 없지만, 미국 제조업은 현재 거의 경쟁력이 없고, 회생할 길은 서비스 분야밖에 없다. 그런데 서비스 분야는 그 나라의 생활과 밀접한 관계가 있어서 규제가 많다. 외부에서 들어가기가 매우 어렵다는 말이다. 그러나 TPP는 외부의 장벽을 단숨에 무너뜨리는 것이다.

일본 외무성을 은퇴한 사람들의 모임인 가스미가세키회 편의 〈가스미가세키 회보〉 2010년 1월호에 실린, TPP에 대한 매우 중요한 내용이 있어서 끝으로 소개하고자 한다. 문명화나 민주화를 핑계로 다른 민족의 삶에 개입하고 수탈한 미국의 어두운 역사를, 일본과 미국 인디언을 비교하여 전개한 글이다.

- −3년 전 오바마 대통령은 취임연설에서 미국의 위대함과 번영은, 대서양을 건너와 서부평야를 개척하면서 대지를 경작한 조상으로부터 물려받았다고 국민을 고무시켰다.
- −서부 개척은 미국의 자랑스러운 건국 이야기이지만, 실제로는 전혀 아름답지 않다. 이주민들이 경작한 대지는 배제와 식민정책으로 원주민을 수탈한 것이기 때문이다.
- −미국의 수많은 인디언 부족들은 당시 채취와 수렵을 중심으로 생활했고, 소집단으로 나뉘어 넓은 영역을 이동하고 있었다. 합의제로 공동체의 결정을 내리는 습관이 있어서, 침략자에 대한 투쟁도 의견이 엇갈리면 전체적으로 움직이지 못했다.
- −미국 인디언의 인구는 20세기 초 24만 명이었지만, 식민이 시작된 당시 일설에 의하면 약 200만 명에 달했다고 한다.
- −체로키족[9]은 광대한 토지를 양보하는 조약을 잇달아 체결하여, 문명개화의 길을 걸었다. 농민이 되거나 양복을 입었고, 선교사를 받아들이거나 신문을 발행하기도 하였다. 그러나 결국 다른 부족과 마찬가지로, 1,300

---

9) 체로키족(Cherokee族): 미국 인디언 가운데 1794년 미국과 휴전조약을 맺고 문명화의 길을 걸은 5개 부족 가운데 하나다. 그러나 거주지에서 금광이 발견되자, 1838년 남서부 오클라호마 주에 강제로 이주되었다. 도보 이동 중, 수천 명의 사망자가 발생한 강제이주는 '눈물의 여행길'로 불렸다.

상공에서 바라본 후텐마기지의 모습 ⓒ 2007 National-Land Information Office

킬로미터 서쪽으로 강제 이주 당했다.

-페리제독¹⁰⁾의 일본 원정은 그런 시기에 계획되었다. 그것은 서부로 확대되는 경제 권익을 지키기 위한 대사업이었다. 창간 직후 〈뉴욕타임즈〉는 "일본이 쇄국하면서 보물을 숨길 권리가 없다. 미국이 나서서 세계적인 문명을 일본에 이해시키는 것은 오히려 의무다."라고 주장하였다.

"쇄국하면서 보물을 숨길 권리가 없다."는 말은 오늘날의 TPP에 딱 들어맞는 표현이다. TPP는 미국이 일본에 있는 보물을, 강제로 대문을 열어 제치고 전부 훔쳐가기 위한 제도다. TPP를 추진하는 사람들은 TPP의 실태를 설명하지 않는다. 궤변으로 가득 차 있을 뿐이다. 이 얼마나 위험한 상황인가?

---

10) 페리(Perry)제독: 미국 군인으로 동인도 함대 사령관이었다. 1853년 일본을 개국시켜 미일 화친조약을 맺었다.

★ 나오는 말

마지막까지 읽어주신 독자 여러분께 감사한 마음을 전한다. 나는 이 글에서 외교현장에서 체험한 사실을 근거로, 일본의 전후 70년을 회고해 보았다. 고등학생도 읽을 수 있을 정도로 쉽게 쓰려고 최대한 노력했다. 내가 가진 모든 지식을 쏟아 부었고 진실에서 한 치의 왜곡도 없었다고 자부한다.

역사란 흔히 국가와 사회, 혹은 인간에 대한 실험실 같은 것이라고 한다. 인간의 모든 분야를 비커나 플라스크를 흔들어서 실험할 수는 없지만 역사속의 세계에 들어가서 다양한 시행착오를 체험하는 것이 오늘의 과제를 알고, 내일에 대비하는 길이라고 생각한다.

나 자신, 40년 가까이 외교관 생활을 했지만, 진짜 외교를 하려면 반드시 역사를 공부할 필요가 있다고 생각한다. 양국 간에 놓인 문제를 공동으로 해결하고, 우호관계를 유지하거나 적대적인 관계를 극복하여 타협점을 발견함으로써 최악의 사태는 피해야 한다. 이때 둘 다 필요한 것은 정보다. 그 가운데서도 가장 본질적인 정보를 주는 것은 역사 연구다.

이 책의 요점은 다음 세 가지라고 생각한다.

① 미국의 대일정책은 어디까지나 미국의 이익을 위한 것이다. 일본의 이익과 항상 일치하지는 않는다.
② 미국의 대일정책은 환경이 변화하면 크게 바뀐다. 대표적인 것이 점령기다. 당초, 미국은 일본을 두 번 다시 전쟁할 수 없는 나라로 만들 목적으로 지극히 징벌적인 정책을 도입하였다. 그러나 냉전이 시작되자, 일본을 공산주의에 대한 방파제로 삼기 위해 방향을 전환한다. 이때 대일정책은 180도 바뀌었다. 많은 일본인들이 눈치 채지 못했겠지만 미국의 대일정책은 지금부터 20년 전 또 다시 180도 바뀌었다.
③ 미국은 자국의 이익에 근거하여 일본에게 여러 가지를 요구한다. 거기에 대항하려면 너무나도 힘들다. 그러나 냉전기처럼, 아무튼 미국말을 듣고만 있으면 된다는 시대는 이미 20년 전에 끝이 났다. 아무리 입장이 곤란해도 일본이 양보할 수 없는 국익은 주장해야 하고, 미국의 이해를 얻을 필요가 있다.

또 하나, 이번에 전후 일본사를 다시 공부하면서 몇 가지 흥미로운 점을 찾아냈다. 생각했던 것보다 훨씬 더 미국 앞에 당당했던 수상들과 정치가들, 혹은 관료들이 있었다는 사실을 발견하면서 굉장히 뿌듯하고 놀라웠다. 미국에 자주적인 태도를 견지했던 수상이나 정치가들은 적지 않았지만 재임 기간이 너무 짧아 학자나 언론에 의해 부각되지 못했을 따름이다.

전후 수상들을 '자주노선'과 '대미 추종'이라는 관점에서 분류하면 다음과 같다.

(1) 자주노선파(적극적으로 현상을 바꾸고자 미국과 교섭했던 사람들)

-시게미쓰 마모루: 항복 직후, 군사식민지 정책을 저지함. 미군의 완전 철수를 요구

-이시바시 단잔: 패전 직후, 엄청난 미군 주둔 경비 삭감을 요구

-기시 노부스케: 지나치게 미국 종속적인 구 안보조약을 개정. 주일미군의 치외법권을 인정한 행정협정을 개정하고자 시도

-하토야마 이치로: 대미 자주노선을 주창함. 미국이 적시한 소련과의 국교 회복 실현

-사토 에이사쿠: 베트남전쟁에서 오키나와 기지의 가치가 높아지는 가운데 반환을 요구

-다나카 가쿠에이: 미국의 강한 반대를 무릅쓰고 중일 국교 정상화 실현

-후쿠다 다케오: 아세안 외교를 추진하는 등 미국 일변도가 아닌 자주 외교 전개

-미야자와 기이치: 기본적으로 대미 협조 노선을 따름. 그러나 클린턴 대통령에 대하여 대등 외교 자세로 교섭

-호소카와 모리히로: 히구치 레포트 작성을 지시함. 미일 동맹보다도 다각적 안전보장을 중시

-하토야마 유키오: 후텐마기지 오키나와 현 외부 이전과 동아시아공동체를 제창

(2) 대미 추종파(미국의 신뢰를 얻음으로써 국익을 최대화시킨 사람들)

-요시다 시게루: 안보와 경제 양면에서 매우 강한 대미 추종노선을 취함

-이케다 하야토: 안보투쟁 이래 안전보장 문제를 봉인하고, 경제에만 집중

-미키 다케오: 미국이 싫어한 다나카 가쿠에이를 재판에서 유죄로 하고자 상황을 조작

-나카소네 야스히로: 안보면에서 일본을 불침항모로 한다고 발언, 경제면에서 플라자합의로 엔고 토대를 만들었음

-고이즈미 준이치로: 안보면에서 자위대 해외파견, 경제면에서 우정민영화 등 제도의 미국화 추진

그 밖에 가이후 도시키, 오부치 게이조, 모리 요시로, 아베 신조, 아소 타로, 간 나오토, 노다 요시히코가 있음

(3) 일부 저항파(특정 문제에서 미국의 압력에 저항한 사람들)

-스즈키 젠코: 미국의 방위비 증액 요청을 거부함. 미국과 군사 협력을 하지 않기로 선언

-다케시타 노보루: 금융 면에서 협력. 안보 면에서 미국의 글로벌 전략에 자위대가 협력할 것을 요구해 왔지만 거절

-하시모토 류타로: 나가노올림픽 중에 미군의 무력행사 자숙을 요구함. 미국 국채를 대량 매도하고 싶다고 발언

-후쿠다 야스오: 아프가니스탄에 육상자위대 대규모 파견 요구를 거부함. 파탄 직전, 미국 금융회사에 거액의 융자를 거부

이렇게 분류해 놓고 보니, 장기집권을 한 요시다 시게루, 이케다 하야토, 나카소네 야스히로, 고이즈미 준이치로 각 수상은 모두 대미 추종 그룹에 속해 있다. 연대별로 본다면, 1990년대 이후 적극적인 자주파는 거의 없는 실정이다. 호소카와와 하토야마라는, 자민당과 정권

교체에 성공한 수상이 2명 있을 뿐이다. 두 명 다 9개월이 채 안 되는 지극히 단명한 정권으로 끝났다. 소위 대미 자주노선의 수상은 사토 수상을 제외하고, 대개 미국이 개입하여 단기 정권으로 마쳤다.

여기서 지적하고 싶은 것은, 일본 사회에 대미 자주파의 수상을 끌어내려 대미 추종파로 바꾸려는 시스템이 정착되었다는 것이다. 그중 하나는 검찰이다. 이따금 정치가를 기소하곤 하는 특별수사부의 전신은 GHQ가 지휘하던 은닉장물 사건수사부였다. 패전 직후, 일본인이 숨긴 보물을 찾아내서 GHQ에 바치는 것이 그 역할이었다. 따라서 검찰수사부는 창설 초기부터 미국과 긴밀한 관계를 유지해 왔다.

다음으로 언론이다. 미국은 정치를 운영하면서 언론의 역할을 중시해 왔다. 점령기부터 오늘날까지 미국은 일본의 주요 매스컴 내 인재를 후원하고 육성해 왔다. 점령기에는 어쩔 수 없었을 것이다. 그러나 현재까지 그런 현상이 이어지는 것은 결코 정상이라 할 수 없다. 또한 미국은 외무성, 방위성, 재무성, 대학기관에서 인재들을 육성하고 있다. 그런 환경 속에서 대미 자주파 정치가가 밀려나는 패턴을 몇 가지로 분류할 수 있는데 다음과 같다.

① 점령군의 지시로 공직 추방한 경우
　-하토야마 이치로, 이시바시 단잔
② 검찰이 기소하여 언론이 대대적으로 보도하고 정치 생명을 끝낸 경우
　-아시다 히토시, 다나카 가쿠에이, 약간 다르지만 오자와 이치로
③ 정권 내 핵심인물을 제거하기 위해, 결과적으로 내각을 붕괴시킨 경우
　-가타야마 데쓰, 호소카와 모리히로

④ 미국이 지지하지 않는다고 강조하면서 당내 반대 세력을 강화시킨 경우

　-하토야마 유키오, 후쿠다 야스오

⑤ 선거에서 패배한 경우

　-미야자와 기이치

⑥ 대중을 동원하여, 정권을 붕괴시킨 경우

　-기시 노부스케

이상 여섯 가지 패턴 모두 주요 언론과 연동하여 강력한 반대 캠페인을 벌인 경우다. 전후 70년 역사를 돌아보니, 언론이 일본의 정변에 깊이 개입되었다는 사실을 알았다.

<u>미국은 달갑지 않은 일본 수상을 몇 개의 시스템을 구동하여 제거할 수 있다.</u> 결코 어려운 일이 아니다. 예를 들어, 미국 대통령이 일본 수상을 잘 만나주지 않고 주요 언론이 문제로 삼을 경우, 그것만으로도 정권 유지는 어려워진다. 그것이 일본의 현실이다.

그러나 미국 또한 자기와 입장이 다른 수상을 몰아낼 수는 있어도, 차기 수상을 자유롭게 결정할 수는 없다. 역사는 그래서 재미있는 것 같다. 한 나라의 지도자가 되려면, 인간성이나 역량이 필요할 뿐 아니라, 지도자를 지지할 배경과 세력 또한 필요하다. 여러 가지 조건을 종합적으로 통제하는 것은 예측 불가능할뿐더러, 매우 곤란한 일이다.

일본이 아닌 다른 나라도 마찬가지다. 미국은 종종 자기 구미에 맞지 않는 정권을 전복시키지만 그 후 생겨난 정권이 더욱 반미가 되는 사례를 자주 볼 수 있다. 내가 대사로 부임한 적이 있는 이란이나, 사담 후세인 이후 이라크가 그 대표적인 경우라 할 수 있다.

이런 국제정치 현실 속에서 일본은 어떻게 생존할 수 있을까? 이시바시 단잔의 말에 중요한 힌트가 있다. 패전 직후, 불어난 GHQ의 주둔 경비를 삭감하고자 했던 이시바시 단잔은 바로 공직에서 추방됐지만 그는 그때 이런 말을 했다.

"내 후임으로 올 대장대신은 나 같은 태도를 취해야 해. 그러면 또 추방될지도 모르지만 그렇게 2, 3년 계속하다 보면 GHQ도 약간은 반성을 하겠지."

그렇다. 미국은 마음만 먹으면 언제라도 일본 정권을 무너뜨릴 수 있다. 그러나 그 다음 정권 역시 일본 국민의 의사를 대변하는 정권이 되어야 한다. 정권이나 수상이 포기하거나 겁을 내서는 안 된다. 또한 권력욕이나 공명심에 사로잡혀서도 안 된다. 그것이 자신을 뽑아준 국민을 위한 바른 길이다.

이런 일을 실행한 캐나다 수상들에게서 우리는 교훈을 얻어야 한다. 캐나다의 피어슨 수상은 미국에서 북베트남 폭격 반대 연설을 하고 나서, 다음날 존슨 대통령에게 문자 그대로 멱살을 잡혔다. 자국의 10배 이상의 국력을 지닌 미국과 이웃하여, 항상 강한 압력을 받아 온 나라가 바로 캐나다였다.

피어슨 퇴임 후에도 캐나다의 역대 수상들은 미국에 의연히 자기주장을 하는 전통을 지켜왔다. 2003년 유엔안보리 승인이 없다는 이유로 이라크전쟁 참가를 거부했고, 국민들 역시 7할이 이를 지지했다.

캐나다 외무성 건물은 피어슨 빌딩으로 불린다. 캐나다 최대의 국제공항 또한 토론토 피어슨 국제공항이라고 명명되어 있다. 캐나다인들은 피어슨이 존슨 대통령에게 먹살 잡힌 사실을 잘 알고 있지만, 그럼에도 불구하고 외무성을 피어슨 빌딩이라고 부르고, 가장 큰 비행장을 피어슨 공항이라고 부르는 것이다. 여기엔 이런 메시지가 있다.

"미국과 대립해 가는 것은 힘든 일이다. 그러나 의연하게 살아가자. 가끔은 불행해질 수도 있지만 모두 힘을 합쳐서 극복하자."

전후사 연표

연도	일본 수상	일본 외무대신	미국 대통령	미국 국무장관
1945	스즈키 간타로(4.7) 히가시쿠 니노미야 구니히코(8.17) 시데하라 기쥬로(10.9)	도고 시게노리(4.9) 시게미쓰 마모루(8.17) 요시다 시게루(9.15)	해리 트루먼(4.12)	제임스 번즈(7.3)
1946	요시다 시게루(5.22)			
1947	가타야마 데쓰(5.24)	가타야마데쓰(5.24) 아시다 히토시(6.1)		조지 마셜(1.21)
1948	아시다 히토시(3.10) 요시다 시게루(10.15)	요시다 시게루(10.15)		
1949				딘 애치슨(1.21)
1950				
1951				
1952		오카자키 가쓰오(4.30)		
1953			드와이트 아이젠하워(1.20)	존 덜레스(1.21)
1954	하토야마 이치로(12.10)	시게미쓰 마모루(12.10)		
1955				
1956	이시바시 단잔(12.23)	기시 노부스케(12.23)		
1957	기시 노부스케(2.25)	기시 노부스케(2.25) 후지야마 아이이치로(7.10)		
1958				
1959				크리스천 허터(4.22)
1960	이케다 하야토(7.19)	고사카 젠타로(7.19)		
1961			존 F. 케네디(1.20)	딘 러스크(1.21)
1962		오히라 마사요시(7.18)		
1963			린든 존슨(11.22)	
1964	사토 에이사쿠(11.9)	시이나 에쓰사부로(7.18)		
1965				
1966		미키 다케오(12.3)		
1967				

연도	일본 수상	일본 외무대신	미국 대통령	미국 국무장관
1968		사토 에이사쿠(10.29) 아이치 기이치(11.30)		
1969			리처드 닉슨(1.20)	윌리엄 로저스(1.22)
1970				
1971		후쿠다 다케오(7.9)		
1972	다나카 가쿠에이(7.7)	오히라 마사요시(7.7)		
1973				헨리 키신저(9.22)
1974	미키 다케오(12.9)	기무라 도시오(7.16) 미야자와 기이치(12.9)	제럴드 포드(8.9)	
1975				
1976	후쿠다 다케오(12.24)	고사카 젠타로(9.15) 하토야마 이치로(12.24)		
1977		소노다 스나오(11.28)	지미 카터(1.20)	사이러스 밴스(1.23)
1978	오히라 마사요시(12.7)			
1979		오키 사부로(11.8)		
1980	이토 마사요시(임시 대리 6.12) 스즈키 젠코(7.17)	이토 마사요시(7.17)	로널드 레이건(1.20)	에드먼드 머스키(5.8)
1981		소노다 스나오(5.18) 사쿠라우치 요시오(11.30)		알렉산더 헤이그(1.22)
1982	나카소네 야스히로(11.27)	아베 신타로(11.27)		조지 슐츠(7.16)
1983				
1984				
1985				
1986		구라나리 타다시(7.22)		
1987	다케시타 노보루(11.6)	우노 소스케(11.6)		
1988				
1989	우노 소스케(6.3) 가이후 도시키(8.10)	미쓰즈카 히로시(6.3) 나카야마 타로(8.10)	조지 부시(父)(1.20)	제임스 베이커(1.25)

연도	일본 수상	일본 외무대신	미국 대통령	미국 국무장관
1990				
1991	미야자와 기이치(11.5)	와타나베 미치오(11.5)		
1992				로렌스 이글버거(12.8)
1993	호소카와 모리히로(8.9)	무토 가분(4.7) 하타 쓰토무(8.9)	빌 클린턴(1.20)	워런 크리스토퍼(1.20)
1994	하타 쓰토무(4.28) 무라야마 토미이치(6.30)	가키자와 고지(4.28) 고노 요헤이(6.30)		
1995				
1996	하시모토 류타로(1.11)	이케다 유키히코(1.11)		
1997		오부치 게이조(9.11)		매들린 올브라이트(1.23)
1998	오부치 게이조(7.30)	고무라 마사히코(7.30)		
1999		고노 요헤이(10.5)		
2000	모리 요시로(4.5)			
2001	고이즈미 준이치로(4.26)	다나카 마키코(4.26)	조지 부시(子)(1.20)	콜린 파월(1.20)
2002		고이즈미 준이치로(1.30) 가와구치 요리코(2.1)		
2003				
2004		마치무라 노부타카(9.27)		
2005		아소 타로(10.31)		콘돌리자 라이스(1.26)
2006	아베 신조(9.26)			
2007	후쿠다 야스오(9.26)	마치무라 노부타카(8.27) 고무라 마사히코(9.26)		
2008	아소 타로(9.24)	나카소네 히로부미(9.24)		
2009	하토야마 유키오(9.16)	오카다 가쓰야(9.16)	버락 오바마(1.20)	힐러리 클린턴(1.21)
2010	간 나오토(6.8)	마에하라 세이지(9.17)		

연도	일본 수상	일본 외무대신	미국 대통령	미국 국무장관
2011	노다 요시히코(9.2)	마쓰모토 다케아키(3.19) 겐바 코이치로(9.2)		
2012	아베 신조(12.26)	기시다 후미오(12.26)		
2013				존 케리(2.1)
2014				
2015				
2016				
2017		고노 다로(8.3)	도널드 트럼프(1.20)	렉스 틸러슨(2.1)
2018				마이크 폼페이오(4.26)
2019		모테기 도시미쓰(9.11)		
2020	스가 요시히데(9.16)			
2021	기시다 후미오(10.4)	기시다 후미오(11.4)	조 바이든(1.20)	앤터니 블링컨(1.26)
2022		하야시 요시마사(11.10)		
2023		가미카와 요코(9.13)		
2024	이시바 시게루(10.1)			
2025	다카이치 사나에(10.21)	이와야 다케시(10.1) 모테기 도시미쓰(10.21)	도널드 트럼프(1.20)	마르코 루비오(1.21)

찾아보기

ㄱ

가리오아 에로아 168, 169
가스미가세키 74, 88, 116, 161, 341, 355
가이후, 도시키 339, 387
가타야마, 데쓰 113~120, 176, 188, 208, 303, 343, 389
간 나오토 253, 378, 387
강화조약 72, 98, 100, 146, 153~159, 181, 184, 204, 252, 394
걸프전쟁 144, 338, 340~342, 360
검은 안개 총선거 270
고딘디엠 168, 192
고무라, 마사히코 51
고이즈미, 준이치로 307, 359, 361~364, 367
고토다, 마사하루 85
교도통신 126, 279
교토대학 86, 171
구 안보조약 182, 187, 222, 246, 374, 386
기시, 노부스케 8, 60, 90, 113, 134~140, 152, 197~199, 214~231, 237~240, 245~246, 248~253, 260, 266, 367, 374, 386, 389
김재규 192

ㄴ

나가노올림픽 354, 387
나가사키 국기 사건 250
나이, 조지프 350, 353, 375, 376
나카소네, 야스히로 9, 21, 207, 211, 239, 288, 297, 300, 307, 308, 317, 318, 324~326, 329, 359, 387
노스우드 작전 56
노판 샤브샤브 사건 349
뉴욕타임즈 346, 383
니혼게이자이신문 369
닉슨, 리처드 271, 273~276, 278~283, 286, 375

닛폰타임즈 102

ㄷ

다나카, 가쿠에이 98, 123, 124, 126, 282, 283, 288~294, 296~301, 307, 329, 375, 386~389
다케무라, 마사요시 343
다케시타, 노보루 124, 329, 387
닷지, 조셉 139, 188
대잠초계함 316, 318
덜레스, 존 포스터 25~26, 150, 151, 154, 177~182, 188, 190, 194, 194, 198~201, 204, 214, 222~230, 141, 247, 251, 264, 374
데라사키, 히데나리 65, 128
데라사키, 타로 154~158, 160~162, 187, 228
도야코 서미트 371
도쿄대학 171, 232, 239, 258, 360
도쿄신문 280, 285
도쿄올림픽 255, 265
도쿄지검 특수부 118, 123~127
동일본 대지진 206
드레이퍼, 윌리엄 138, 139, 149, 159

ㄹ

라이샤워, 에드윈 112, 120, 254~264, 275
라프산자니 52
러일전쟁 174, 219, 258
런던해군군축회의 217
레이건, 로널드 274, 312, 283, 317, 318, 320~322, 326, 395
록히드 사건 124, 126, 288, 290, 293~297, 331
리지웨이, 매튜 152
리쿠르트 사건 124, 331
리쿠잔카이 사건 125, 126
릿쿄대학 171

ㅁ

마고사키, 우케루 5, 6, 8, 18, 19, 28
마셜플랜 137
마쓰무라, 겐조 265
마쓰시타 정경숙 263
마오쩌둥 102, 283
마이니치신문 242, 243, 247, 275, 372
매니페스토 374, 376
맥아더 2세, 더글러스 221, 242, 351
맥아더, 더글러스 70, 72, 74, 77, 78~80, 82, 84, 86, 87, 89, 95, 96, 104, 110~114, 119, 131, 138~140, 148~153, 166, 167, 171, 176, 177, 183, 200, 296
무라야마, 토미이치 342, 352
미국중앙정보부 54
미야자와, 기이치 184, 185, 188, 264, 313, 323, 331, 386, 389
미야케, 기지로 88
미일 반도체협정 320
미일 안보조약 26, 27, 153~155, 180~182, 184, 193, 229, 245, 271, 312, 343, 364
미일지위협정 92, 182, 183, 374, 375
미일행정협정 92, 155, 183, 184, 187
미주리 53, 62, 70, 175
미키, 다케오 231, 293~297, 302, 387
민정국 80, 106, 110, 119, 120, 124

ㅂ

박정희 22, 24, 25, 191, 192
방위대강 350, 351
방위대학교 34, 47, 49, 68
베스트팔렌조약 366
베트남전쟁 56, 107, 168, 191, 192, 266, 271, 286, 314, 386
보수 합동 214
보수본류 97, 98, 184
부시, 조지 W. 345, 361~364, 371, 376
북방영토 201~205
불침항모 21, 317, 318
불평등조약 174, 181
브레진스키, 즈비그뉴 15, 94

비핵 3원칙 291, 330

ㅅ

사토, 에이사쿠 98, 251, 261, 262, 265~267, 269~271, 273~283, 286, 291, 294, 386, 388
산케이신문 165, 166, 235, 376
샬러, 마이클 159, 179~181, 183, 186, 190, 204, 224, 242, 249~251, 263, 266, 271, 282, 283
섬유밀약 277, 280, 284
센카쿠 열도 21, 205, 283, 395
소득배증계획 254
소프트 파워 170, 172
쇼리키, 마쓰타로 207~209
쇼와 천황 29, 58, 59, 61, 62, 64, 65, 98~100, 112, 127, 128, 171, 200, 291
쇼와의 동란 75
쇼와전공 사건 116, 118~122, 124, 297, 303
스즈키, 간타로 64, 70, 87
스즈키, 젠코 30, 308~314, 316, 322, 329, 359, 387, 395
스즈키, 타다가츠 72, 73, 77, 83
스탈린 63, 142
시게미쓰 마모루 53, 71, 74~78, 81~83, 85, 86, 89, 90, 92, 95, 106, 109, 116, 117, 161, 175, 176, 183, 185, 190, 193~201, 216, 220, 225, 252, 374, 386
시노하라 고이치로 237
시노하라 다카시 50
시데하라 기쥬로 78, 166
시모다, 다케조 64, 65, 175, 268, 271
시모야마 사건 80, 126
시바타 히데토시 115, 124, 208, 209
신도 에이이치 124, 127, 128, 170

ㅇ

아랍의 봄 191, 238
아머코스트 339~342, 348
아사히신문 78, 81, 118, 119, 122, 125, 149, 186, 200, 215, 232, 240~243, 281,

291~293, 299, 318, 331
아시다, 히토시 53, 60, 115~120, 122~124, 175, 176, 181, 187, 188, 216, 284, 293, 296, 297, 303, 389
아이젠하워, 드와이트 147, 148, 201, 211, 225, 226, 233, 242, 249~251, 258, 266
아자데간 유전 50~53
안보투쟁 219, 223, 232, 234~237, 239~245, 250, 253, 258, 259, 292, 367, 387
알 카에다 48, 49, 358, 359
앨리슨 194, 196~198, 200, 227
에드거 스노우 102
에토, 준 160, 163, 174, 175
에토로후 구나시리 202~205
엔고 현상 323~327, 329, 387
연합국총사령부 69, 70, 78, 80, 103
오노, 가쓰미 89, 161, 162
오바마, 버락 94, 351, 376, 381
오카자-러스크 184, 185
오카자키, 가쓰오 73, 74, 76, 89, 90, 92, 95, 97, 117, 161, 183, 185~187, 229
오카자키 히사히코 163
오키나와 25, 34, 58, 59, 64, 128, 142, 170, 179, 186, 202, 204, 218, 221, 222, 238, 243, 254, 259~262, 269~279, 281, 354, 376, 377, 386, 393
오히라, 마사요시 293, 306~308, 312, 313, 359
와세다대학 218, 236, 241, 260, 263
와카이즈미, 케이 262, 275, 276, 279, 283
요미우리신문 78, 115, 118, 119, 121, 122, 126, 207~209, 235, 292, 310
요시다, 시게루 28, 29, 54, 70, 77~81, 83~89, 92, 97, 98, 104~106, 112, 113, 115, 118, 119, 123, 150~152, 154, 161, 166, 173, 180~183, 185, 192, 193, 195, 200, 201, 204, 190, 208, 221, 247, 248, 251, 252, 264, 307, 370, 387, 388, 394
요시자와, 세이지로 187
우라늄 253, 211
우정민영화 367, 369, 387
워싱턴 포스트 258
워터게이트 사건 291, 317

원자력 잠수함 314, 317
원자력발전소 30, 206, 211
위안부 13, 81, 82, 396
위키리크스 144, 370, 377
윌로비, 찰스 79~81, 115, 119, 120, 123, 125, 151, 152, 394
유엔 평화유지 활동 330, 331
이라크전쟁 48, 49, 109, 143, 144, 168, 192, 357~361, 391
이시바시, 단잔 53, 60, 104~106, 109, 152, 163, 169, 214~218, 220, 224, 248, 264, 66, 388, 390
이와토경기 238
이케다, 하야토 82, 98, 165, 184, 189~190, 231~240, 250~254, 264, 265, 307, 369, 387, 388
일본 경제단체연합회 165
일본 열도 개조론 289
일본국헌법 106, 110~113, 127

ㅈ

자위대 46~49, 68, 69, 124, 150, 155, 157, 238, 239, 284, 285, 313, 214, 339~342, 350, 352, 359, 371~373, 386, 387
장제스 114, 249, 283
재정투융자 제도 368
저우언라이 263
전학련 232~238, 243, 244
제2차 세계대전 27, 35, 47, 50, 56, 57, 61, 64, 66, 67, 69, 70, 73, 84, 95
제5 후쿠류마루 호 92, 206~208
조르게 125, 126
존슨, 린든 107, 261, 266, 267, 270, 271, 317, 390, 391
종교전쟁 366
중국위원회 248
중앙공론 301, 359~361
진무경기 238

ㅊ

차, 빅터 362

처칠 63, 66, 67, 136
천안문사건 352
천지유정 211, 249, 288, 297, 308, 318, 324
체니, 딕 53
체로키족 381

ㅋ

카터, 지미 23, 24, 94, 191, 192, 293, 307, 312
케넌, 조지 138, 140 189, 204
케네디, 로버트 260
케네디, 존 F. 56, 107, 219, 260, 261, 264, 265, 217
케네디, 폴 337
코뮤니케 197
콜비, 윌리엄 56~58, 345
쿠릴 열도 202~204
클린턴, 빌 346, 347, 352~356, 361, 386
키신저, 헨리 47, 94, 275, 276, 279, 286~288, 298~301, 317, 375

ㅌ

테헤란회담 203
통킹만 사건 56, 107
트루먼 63, 65, 70, 75, 76, 95, 97, 136, 137, 139, 146, 149, 151, 158, 178, 203

ㅍ

파월, 콜린 335, 337, 363
팔레비 191
패전처리비 103~105, 164
페리제독 383
포드, 제럴드 291, 295
포레스탈, 제임스 138, 139, 189
포린 어페어즈 181, 258, 275, 335, 337
포츠담선언 62,, 64, 65, 69, 75, 76, 85, 202
풀브라이트 170
플라자합의 318, 321, 323, 327, 329, 354
피어슨, 레스티 106, 107, 109, 390, 391

ㅎ

하타미 51
하토야마, 유키오 25, 53, 112, 179, 188, 190, 193, 195, 228, 253, 254, 263, 264, 284, 373, 375, 378, 386
하토야마, 이치로 53, 60, 112~114, 152, 196, 197, 200, 201, 205, 215, 224, 248, 386, 388
한국전쟁 139~143, 146, 147, 159~152, 177, 214
항복문서 53, 62, 63, 67~69, 71, 72, 76~78, 85, 89, 117, 175
호소카와, 모리히로 53, 342~344, 349, 352, 374, 386, 388, 389
후세인, 사담 48, 84, 143, 145, 192, 339, 360, 390
후진타오 375
후쿠다 독트린 302~304
후쿠다, 다케오 118, 119, 282, 283, 295, 302~306, 308, 370~373, 386
후쿠다, 야스오 53, 370, 387, 389
후텐마기지 34, 179, 193, 195, 228, 254, 255, 353, 374, 377, 378, 386
히가시구 니노미야, 나루히코 70, 73, 78

기타

BIS 318, 327~329
BRICs 379
G2(참모 제2부) 80, 119, 120, 123, 125, 188, 297
GHQ 69, 73, 79, 80, 84, 88, 90, 92, 95, 96, 99, 104~106, 110~113, 115, 117, 119~122, 124, 126, 128, 149, 152, 163, 164, 166, 167, 171, 176, 196, 208, 238, 297, 303, 343, 367, 388, 390, 394
GS 80, 115, 119, 120, 188
P3C 314, 316, 318~320
PKO법안 331, 339~341
TPP 346, 347, 378~380, 383
9·11테러 48, 357, 361, 365

미국은 동아시아를 어떻게 지배했나

초판 1쇄 2013년 4월 20일
개정증보판 1쇄 2025년 12월 5일

지은이 마고사키 우케루 옮긴이 양기호
펴낸이 김현종
기획총괄 배소라 출판본부장 안형태
편집 최세정 진용주 황정원 김수진 장진경
디자인 조주희 김연주 마케팅 김예리 신잉걸
방송사업·미래전략본부 정태준 문상철 이주리 백범선 남궁주철

펴낸곳 (주)메디치미디어
출판등록 2008년 8월 20일 제300-2008-76호
주소 서울특별시 중구 중림로7길 4
전화 02-735-3308 팩스 02-735-3309
이메일 medici@medicimedia.co.kr 홈페이지 medicimedia.co.kr
페이스북 medicimedia 인스타그램 medicimedia
유튜브 medici_media

ISBN 979-11-5706-504-2 (03340)

이 책에 실린 글과 이미지의 무단 전재·복제를 금합니다.
이 책 내용의 전부 또는 일부를 재사용하려면 반드시 출판사의 동의를 받아야 합니다.
파본은 구입처에서 교환해 드립니다.